呼びかけ人 加藤周一

憲法9条
日本・ドイツ学生対話
新鮮感覚

加藤周一＋浅井イゾルデ
桜井 均…………編

〈法学館憲法研究所双書〉

花伝社

憲法九条 新鮮感覚——日本・ドイツ学生対話◆目次

はじめに ● 加藤周一 ……7

ドイツ人にとっての日本国憲法九条 ● 浅井イゾルデ ……14

I 人類にとっての憲法九条

1 憲法九条、日本人には「もったいない」 ● クリスティアン・トリーベル ……18

2 九条を「生かす」道を ● シュテファン・ゼーベル ……24

3 アジアの人々と「つながる」ために ● 佐村淳知 ……32

4 フィリピンで考えた九条 ● 葛西伸夫 ……37

5 九条は「理想」へのレッスン ● ジーモン・ハルトマン ……43

6 決して戦争をすまい――ドイツ・日本 ● ジェシカ・ボロウスキ ……46

7 沖縄は九条に守られたことがない ● 川野勇輔 ……49

8 世界は九条を孤立させてはいけない ● セバスティアン・ハインデル ……56

II 対話編

9 九条、弱きものへの愛――木下恵介監督の世界 ● 宇野健治／岡村亜美 ……62

目次

III 改憲論に直面して

10 九条にこめられた「加害・被害」の記憶 ● 石井誉久……69

11 ドイツ人の私も「九条廃止」に反対 ● カタリーナ・ディルク……75

12 日米安保「再考」のとき ● 井上雅美……78

13 日本はどういう国か──井上雅美さんに答える ● イェンス・バルテル……82

14 不毛な「押しつけ」論 ● トーマス・シェーナー……88

15 難民の「沈黙が語る」もの ● ラング添谷あゆ美……92

16 「九条二項」こそ平和主義の証 ● クリスティアン・ヴィンクラー……95

17 再び「狂気の時代」に飲み込まれないために ● 鈴木崇仁……99

18 私たちが「平和を望む」ならば ● 澤田有希……106

編集後記 ● 桜井 均……113

資料──日本国憲法第九条・前文、ドイツ基本法第二六条……i

編　者

加藤周一
1919年生まれ。東京大学医学部卒業、医学博士。評論家。カナダ、ドイツ、アメリカ、イギリス、イタリア、メキシコ、中国などで教鞭をとる。
『加藤周一著作集』（全24巻）、『羊の歌――わが回想』、『戦争と知識人』、『日本文学史序説』、『戦後世代の戦争責任』、『日本その心とかたち』、『夕陽妄語（朝日新聞連載）』など。
「九条の会」呼びかけ人。

浅井イゾルデ
1957年、南ドイツに生まれる。フライブルク教育大学卒業。
翻訳家として日本文化をドイツに紹介。主な翻訳に、高柳誠、那珂太郎、白石かずこの抒情詩。散文では古井由吉、町田康の作品など。劇では、岸本一郎、井上ひさしの喜劇。ベルリン映画祭上演用を含め、日本映画のドイツ語字幕作成。

桜井均
1946年生まれ。東京大学フランス文学科卒業。NHKでエグゼクティブ・プロデューサーとして主にドキュメンタリー（『東京裁判への道』、『薬害エイズ』、『21世紀の潮流シリーズ』など）を制作。『日本・西ドイツ　二つの戦後経済』、『テレビの自画像』『テレビは戦争をどう描いてきたか』など。現在、NHK放送文化研究所でアーカイブス研究。立命館大学客員教授。東京大学大学院、明治学院大学などで非常勤講師。

翻訳者

野村美紀子
翻訳家。訳書にC.G.ユング『変容の象徴』（筑摩書房）、G.M.マルティーン『世界の没落』（青土社）、G.クラウス編『フルトヴェングラーを讃えて』（音楽の友社）など。

はじめに

加藤　周一

　私は「九条の会」の呼びかけ人のひとりとして、地方を巡り、大小の集会で憲法第九条を守ろうという話をしていた。呼びかけに応じて作られた組織は、地域的なものも、職域的なものも含めて、およそ三年間に、全国で五〇〇〇をはるかに超えた。最初呼びかけた時には、それほど短期間にそれほど大きな数に達するとは考えていなかったので、呼びかけ人一同が大いに勇気づけられたことは、いうまでもない。集会への参加者は、しばしば会場にあふれ、その全体が一種の熱気を帯びていた。
　しかし弱点もあったし、今もある。国際的協力の面はまだ極めてせまい。九条改憲は本来国際問題でもあり、われわれの活動には大いに改良の余地があろう。専門家を別にすれば、日本の「平和憲法」の最大の要点さえ外国の知識層に知られること甚だ少ない。これは第一の弱点である。また日本で九条の集会に集って下さる方々の構成にも問題がある。そこには老人が多く若者が少ない。ここで「老人」というのは、特定の「世代」ではなく、それ以上に「定年退職後、つまり六〇歳前後以上の年齢層」――殊にその男性層である。「若者」の大部分は男女を問わず、学生である。そのことは直ちに、六〇年代後半の（象徴的には「六八年」の）学生運動を想起させる。六八年には学生が主役、老人が脇役、今では老人が主役、学生が脇役にまわっているのはなぜか。

およそ以上のようなことを、私はかねての知人、浅井イゾルデさん（Isolde ASAI）に話した。彼女はドイツ語で詩を書き、ドイツ語を日本の大学で教えながら長く日本に暮らす。そればかりでなく理解した目的に賛同すれば、そのための具体的な手順をあみ出し、直ちに実行に移す。そもそもこの二ヶ国語小冊子が成りたったのは、主として浅井さんのこのような推進力によるのである。

著者は日独の学生それぞれ九人であるが、在独および在日のドイツ人学生の中から九人を抜び出したのも、彼女である。ドイツ語原文の日本訳をひき受けてくれたのは彼女の親しい友人翻訳者の野村美紀子さんである。この二人のドイツ語専門家の熱意と努力がなければこの本はあり得なかったろう。

しかし出版の話はそこまでで終らない。ドイツ語原文と日本語原文の著者たちが、翻訳を通して互いの論文を読み合い、その反応を自らの論文に書きこむための時間はなかった。戻って来た一八の論文の内容には、当然重複もあり、重複は除かなければならないこともある。そういうこと、および出版社との交渉は、桜井均さんが担当して下さった。桜井さんは元NHKのディレクターで、放送のみならず新聞社や出版社にも知人が多い。何年か前に、NHKの教育テレビで私（加藤）の回想録をまとめて下さったこともある。

されぼこの本は、日独の学生の九条をめぐる文章を集めたものであるが、その完成には多くの人の助けをかりた。殊に浅井イゾルデ、桜井均両氏の決定的な貢献には、一八の学生諸君に対してと同じように感謝している。

私はなぜこのような本をつくることを思いついたか、今その理由を三つの疑問に答えることで証明したいと思う。第一、なぜドイツか。第二、なぜ学生か。第三、なぜ今か。

はじめに

なぜドイツか

 第二次世界大戦を中心とする日独の近現代史の枠組みは、たしかに似ていた。まず「ファシズム体制」（その定義に今は立ち入らない）があり、同盟国として大戦を戦い、大量殺人の罪を犯し、敗戦・降伏・占領の後、冷戦の下で米国の強い影響を受けながら、経済的・文化的に復興した。これが共通の大枠である。他方両国の間には鋭く対照的な相違もあった。その最も著しいのは、おそらく、戦後「民主化」された政府が過去の大罪に対して採った政策およびその結果である。ドイツの政策は、政府による明瞭な謝罪と賠償であった。およそ同じ時期に日本の政治的指導者たちが被害者のアジア諸国民に対して発した謝罪は十分に明瞭であったとはいえない。ポーランドのナチ犠牲者共同墓地で跪いたブラント首相の写真は、ドイツとその隣国との新たな関係を象徴していた。日本の政治家に同様の象徴的写真はなかった。経済的には戦後のドイツは賠償を払いつづけたが日本政府が近隣諸国の戦争犠牲者個人に賠償金を払うことはなかった。法的領域で日独の対照がめだつのは、「戦争犯罪」責任者の裁判であろう。一方のニュルンベルク裁判、他方の東京裁判は、戦争の勝者であった連合軍による。その後、ドイツではドイツ人の法廷が、ナチの犯罪を徹底的に追及し、時間切れとなれば時効の期限を延長し、ついにはナチの犯罪に関するかぎり時効を廃止してまでも捜査・逮捕・裁判をつづけてきた。日本では敗戦後日本人自身による法廷が日本軍の犯した「戦争犯罪」を裁いたという例を一度も聞いたことがない。この対照的なちがいは、ドイツではナチに相当する組織がなく、国家の犯罪の中心が国軍そのものであったことと関係しているかもしれない。しかしたとえそ

であったとしても、それだけが「戦争犯罪」に対する日独社会の態度のちがいを説明するわけではない。総じて敗戦後のドイツは、「過去の剋復」を前提として、分割・再統一・統一ヨーロッパの建設を次々に実現した。そのことは日本でもよく知られているので、ここではくり返さない。とにかくこれほど明らかな類似性と印象的な相違があれば、たとえば日本の学生と外国の学生の意見交流も先ず日独から始まって不思議ではないだろう。少なくとも日本側の学生にとって、他ならぬドイツの学生、彼らを通してのドイツ社会を理解することは、日本の学生自身の自己理解にもつながるはずである。

なぜ学生か

一九六八年前後には、世界の多くの国で「異議申し立て」(contestation)の広汎な大衆運動が起った。その主役は若者殊に学生であり、老人（六〇歳以上、典型的には定年退職以後の人々）はほとんど介入しなかった。日独の場合も同じ。しかるに日本で二一世の初めに「平和憲法」の第九条改変に反対する運動がまきおこった時、運動に積極的に参加したのは、六八年の場合と反対に、主として老人であり、学生は少なくとも初めの数年間ほとんど動かなかった。なぜか。これは歴史的に、また学問的に、興味深い問題であるばかりでなく、日本国の未来の方向にも係るだろう。学生運動だけで国の方向は決らない。老人の意見だけで社会の構造は変らない。もし学生と老人が連合すれば、そこにこそ日本国の未来への希望が湧き出すだろう、と私は言ったことがある。

しかし学生に呼びかけるためには、六八年以後の沈黙の理由を、老人を動かすためには、戦争体験のもっとも深い点を理解しなければならないだろう。それは簡単な仕事ではない。人々はしばしば若者と老人を戦争経験の有無によって分ける。それはおよそ「世代」の区別に相当する。同じ一世代に

はじめに

属する人々は、その世代を特徴づける特定の重大な事件の経験を共有する。その前、またはその後の世代が同じ事件を経験することはない。歴史的な事件は、アウシュヴィッツも南京も、二度と繰り返されないからである。息子は決して父が生きたのと同じ事件を生きない。たとえば父は日本で十五年戦争を経験し、息子は経験しなかったとしよう。その経験の影響は広くかつ深いので、父子の思想や行動様式に反映される。それが「世代」のちがいである。

しかし世代のちがいが、父と子の意見のちがいのすべてを説明するわけではない。たとえば今(二〇〇八年)戦争についての父子の意見がちがうのは、一方が第二次大戦を経験し、他方が経験しなかったからではない。大部分の日本の家庭で大学生の父母は自ら戦争を経験したのではなく(たとえ経験したとしてもそれは幼年時代の思い出にすぎず)、彼らの両親から戦争の話を聞いたのである。戦争を体験して生きのびた祖父母、彼らから戦争の話を聞いた両親、その両親から話を聞いたり聞かなかったりの学生、——今やこれが日本の家庭の大部分の構成であろう。この三世代のどこで戦争についての意見のちがいが大きいか、それはにわかに決し難い。最年長の世代(祖父母)は、彼らの経験した事件の記憶と共に、老い、やがて消えてゆく。一世代は老いる、と同時に彼らが携える歴史的事件の記憶も老いる。「戦争の記憶を次の世代に伝えよう」とはいうけれど、記憶が薄くなるのは要するに時間の問題である。

しかるに学生という身分、割あてられた役、青年期という条件を前提とする制度は変らない。したがって「学生」という集団は、一定の「年齢層」として定義することができる。特定の個人は、特定の世代に属することを択ぶのではなくあたえられる。学生という集団に属することは、あたえられるのではなく、みずから択ぶものである。入学試験、四年間の所属、卒業、就職。このような過程を年

11

齢の加わる過程と平行して遍歴するのが、典型的な月給取りの一生であろう。――①幼年時代、少年少女時代、②高校大学の学生時代、③各種の大中企業、役所、自由業などでの仕事、④定年退職後の仕事と年金生活。仕事場において最も活動的で、最も権力の中心に近く、社会に対して最も大きな責任を荷うのは、分節化された年齢層の③に相当する人々である。①はまだ社会に組みこまれていない。②の学生は社会の内側だがその周辺部にとどまる。④の年齢層は社会の中心部から周辺部へ移動した人々である。この年齢層を個人と所属集団との関係からみれば、中年層③が最も濃密で、学生②と定年退職者④がこれに次ぎ、①の最もうすい関係に終る。これを個人と集団との関係に注目して整理すれば、仕事場の集団が個人に及ぼす圧力の強大な③と、その圧力が比較的弱い②・④との、二項対立が中心的な分節となるだろう。個人の側からその言動の「自由」の程度を尺度として測れば、二項対立は同時に言論表現の自由度の対照である。職業上の能力にすぐれる人物は口をつつしむ。集団内部での競争は激しいから、そこでの成功をあらかじめ制限されている。（女性差別の強い社会では、女性は集団内部での成功の望みは男性の場合にくらべてあらかじめ制限されている。従って個人の自由度は高い。）自由なければ批判なし。批判なければ思想なし。中堅男性の「エリート」集団において自由は最も制限されている。それでも現役を離れて後、批判的意見を述べる人物はあらわれる。それが六〇歳以上の老人活動家の背景である。

学生の集団には、老人の場合と同じように、二面性がある。一方では大企業の指導者層や「エリート」官僚の集団があり、彼らの集団的圧力がある。入学試験、成績、就職問題。しかしそこで必要とされる大勢順応主義は、絶対的なものではなく、時と場合によっては爆発的批判に転じることもあり得る。現に一九六八年に学生は動いた。（老人は動かなかった。）小泉・安倍内閣が改憲へ向って矢つ

はじめに

ぎ早に手を打ち出したときには、それに抵抗するための私たちの訴えに老人は応じてくれた。(学生の反応はきわめて少なかった)。私たちは今学生の関心が憲法に向い、その結果として九条是か非か、戦争か平和か、の選択において、学生集合が成り立つだろうことを願っている。この小さな本はそのための第一歩である。学生=老人の連帯はまだ wahrscheinlich (確からしく) ではないかもしれない。しかし常に möglich (可能) である。

なぜ今すぐにか

第一に、改憲を急ぐ圧力がこの国の政治的指導者の間で急に強くなったからである。

またおそらく第二に、齢をとると、大事なことは早くした方がよい、と思うようになるからだろう。

ドイツ人にとっての日本国憲法九条 [原文ドイツ語]

浅井イゾルデ Isolde Asai

ほとんどのドイツ人は最近まで、日本国憲法第九条の存在すら知らなかったのが実情である。だから九条に関する意見もなかった。小泉政権になって、首相が靖国神社に公式参拝してから、ドイツのメディアが日本の戦後政治に初めて焦点を当てるようになった。第二次世界大戦の戦犯までがともに祀られ、境内の博物館に戦争が正当化され美化されている神社に近代民主主義国家の首相が参拝するとは、日本と同様に戦後、瓦礫の中から新しい国を作り上げたドイツ人にとって理解に苦しむことであった。安倍首相が就任後、憲法の前文と九条の改正、および憲法改正の手続きを定めた九十六条に基づく新法の制定を予告したことで、ドイツのジャーナリストの関心が高まり、日本国憲法改正に関する記事が多くなった。

憲法改正は普段、内閣更迭や政体交代時に行われる。日本政府が現時点で憲法改正を急いでいることは疑問視せざるをえない。国民を守るために、暴走する政権に圧力をかけるのが憲法の本質であって、それも現在の政権のみならず、次々に樹立される政権のすべてに対してである。つまり憲法は国民を守るため政府の行動に歯止めをかけるものであって、政府には都合の悪い規定である。憲法は国民のために存在するのであり、政府は憲法に従わなければならない。憲法改正は国と国民の運命を将

ドイツ人にとっての日本国憲法九条

来にわたって大きく変えてしまうのだから、時間をかけ、じっくり考え、討議しなければならない。それなのに、今の与党は厳密な検討も十分な議論もせずに、政府にとって具合の悪い平和憲法の拘束力を弱めようとする。それによって、日本が戦争をできる国に変わってしまう。防衛のためだけではなく、集団的自衛にまで範囲が広がる。現在、唯一アメリカと親しくしている日本の集団的自衛権を考えると、日本の軍隊はアメリカの利害下に置かれることになる。

一度戦争の舞台裏を見てしまった人は部族紛争や宗教紛争などという作り話を常に疑ってしまう。大国と大国の財閥が領土や資源を手に入れるためにほとんどの紛争の糸を引いていることは、このころの戦争を見ても明らかである。このような経済的侵略、つまり「普通の戦争」も集団的自衛の名で行われうるのである。

武力で平和を作ることは不可能だと思う。「平和維持部隊」という言葉自体が矛盾している。「平和」と「部隊」とは本質的に相反するものだからである。「けんかをするときは手を使わず、口を使いなさい」とドイツでは小さい子に教えるのに、大人はどうだろう。交渉は骨が折れ、時間がかかるとしても対立は外交的手段のみで解決できると思う。そのために人間は神から知恵を授かっている。その知恵を落ち着いて、適切に絞るのが私たち人間の義務である。

一九五五年、軍隊と防衛省を設立するために、ドイツは憲法を改正したが、それは大きな過ちだった。その結果、ドイツの兵隊が「平和推進や平和確保」の名で外国に派遣されることになろうとは当時誰一人、想像もしなかった。ドイツ兵が平和のために送られている地域に、一つとして平和が訪れている国はない。ただ多数のドイツ兵がむなしく命を落としただけである。その上、他国の戦争にドイツの兵隊が関わることで、ドイツもテロの標的になってしまった。一九九〇年、ドイツ統一のさい

15

に、ドイツが中立国にならなかったことを、多くのドイツ人が悔やんでいる。二つの世界大戦の経験を踏まえて、外交を通じて平和を作り出すことを義務として実行してきたドイツ国家であれば、私たちはどれほど誇りに思ったことだろう。

私たちドイツ人にとって、日本の平和憲法は、私たちが軽率に手放してしまって、簡単には取り戻せない宝物である。日本国憲法の前文と第九条はあらゆる手段を尽くして守らなければならない人間の知力の精髄である。いや、守るに留まらず、この大きな宝物は全人類に与えられるべきであり、日本は憲法の前文に記載されているように、第九条つまり平和憲法の思想と価値を世界中に伝えるべきである。平和は空想ではない。武力で平和が作り出せると信じることこそ空想である。暴力は暴力しか生まない。そのことは過去と現在が明らかに示している。

16

I 人類にとっての憲法九条

平和の願いが世界をかこむ
Der Wunsch nach Frieden umhüllt die ganze Welt

I　人類にとっての憲法九条

1 憲法九条、日本人には「もったいない」 [原文日本語]

クリスティアン・トリーベル Christian Triebel（一九八二年生まれ）
クレアモント大学院大学、宗教・神学哲学

今回の企画に参加させていただいて、日本人の学生さんが、自分達の国、政治、そして憲法について一体どんなことを考えて、どう議論するのか大変楽しみにしていました。しかし、そのエッセイを読み、こんなにも様々な問題の捉え方があったことに驚いています。とても良いことを書いている人もいれば、「これが本当に問題の根本なのか」「憲法改正の議論はこれでいいのか」と思ってしまったエッセイもありました。なるほどこれが日本人なのかと改めて思わされました。

私は憲法第九条を改正すべきか、守るべきかについては議論するつもりはありません。それは私が決めることではないからで、また改正した方がいいかどうかは議論されなければならないような問題ではないと思うからです。

第九条の問題は、戦争を選ぶか、平和を選ぶかの二元論ではありません。それは、軍隊にほとんど等しい自衛隊を日本はすでに保持しているからです。また、軍隊を持つことは戦争を起こすことともまた違うからです。逆に、軍隊をもたないから戦争に巻き込まれないという保障もどこにもないのです。ドイツにも軍隊はあるし、永世

1 クリスティアン・トリーベル

中立国のスイスにも軍隊はあります。だからといって戦争を起こす気があるという訳ではないですし、テロの標的になりやすいわけでもありません。「戦争が自衛か侵略かは曖昧」だから最初から侵略する権利を放棄すれば戦争やテロに巻き込まれないとは思いがたいですし、実際に戦争になってしまったら被害が大きいのは侵略される方なのは目に見えています。過去の多くの戦争は「守る」ことから勃発したかもしれないですが、だからといって自分を「守る」ことを放棄すれば安全で平和に暮らせるとは限りません。

また、戦争を経験し、世界で初めての被爆国になって、痛みや苦しみを経験したから改正すべきではないという問題でもないと思います。戦争は残酷で、起こすべきではないのは国家としてはともかく人間としては当たり前のことです。しかしそのような人間の感情に訴えてもあまり意味がないと思います。「もう二度とこのような思いをしたくないから憲法九条」というけれども、そのうち戦争の記憶は薄れて、残っている記憶は戦争推進、軍隊保持に利用することもできるでしょう。「第二次世界大戦のような悲劇を起こさないように憲法第九条を改正する」ことへと議論を変えることはできると思います。しかし、記憶や痛みに信頼を置いてはいけないと思います。

憲法九条が掲げている「平和主義」は戦争のない理想的な世界への一歩であるのは間違いないでしょう。それを日本が自ら憲法の基本とし今まで憲法を変えなかったことはすばらしいです。また軍隊を持たなくてもいいに越したことはありません。皆さんが書いたように国際問題は武力ではなく、話し合いと議論で解決すべきであることにも大いに賛成します。しかし、問題はここにはないのです。問題は日本の社会が憲法九条をどう憲法九条の議論の根本はもっと深いところにあると思います。

とらえているか、そして九条が日本でどのような役割を果たしているかです。
大胆な発言にはなりますが、たとえ憲法が改正されたとしても、日本人にとってそれほど大きな変化につながるわけではないと思います。日本はすでに自衛隊という軍隊並みの兵力をもっていますし、例えばイラクに派兵もしています。かりに憲法が改正されたとしても、日本人にとってそれほど大きな変化につながるわけではないと思います。日本はすでに自衛隊という軍隊並みの兵力をもっていますし、例えばイラクに派兵もしています。かりに戦争を自由に始めるとも考えられません。他の国が問題解決の加入国である日本が国際的な反対を押し切って戦争を起こしたとしても憲法前文など気にせずに堂々と戦争を支持できるようになりますのために戦争を起こしたとしても憲法前文など気にせずに堂々と戦争を支持できるようになりますも、それは憲法を改正してない今でもしていることです。集団的自衛権を行使できるようになりますが、今までやってきたように政府が憲法の解釈さえ少しずつ捻じ曲げていけば、それは改正しなくてもできることです。

ここに一つ注目したい問題があります。日本は素晴らしい憲法をやっとの思いで手に入れたにもかかわらず、それを基準に国家政策を遂行していないことです。憲法は「平和主義」をかかげて、武力に頼らない問題解決のための平和的交渉を義務づけています。しかし日本は武力をこそ行使していないにしても、その政策、政府の発言や行動などで周りとの平和的交渉をますます困難にし、憲法が国家の政策の基準として定めている「平和主義」を自ら守れなくしています。そして日本は憲法の解釈だけ変えて、「仕方がない」と今の政治的状況に合わせて、すべきことを変えてきています。
憲法が掲げている平和主義はもはや日本では見られません。国民の平和ぼけ、そして政治の妥協が今では平和主義の代わりに日本の特徴になっているように感じます。つまり憲法が定めている「理想」と実際に行われている「現実」があまりにも違うのです。第九条を「世界遺産」にしようと世界に訴え、平和主義を世界に伝える前に日本はまず平和主義を実行しなければなりません。日本が「モ

1 クリスティアン・トリーベル

デル」になり、戦争を許さない、そして起こさせない国になって初めてその憲法が世界に評価されることでしょう。しかし今の日本は外国から見たら矛盾だらけで、憲法九条は日本にとってもったいないと思うくらいです。

ここにドイツとの大きな違いがあると思います。ドイツには日本の憲法のようなすばらしい憲法はないかもしれませんが、日本よりも確実に関係に平和主義の実現に向けて動いています。第二次世界大戦以来、侵略し被害を与えてしまった国との関係改善に努め、自らが犯してしまった罪を美化せずに悔い改め、ネオナチズムやナショナリズムを断固として許していません。その甲斐があって今ではEUの中心的な役割を負えるようになりました。ドイツがその犯してしまった罪を償いきったとは思っていませんが、結果として今ではかつて戦い合った国々からは信頼されています。

私が日本の人々に聞きたいのは、日本の政治家がこんなにも憲法とは違う歩み方をしているのに、なぜほとんどの国民が声を上げて抗議しないかということです。日本の国民は国会が様々な法案を提出している間、何をしているのかなのです。何もしていない、何も言わない、関心すらもたない、日本人にとって憲法はその程度のものだったのでしょうか。そうだとしたらこの憲法九条は、実は「日本最大の嘘」なのかもしれないと思います。「良心」か「憲法」か、どっちかをすでに心の中では捨ててしまっているのではないでしょうか。

憲法を改正するか否か、軍隊を持つか否か、この問題よりも今の憲法が実は日本の政治にとってあまり重要ではないことが問題なのではないでしょうか。実際ここ数年で日本国内はますますナショナリスティックになり、「美しい国」の汚い過去を塗りつぶし、外交はますます悪化し、国民はますます政治から離れ興味を持たなくなり、メディアもジャーナリズムとしての役割をなくしつつあります。

I　人類にとっての憲法九条

日本は今、重要な決断をしなければいけないと思います。平和主義とは異なる今の政治をつづけて憲法を「現実」にあわせて改正するのか、それともう一度憲法で定めためざすべき「理想」を最優先して憲法を基準に「現実」を見直すかを決めなければなりません。どっちを取るのかは私が決めることではないし、総理大臣が決めることでもありません。日本の国民が決めなければなりません。しかし、国民はその決断をしようともせず、ほとんど誰によっても監視されない政治がだらだらと今まで続いてきてしまいました。ついに実際の政治とめざすべき政治があまりにも食い違ったため憲法改正の声が上がり始めてしまいました。

国民は選ばれた政治家が国民の意思をしっかりと政治の中で生かしているのかを常にチェックし、評価し、批判をしなければならないのに、それをするための一つの判断基準である憲法を当てにせず、周りの様子ばかりうかがって、みんなと同じ意見なら安心し、違うと思うなら黙ってしまいます。みんなが何をしているかが日本では物事の判断基準になってしまっています。

ここにもう一つドイツとの大きな違いがあります。ドイツ人にとって大事なのは、みんながどう思っているかやみんなが何をしているかではなく、法律が定めていることが何で、法律が自分にどういう権利を与えているかということです。ところが日本人にとっては、法律が定めていることよりも、周りの雰囲気や流行、人間関係が要求していることが大事です。ドイツ人にとってルールが行動の基準になっているのに対して、日本ではみんなの行動がルールの基準になっています。

憲法の話にもどると、日本には憲法にそって政治を行うために必要な、独立した国民がいないということです。自分のことにしか興味がなくて、政治は他人任せで、世界で起きていることに目を向けることもほとんどしません。主体的にかかわろうとはしません。

1　クリスティアン・トリーベル

憲法改正の動きが、最近になって活発になり、私は日本がますます心配になってきました。それは日本の国民が、失おうとしているその美しい憲法を顧みず、その価値すら見出せず、「仕方がない」「しょうがない」という言葉で、政治が成し遂げられなかったその憲法に基づいた理想的政治や外交を諦めようとしているからです。憲法を変えてしまったら日本の政治はますます政治家の好き勝手になってしまいます。憲法を変えてしまったら、国民が政治を見直す基準が失われてしまいます。

今「しょうがない」から「仕方がない」、つかは「しょうがない」から「仕方がない」からと国民が憲法改正を許してしまったら、それこそがいつかは日本が軍隊を持つか否かではなく、戦争を許してしまう国民になってしまいます。問題は日本が軍隊を持つか否かではなく、戦争をする権限を取り戻すか否か、国民がしっかりとした基準にそって物事を考え、判断するかどうかです。間違ったことに対して、間違っていると指摘し、正しいことはしっかり主張することがこれからできるかどうかです。戦争や争いを起こすのは憲法ではなく、軍隊でもなく、国民の意思であり、そして国民が選挙で選ぶ政治家の政策によるものです。しっかりしている国民をもつ国は戦争を起こしません。また戦争を起こさせません。

私は日本で生まれ、育ち、この国と国民が好きです。日本の文化やメンタリティーにはいいものがたくさんあります。それをもっと活かして欲しいのです。また、世界から学べばますますいい国になれると思います。しかし、残念ながら、今のままでは日本人には戦争はとめられません。本当に残念に思いますが、今の日本には憲法第九条は守れません。今のままでは憲法改正は時間の問題だと考えます。

2 九条を「生かす」道を [原文日本語]

シュテファン・ゼーベル Stefan Säbel（一九七五年生まれ）
東京大学大学院、地域文化研究科（博士課程）

今回、日本国憲法第九条に関する日本人学生のエッセイを読ませていただき、若い世代の人びとが平和について真剣に考えていることに感銘を受けました。これらを読んで、第九条の意義について二つのことが理解できました。第一に、第九条によって日本は、侵略戦争と植民地支配という自らの加害の経験と、民間人が原爆などの犠牲になった被害の経験の上に立って、二度と戦争を起こしてはならないと誓い、平和への希求を表明していること、第二に、冷戦後、日本社会が保守化し、とくにアメリカでの同時多発テロ後は国民にたいする国家の統制が進行して戦前のような権威主義的、国家主義的な思想が広まり、日米同盟が強化されてゆく状況の中でも、第九条は日本を戦前のような軍国主義化から守るという重要な役割を果たしていることです。

ドイツもまた、日本と同じように侵略戦争を起こし敗北した国ですから、「戦争と平和」の問題について考えることは重要な課題でした。戦後ドイツにおける「戦争と平和」を概観すると、日本との相違がただちに目につきます。西ドイツは日本と同じく一九五〇年代に連邦軍を創設して再軍備し

ましたが、日本とは違って、ドイツ連邦軍は、国外派遣こそ制限されていましたが、憲法違反の疑義は生じない正規軍でした。西ドイツはNATO（北大西洋条約機構）という集団安全保障同盟にも加盟しました。つまりドイツは「絶対平和主義」を掲げるのではなく、NATOという多国的組織に連邦軍の指揮権を委ねることによって、侵略戦争を二度と行わないことの保証としたのです。ドイツが「絶対平和主義」の立場を取らないことは、日本がこれまで武器輸出を認めてこなかったのに比して、ドイツは世界の主な武器輸出国の一つであることからも明らかです。

他方、外交政策ではドイツは周辺国との関係回復に成功しています。一九五〇年代にはフランスをはじめ西ヨーロッパ諸国との関係改善に努め、また信頼回復のために一九七〇年代には東ヨーロッパの国々とも関係の正常化を進め、深めてきました。日本が東南アジア諸国との賠償協定や日韓基本条約に見られるように単に形式的な国交回復しか求めなかったのとは異なり、ドイツは近隣諸国との和解に伴って政治、経済、文化の領域でも、条約に基づく国家間関係以上の関係の構築をめざしました。こうした努力の結果、一九九〇年の東西ドイツ再統一後も、政治、経済、安全保障の面で、かつての敵国との友好関係が続いています。

言い換えれば、ドイツは冷戦中も冷戦後も安全保障のために直接間接に軍事力に頼ってきました。そして周辺国との関係が改善されるとともに、NATOや国連内部でドイツがもっと積極的に安全保障上の役割を果たすことを求める声が、旧敵国内にも高まってきました。こうして一九九四年の旧ユーゴ紛争時には連邦軍が初めてNATO域外へ派遣され、一九九九年のコソボ危機の際にはドイツはセルビアへの空爆に協力して、「第二次世界大戦後初の武力行使」を敢行しました。

他方ドイツ憲法は侵略戦争とその準備を禁じています（ドイツ基本法第二六条）。ナチス・ドイツ

が行なった侵略戦争の実態が知られるにつれて、また空襲や強制追放など戦争による被害の経験から も、ドイツにも反戦文化が生まれました。しかし近年は、ホロコースト（ヨーロッパのユダヤ人大 虐殺）のようなジェノサイドを武力で妨げようとする、「人道的介入主義」というような姿勢も強く なっています。上記のコソボ危機に際しては、七〇年代の平和運動から生まれた緑の党（当時与党） さえ、NATOによる空爆を、セルビアの「民族浄化」からコソボに住むアルバニア人を守るため、 という理由で支持しました。ただしドイツは一方では「文民大国」を自任し、対外政策では軍事力の 行使を避け、人道援助と開発協力を重視し、「多国間主義」を強調してNATOや国連を中心に活動 を展開しています。

そうはいってもドイツがアメリカの同盟国として対テロ戦争に協力していることには不安を感じま す。日本のメディアではドイツがイラク戦争に反対したことが大きく報じられたから、多くの日 本人は、ドイツはアメリカの侵略戦争に加担していないと思っているかもしれませんが、事実はこの ような報道から想像されるところとは少し違います。ドイツはイラク戦争に参加こそしていませんが、 米軍に対して在独基地の利用、情報提供などの支援活動を行い、アフリカとアフガニスタンでもNA TO加盟国としてアメリカを支援しています。アフガニスタンでは二〇〇一年にドイツの特殊部隊が タリバンとの戦闘に参加しましたし、現在もドイツ連邦軍は国連のISAF（国際治安支援部隊）の 一員として他のNATO加盟国とともにアフガニスタン北部の治安維持と復興に関わっています。さ らに最近になって、イギリス、カナダなどのNATO加盟国からタリバンの武装勢力に対する空爆へ の支援を求められ、ドイツの連立政府は世論の反対を無視して戦闘機の派遣を決めました。これでド イツは戦争にいっそう深く巻き込まれることになります。

今日のドイツ人には、周辺国から脅かされるという意識はほとんどありません。経済や政治の問題で近隣国との間に争いが生じるとしても、それが戦争に発展する可能性はないも同然です。その一方で集団安全保障上の問題点が明らかになってきました。同盟国の政策に従わざるをえないということです。NATO加盟国、国連加盟国として国際紛争にかかわり武力行使を強いられることがふえています。まさに周辺国との和解に完全に成功したからこそ、国際紛争への軍事的貢献を求められるとは、皮肉なことです。日本国憲法第九条は、国際紛争を解決するための武力の行使を放棄すると唱えていますが、ドイツには武力行使を禁じる、このような規範がありません。そのためドイツ政府には、アフガニスタンなどでの軍事力行使に協力しないことは困難だったのです。

ドイツでも日本同様テロ対策の一環として監視社会化が進み、連邦軍の海外派兵も度重なっていますが、ドイツが戦前の体制に戻るのではないかという不安は、現在は国内には見当たりません。ドイツはすでに、民主主義と人権の尊重を基盤とするヨーロッパ共同体の一員ですし、ドイツの政治体制は民主主義を脅かす動きに対して抵抗できるという確信があるからです。

日本と異なり、ドイツの憲法である基本法は改正が比較的容易です。国会議員の三分の二の賛成で改憲はできますし、日本国憲法が定めているような国民投票の規定は基本法にはありません。ただしドイツ基本法は、ナチ支配の教訓として、国家権力の濫用を妨げるために、民主主義、連邦制のような国家構成上の基本原則と、人間の尊厳と基本的人権とは、変えることのできない原則であると規定しています。また日本の政治制度がきわめて中央集権的であるのに対して、ドイツの州政府は連邦政府から相当程度に独立しています。連邦制以外に選挙制度も重要です。日本の選挙制度は既存政党、とくに自民党に有利です。小選挙区の比率が高いので、有権者の意思が正しく反映されません。この

ような政治制度にあっては、憲法の役割は、国家の権力濫用を妨げる上で比類なく重要であると考えます。

改憲派は、憲法と現実とが矛盾に陥っているから、現憲法を変えなくてはならないと主張します。しかしこの「現実」こそ、鈴木さんが書いているとおり（Ⅲ-17）、戦後時代に歴代政府が推し進めてきた政策の結果です。この政策の目的は、日米軍事同盟の強化、日本経済の自由化、国際政治の場における日本の立場を強めるための、日米間の「特別に」緊密な協力関係です。しかし、こうした政策には、日本が将来において、現在よりもアメリカに依存する危険性があると思います。

アメリカの対アジア政策をめぐる最近のアメリカ国内の議論の中で多くの知識人は、米国のアジア政策がめざすべき目的が中国を封じ込めることではなく、中国との協力関係を拡大しながら最終的に中国の軍事的「抑止」をすることだと論じています。日米同盟の強化が最終的に中国の軍事的抑止を目的とするならば、それはアジア地域の統合や平和的な関係の構築にとって大きな障害となる可能性があり、日本が米国から独立したアジア政策によってアジア諸国との関係を強化することも困難になるでしょう。それどころか、日本は米国がアジア政策や世界戦略を変更する度に振り回され、それに付き合わされることにもなりかねません。

憲法改正が、日本の対外政策の選択肢を増やすことにつながると考えることもできます。自民党の憲法改正草案を読むと、「自衛軍」に改称された自衛隊の行動範囲は制限がほぼなくなり、日本は自国の武力に頼ることで米国との関係を見直すことも可能になるからです。しかし、日本の保守派の一部はこういった展開を望んでいるでしょうが、自民党が掲げている憲法改正の背景には米国の強い圧力もあるため、引き続きますます日米同盟の強化が進行する可能性のほうが高いでしょう。

多くの日本人が日米同盟の強化や自衛隊の国際貢献の拡大といった政府の政策を消極的ながら支持しているのも理解できないわけではありません。それに代わる道が見えていないからでしょう。戦後半世紀以上にわたって作り上げてきた安全保障制度を根本から覆し、新たな方向を模索することは、現在の多くの日本人にとって想像の埒外にあるように思います。このような現状維持志向は、日常生活において仕事や教育などの問題に対する不安が蔓延している日本社会の現状に由来するのでしょうが、それを変えるには、一般市民のこうした不安に配慮する新しい政策が必要になってくると思います。

そもそも九条だけに限り、憲法と現実の間に隔たりがあるからという理由で憲法を改正しなければならない、というのは奇妙な話です。例えば、日本では「男女平等」が憲法第二四条によって保証されているにも関わらず、国連の『人間開発報告書』(二〇〇四年)など国際比較の統計によると、日本における男女平等のレベルが非常に低いことは明らかです。憲法と現実との間の隔たりを埋める努力が多少はあったとしても、やはり職場や家庭内での男女平等の条項を廃止するといった動きは想像し難い状況です。しかし、こうした現状を踏まえても、男女平等の条項を廃止するといった動きは想像し難いでしょう。なぜなら、普遍的な人権の尊重という意味で、男女平等を実現するには、その理想に近づく努力を行なうことが重要だからです。第九条が掲げる「武器に頼らない平和な共存」という理想も、たとえ理想主義ではあっても、それをめざすべき行動の規範として捉え、その状態に近づこうと努力をすることが最も重要なのではないか、と私は考えます。

現在の日米同盟を一挙に解消し、自衛隊も廃止し、日本の平和と安全を国連に委ねるという考えは、現在の日本社会の状況を考慮すると短期的には実現しにくいと思います。それよりも、現行の政策を

出発点とし、徐々に第九条の理想に近づく形で政策を展開することが望ましいのではないでしょうか。

例えば、近隣国を過剰に警戒する必要はないように思われます。多くの政治家や知識人などが日本のマスメディアで連日のように「中国や北朝鮮は日本にとって深刻な脅威だ」と煽っていますが、こうした脅威が一体どこまで現実的なのかは疑問です。北朝鮮が日本を攻撃するよりも、日本をはじめとする国際社会の支援を受けながら国を立て直す、といった可能性の方が長期的にははるかに高いでしょう。中国も資源の確保などで日本と交渉や調整が必要になったとしても、既に緊密となっている日本との関係を維持し、拡大するといった政策を進める際に、ドイツとヨーロッパの戦後史は、例えば、真剣な過去との取組み、国家レベルでの政治・経済関係の強化や信頼関係の構築や軍縮、国民レベルでの文化交流や市民活動の促進、そして国家の次元を超えた共同体の枠組構築といったプロセスをいかに進めるかについて、豊富な材料を提供してくれます。日本も、他のアジア諸国と対等で密接な関係を築き、経済・政治・安全保障体制を統合することによって、戦争を構造的に不可能にするという道が少なくとも長期的にはありうるのではないでしょうか。

さて、第九条が謳う平和の世界の実現のためには、アジアの地域レベルで平和な関係を構築するのが大前提だと思いますが、世界レベルにおいて、第九条を生かした外交政策はどうあるべきでしょうか。国連は今でも大国の思い通りに動かされている側面が強いため、現状では日本の安全保障をまかせられる組織にはなっていません。また、日本政府が安全保障理事会の常任理事国入りを果たそうとする現在の政策は、現在の国連組織の枠組みの中で日本の地位を高めようとしているようにしか見え

ず、世界レベルにおいて対等で平和な関係を築くような政策からは遠いように思われます。自国の地位を高めるよりもできるだけたくさんの国々と協力して国連の改革をめざすほうが、平和な世界を作るために重要なのではないでしょうか。

第九条の改正を求める人たちはたびたび、日本が本格的に国連の平和維持活動に参加し、国際社会に貢献するために第九条の改正が必要だ、と主張しています。日本が見て見ぬ振りをして、世界中で起きているジェノサイドなどの人権侵害を「人道介入」への協力で止めようともせず、倫理的な責任を放棄するのは国際社会が許さない、という主張です。しかし、日本のこうした「平和ボケ」外交を批判する人が見逃している重要な事実があります。例えば、イギリスのBBCが行っている世論調査（二〇〇七年五月二九日現在）＊によると、日本は世界中で最も高く評価されている国だという結果が出ており、日本の外交姿勢を評価しない国は、日本が歴史問題に対して真剣に取り組むことを怠ってきた中国と韓国だけです。

＊ http://www.worldpublicopinion.org/pipa/articles/home_page/325.php?mid=&id=&pnt=325&lb=hmpg1

また、日本が世界レベルでの軍事的役割を拡大するよりも、第九条の枠組みの中で、「人道介入」が必要になるような事態が起こらないよう「予防的な」措置を積極的に研究し、外交的な手段によって従来よりも積極的に人権侵害の予防に取り組みながら、国際社会に対して自信を持って事前の紛争「予防」策などをアピールすることも、もう一つの道ではないでしょうか。憲法を改正し、いわゆる「普通」の国になってしまうことは、日本が平和を重んじる国として戦後の長年にわたってせっかく積み重ねてきた大きな実績を一挙に台無しにしてしまう大変もったいないことだと残念に思われて仕方がありません。

3 アジアの人々と「つながる」ために

佐村淳知（一九八二年生まれ）

京都大学、医学部

私はいま医学部六年生である。順調にいけば来年には医師になっている。そして、この冬には縁あって診療所や農村での実習のためにアジア諸国を回ってきた。それは多くの人々と話し、アジア諸国と戦争と日本とのつながりを考える日々となった。帰国後すぐに憲法九条についてのエッセイを依頼されたことは、この旅を振り返り、他者と経験を共有するチャンスを与えられたのだと感じた。このエッセイでは、憲法九条を変える必要はないと主張し、そう考えたきっかけを述べていこうと思う。

まず、どうして九条を変える必要があるのか、想像してみた。戦争などの武力行使を再び外交手段として用いたいという理由以外は思いつかない。しかし、戦争をすることの必要性が叫ばれても、戦争をするとどうなるか、いまの日本人は字面でわかっていようと、その苦しさを実際にはわかっていないように感じる。

残念ながら、この国では老いや死といった出来事はできるだけみな考えたくないようだ。肉親が亡くなるときでさえ病院から呼ばれて駆けつけ、運が良ければ間に合って、致し方ないことではあるが、まるで亡くなるのを待っているかのように看取ることとなる。しかし、戦争での亡くなり方はもっと

突然で、若い無惨な死に方だ。

アジア諸国を旅して感じることは、人々と日本との接点は、まず第二次世界大戦だということだ。少し親しくなると人々の口から、ここまで日本軍はやってきた、といった話が出てくる。ここにどんな日本人がやって来て何をしたのか私が知らなくとも、たしかにカレン族の家の中で、日本人がビルマ人と一緒にカレン族の村をたくさん襲撃したという歴史が語り継がれている。

一方、日本では戦争の記憶が語り継がれてきたのだろうか。広島や長崎の被害の記憶は受け継がれている。その一方で、加害の記憶はどうだろう。私の祖父が何をしたのか。中学生の時に、昨夏亡くなった祖父から戦時中の話を聞いたことがあったが、終戦直前はまだ練習生として訓練船に乗っていて、同級生二人がグラマンの機関銃掃射によって亡くなったらしい。一方で、祖父が人を殺したわけではなさそうだと思い安心したのも事実だ。当時七〇〇万人もの日本の兵隊がいたのだから、そういった辛い記憶が自分の父や祖父の体験として語り継がれておれば、再び武器を取ろうという気になるとは思えない。

上記のカレン族はビルマの少数民族の中でもっとも大きいグループで、過去六〇年にわたり独立を求めて政府軍と内戦を続けてきた。その中で、どれだけの悲しみがあったか計り知れない。非武装一般市民の「教育、医療・衛生、生計、自己統治」など、生きるうえで必要なシステムは今もなお政府軍によって破壊されている。私が実習した、ビルマからの避難民を診ているタイ国内の診療所で、ビルマ出身の医療スタッフたちと話をすると、家族を政府軍によって殺害された者が半数もいた。ただカレン族の集落であるというだけの理由で焼き討ちされた村人たちは、着の身着のままでジャングル

へ逃げ込み、いつ政府軍に見つかり殺されるかもしれないという恐怖の中で、ようやくタイにたどり着いたという。逃避行の中で、冬であれば寒さで凍えて死ぬ子ども、雨期には下痢で死ぬ子ども、簡単な手当も受けられず合併症で亡くなる若い妊婦たち、そして行く先々に仕掛けられた地雷で重傷を負い亡くなる友人や家族を見て、彼らは命を救いたいと思うようになったという。

このような現実を友人から聞かされても、戦争を外交手段の一つとして是とすることができようか。彼らから、武器を取って殺し合うことの愚かしさを、体験をもって教えてもらった。もちろん、必要なら武器を持って闘うという人もいた。しかし、民族の「正義」のためではなく、人々の明日のために、医療行為をもって生活を支える彼らの姿勢に強く共感を覚えた。

"I want to help the people"——将来の夢を聞いたとき、ある医療スタッフはこう答えてくれた。いまの日本の医学生は、こういったシンプルな言葉を動機や夢として語ることを、ためらってしまう。私もそうだった。「難病の」患者さんを助けたい、というようになんらかの修飾句がつくのだ。しかし、健康に暮らす人まで含める当たり前さに、思わずはっとさせられ、私自身を見つめ直すきっかけをもらえた。

戦争は、人を殺して陣取り合戦をし、敵が倒れたらおしまいというものではない。その悲しみは数字では表せない。そして、終わってからも人々の心に刻み込まれ、受け継がれる。

戦争は、はじめは愛する者を守るために始まったのかもしれない。しかし、よく考えてほしい。たとえ憎い敵であろうとも、彼らにも愛する家族があるのだ。同じ目的を持った者同士が、歩み寄ることができないわけがあろうか。

フィリピン・レイテ島で看護学生、その指導教授とともに

この旅では、レイテ島も訪れた。大岡昇平の小説『レイテ戦記』で有名なこの島にはマッカーサーが一九四四年に再上陸してきた様子を再現した銅像もある。私は現地の看護学生とともに田んぼの真ん中にある農村でホームステイをした。朝の体操に参加していた老婦人が、戦争で負った傷だといって乳房を貫通する銃創を見せてくれた。

思い切って、戦争のことを尋ねてみた。通訳をしてくれた学生は、おばあさんは忘れたと言っていると教えてくれた。彼女は歳だからだと言ってくれたのだが、真相はわからない。

ここフィリピンでも医療資源はうまく配分されていない。医療費はGDP比二％弱、人口の半数以上が暮らす田舎にわずか一〇％の医師しか分布していない。この傾向は地域医療を担う主体である看護師や助産師についても同じである。大多数の医療者は都市部か、アメリカ・カナダ・イギリスなどの海外にいる。ただし、彼らだってなにも国や国民を見捨てたわけではない。多くは自分の家族のために海外に出る選択をしたのだ。

なにも金持ちにならなくとも幸せに家族と故郷で暮らしたいだけなのに、それができない現実をこの旅で突きつけられた。一部の支配層が人々の不満を外へ向ける目的で企てる戦争が、人々が望む最低限の幸せを達成するか。結局は、同じ

I 人類にとっての憲法九条

ような「普通の」人同士が戦い合い傷つけ合うに過ぎない。

私たちの政府が戦争を始めるのであれば、おそらくアジアの隣人らと戦火を交えるつもりなのだろう。アジアの人々と会って話をしてほしい。彼らの文化や生活を何一つ知らなくても、彼らは優しく教えてくれ、こちらの言葉にも熱心に耳を傾けてくれる。まずは知り合うことから始めよう。そうすれば、どうして隣人と立場がこれほど違うのか、お互いに幸せになるにはどうすればいいのか、自然に一心に考えることになるだろう。

レイテで看護学生として学ぶ友人ジャン・ホープの詩を引用しておく。

"Do you know the relationship between two eyes?"
"They blink together."
"They move together."
"They cry together."
"They see things together, and they sleep together."
"Even if they never see each other... That's friendship!"

Thanks for Jan Hope.

4 フィリピンで考えた九条

明治大学、政治経済学部、経済学

葛西伸夫（一九七〇年生まれ）

映像作家、高岩仁の記録映画「教えられなかった戦争・フィリピン編」（映像文化協会）では、マニラ市庁舎のホールにあるひとつの壁画が紹介されます。それは第二次世界大戦時の日本の侵略を描いたものです。大勢の日本の兵士がフィリピンの民衆を踏みつけ万歳をし、その後ろで天皇が笑っています。そしてその背後ではなぜか妖怪めいた黒い影のようなものが飛び交っているのです。それは何なんでしょうか？

フィリピンは第二次世界大戦のとき日本に侵略され支配されましたが、一九四五年に日本が敗戦し、解放されました。一九四五年という年は、日本にとっては生まれ変わりの特別な年です。しかし、フィリピンの人にとっては解放された年であるにもかかわらず、たいした意味はもたないのです。それは、軍による直接の武力行使から、「開発を援助する」という名目で彼らの生活環境や労働力を搾取する「経済支配」に形が変わっただけで、「侵略」と「支配」は一九四五年以降も続いたからです。日本はかつて敵国であったアメリカの「新植民地政策」に便乗し、ふたたび「侵略」と「支

配」を行ったのです。

日本の「商社」はフィリピンの豊かな熱帯原生林に目を付け、伐採可能な森林の八割を丸裸にしてしまいました。その極端に安い木材によって日本は高度経済成長を遂げることができたのです。そして人件費が日本国内より破格に安いことと、環境基準が非常に緩く設定されていることによって日本から多くの生産工場が移設されました。そして自然環境に大量の有害廃棄物が放棄されました。豊かだった水産・海産資源は、有害物質や森林破壊による水質悪化によって死滅しました。フィリピンはこのような半ば強要された「開発」のために膨大な円借款（のちにODAに発展）を抱えさせられ、今なお返済と利子の支払いに追われて、国民の福祉が後回しにされています。一部では富裕層が増え生活水準は上がりましたが、低所得者層の生活はさらに苦しくなりました。経済発展に巻き込まれ、日本政府からも恩恵を受けていたフィリピン政府は、さまざまな面で日本企業が進出しやすい環境を用意しました。労働者の権利を抑圧し、組合を作ることも許しません。廃棄物・排出物の規制も著しく緩く設定しました。

また、政府は工場設備などの敷地を用意するため、軍を使って地元住民の住居を破壊しました。もちろん住民は黙ってそれに耐えていたわけではありません。しかし警察は抵抗する人たちをすぐに逮捕・拘留し、拷問したり殺したりしました。いわば「戦時中」の日本軍の役割を代行してくれたのです。

そんなフィリピンの多くの民衆にとって、日本人の考えるような「戦前・戦後」という区切りはほとんど意味をなしません。

日本国憲法の第九条は、戦争と戦力保持と交戦権を否認しています。この条項により、日本の兵隊

は戦後、海外において武力で一人も殺していない、そのように世界に誇ってきました。しかし、フィリピンの民衆はそれを何と思うでしょう？　彼らにとって日本の「九条」とはいったい何でしょうか？　どれほどの価値があるというのでしょうか。単に自分の手を汚さずに済んでいるだけのことではないか。仲間を武装警察に殺されたフィリピンの民衆はそう言うかもしれません。

その「九条」も、今では瀕死の状態です。現実には日本は世界で二番目に大きい軍隊を持ち、改憲手続きを急速に進めつつあります。

誰が読んでも人類の理想と思われる憲法前文や九条が、なぜこうも活きないだろうか、普遍化しないのだろうか。そう思わずにはいられません。「九条」のめざすものがほんとうにただの「理想」にすぎないというのなら、その理想の実現を阻止している力の正体＝「現実」とはいったい何なのか。

それを考えないわけにはいきません。

それを問うきっかけがフィリピンからの視点だったのです。

しかし、その答えも同時にフィリピンにあったのです。

最初に述べた「壁画」のなかで、軍隊や天皇の背後で煽動していた「黒い影」のような姿。高岩氏は映画のなかでそれを日本の「財閥・資本家」だと説明しています。

「資本」が利益を上げるには「軍需」が最も手っ取り早い。「軍需」を作り出すために戦争を必要とし、うまく戦争に勝てば土地と地下資源が手に入り「資本」に環流される。侵略した土地にはさらに多くの「軍備」が必要となり、「軍需」はウナギ登りに増えてゆく。それを続けるために、また次の戦争を必要とする……。このスパイラルを作るために、昭和初期に要所要所で「テロ」が仕組まれた。

「戦前」の日本の「資本家・財閥」はそれに成功することで巨大化していった。「戦争」はそのように彼らによって必要とされ、起こされた、というのです。

つまり、戦争とは、よからぬ考えをもった政治家や政治体制、あるいはテロリストと呼ばれる人々によって企てられるのではなく、資本主義経済体制が存続するために不可欠なものだ、ということなのでした。

たしかに「戦後」の日本は経済大国に「生まれ変わった」ように私たちには見えます。しかしそれは戦争を起こした主体が無傷で生き延び、別な顔をして同じ事をしているだけなのだ、ということがその映画作品（＝フィリピンからの視点）ではっきりとみえてくるのです。

「戦後」日本の資本主義経済体制は、「九条」に庇護され、私たちがよく知っているように明るく活気にみなぎっています。しかし一方で、「九条」によって「軍需」を封印されたために、アメリカと手を結ぶことで別な活路を見出してきました。朝鮮戦争、沖縄基地、フィリピンを中心とする東南アジアへの経済侵略。戦前と同じ主体、あの「黒い影」が、同じ地域で暴れたのです。「九条」は「暴力」が暗躍する影をもたらしていたと言っても間違いではないと思います。

つまり、「九条」は日本に「戦争のない平和」をもたらしましたが、周辺国を「平和ではない状態」にしてしまうことにたいしては何もできませんでした。そして、資本主義経済は私たちの生活を豊かで平和で明るいものにしてきましたが、戦争や暴力を必ずどこかべつのところで引き起こしていました。

戦後「九条」を実現させることができなかったのは、このふたつのいわば「光」と「影」の部分が、うまく重なり合ってしまったせいだと思います。

「九条」にもしもまだ余命があり、もう一度活かすチャンスが与えられるのなら、この資本主義経済が「黒い影」となって暗躍する場を探しだし「九条」の光に曝すことが求められると思います。そして「九条」のもたらす影に私たちはいつも注意しなくてはいけません。そもそも日本一国の「九条」は一条の光でしかありません。できることならば他の国も憲法に「九条」を持ち、「九条」の光が二本、三本、と増えてゆけばそれだけ影が減ります。そしてすべての国が「九条」を持てば影が消滅します。

しかし資本主義経済体制が戦争の主体であったというのなら、それ自体が消滅しない限り「九条」はこれまでのように非力なままではないかと言われそうです。じっさい戦争がないことだけが平和ではありません。フィリピンでみたように環境汚染・環境破壊も資本主義経済体制がもたらしたではないか、と。いま地球規模で自然破壊が進行しており、これから戦争が起こらなくても、そのほうが戦争よりもっと多い犠牲者を生み出すのではないか、と。

「九条」は「経済支配」という間接的な暴力にたいしてとりわけ非力だったように、たとえ世界中から戦争がなくなっても、資本主義経済体制はそれ以外の方策を必ず見つけだして、それ以上の災禍をもたらすのではないか、と。

しかし、その間接的な暴力から自然環境を守ろうとする人たちがいるのです。森林を裸にし、山河に毒を流すことは間接的な暴力であり、「暴力」にちがいありません。たしかにそれは「九条」の力の及ばないところだと言われるかもしれません。

しかし、その間接的な暴力から自然環境を守ろうとする人たちが必ずいるのです。人にはお金に換えられないものがあるからです。しかしその人たちが「暴力」によって排除されるのです。

I　人類にとっての憲法九条

　重要なことは、いかに莫大な資本があっても、「暴力」が働かなければ資本による経済支配は絶対に不可能だということです。

　言い換えると、お金に換えられないものをお金に換えられるものに変換してゆくことで資本主義経済は、存続しているのです。その諸プロセスにおいて必ず「暴力」が介在するのです。だから資本主義経済は、その過程の末端において暴力的な相貌を呈するのです。フィリピンの壁画にその姿（＝黒い影）が捉えられていたことは実に象徴的だと思います。しかしまたもっとも虐げられた人々の視点からしかそれが捉えられなかったのも悲しむべきことです。

　ようするに「暴力」とは資本主義経済のひとつの側面なのではなく、実相なのです。

　ですからそのエスプリにおいて「暴力」を禁じている「九条」は何にもまして有効なはずです。だから環境汚染や環境破壊その他、戦争以外のもたらす「暴力」に対しても有効なのです。

　「暴力」を封じることは資本主義経済を兵糧攻めにすることです。

　しかしそれなら、「九条」が全世界に広がれば経済は成り立たなくなってしまう、それでは困る、と言われそうです。たしかに私たちはまだ「資本主義経済」の代替物を発明していません。

　しかし世界に「暴力」が存在できなくなったとき、人類には資本主義経済を乗り越えた新しい経済（＝交換形態）が自然に生み出されていると思います。というより、それはいま資本主義経済のもたらす暴力的な交換によって阻害されているだけなのだと思います。

　新しい経済、これが、私が「九条」の彼方に平和とセットで見るものです。

　人類の未来は「九条」の理念を活かさない限りないと思います。「九条」に可能性がないどころか、「九条」にしか可能性がない、そういうふうに思っています。

5 九条は「理想」へのレッスン [原文ドイツ語]

ジーモン・ハルトマン Simon Hartmann（一九八九年生まれ）
フライブルク音楽大学、飛び級入学第五学期生（三年前期）

一定の知性と広い関心をもち、したがって「普通の」生活ができるために必要な程度に先を見通す力のある人間であれば、平和主義に少なくとも心を寄せることを当然と感じるはずであろう。日本の政治は、この先を見通す力を失ってゆきつつある。そのために、ビッグ・ブラザーが「本通り」の標識を立てた道にまっすぐ進入して、それが行き止まりの道であることが見えていない。力を合わせさえすれば、ハンドルの向きを変えることはまだ可能だが、それは、われわれドイツ人がすることではない。自衛権は生存権と同義ではないのか。ただしその自衛権とは、正義と秩序に基づく国際平和を求める誠実な努力（日本国憲法第九条第一項）を前提とする自衛権のことであるが。

自衛とは、（予防的かつ）積極的に、有害と認定した外部の影響から身を守ることであるが、極端な場合には、自分の不利益さえ妨げればよいということになる。つまり無制限の自衛権は、その性質と程度を問わず自分の不利益を予防するために、他者を抹殺する権利を含むのである。したがって自衛は、もっともらしく言われるほど無条件に正しいのではない。国際的な機構を自己中心的に利用す

ることさえ稀ではないことが、さきごろ実証されたばかりだ。権力者の傲慢と大衆の無責任が平和と公正の価値をいよいよ下落させる。以前の迷誤から何ひとつ学ばなかったかのようだ。国家の戦力を放棄することは、対等に生存することの放棄を意味するのではない。国際的な組織は無意味に存在するのではない。多数の国が連合することによって、国際機構は、日本一国が持ち得るよりも大きな力を所有し、国際性が与える公平さ（たとえば個々の国が「失策」を演じても均衡を取り戻せる）に基づいて、（究極の）平和を見据え、その力をより良心的に用いることができる。

ところで、かなりの数の人は、究極の平和などありえない、と（反射的に）答えるだろう。たぶんそれは、人間が存在するかぎり、残念ながら事実に合致してもいる。

しかし

ぼくは音楽家、コントラバス奏者として、完全な演奏などないと知りながら、それでも完璧をめざして努力する。その気持ちがあるから、ソロコンサートのたびに、練習でライトモチーフ（イ短調四分の四拍子、四小節）を何時間も弾き、それから、続くパッセージも難しさは変わらないのだから練習しなくては良心がとがめるので（最後にはどの音も粒がそろわなくてはならない）、だがまた正当な（充分練習したからではなく、時には謙遜ではなく事実わずかな労力に比して得られた成果にたいして）満足も感じながら、先に進むのだ。そしてコンサートが終わると、自分の到達点を、それは完全ではないにせよ、ともかくも目標とした地点なのだから、誇ってもよいと思うのである。めざすものが到達不可能な場合、普通は諦めるのかもしれないが、ぼくは、もっと高く登る可能性があるという意欲を与えられる。だから同様に、われわれが豊かさという深い穴に飲み込まれるので

はないかという不安も押しのけることができる。

いったい憲法九条は、もっと高く登る可能性がないほど、すでに完全なのだろうか。だからまず破壊し、それから自己満足のために、一度すでに到達した目標にふたたび手探りで徐々に接近して行くしかないというのだろうか。蒔いたものしか収穫できないという憲法の理性によってこそ、日本の戦後は繁栄の時代となることができ、それが今も日本に率直な、そして模範的とさえいえるイメージを与えているのである。

先端技術を駆使できる国が戦力を保持しないということは積極的な意思表示である。それは、新しい時代、国家権力が「社会的権限」に、武力に、依存しない時代の始まりを示すものだ。個々の国家がそれぞれ独自であることも一定程度は許容されるだろうが、それでも一致にいたる道はある。日本は憲法九条によってこの一致への道を選んだ。ここから平和が芽生えるだろう。平和へのこの唯一の可能性は保たれねばならない。そして日本政府が理性から遠ざかりつつあるこの時にこそ、国民は理性に近づかねばならない。

6 決して戦争をすまい――ドイツ・日本 [原文ドイツ語]

ジェシカ・ボロウスキ Jessica Borowski（一九八一年生まれ）
ライン・フリードリヒ・ヴィルヘルム大学（ボン）、翻訳法（日本語、英語）

日本に関連する学科を専攻する学生として、日本国憲法第九条のことは当然知っていたが、日本の政治をことさらに勉強したことはないので、ここではごくささやかな、自分一己の気持ちを述べることしかできない。だが私がこの企画に参加することによって、政治的素養のない人間でも、過去と現在の出来事に対して目を閉じさえしなければ、日本国憲法第九条の問題を考えることができる、ということを示したいとも思って、これを書く。

学校では第二次世界大戦中にドイツ人が行なった残虐行為や犯罪のことを学んだ。不当逮捕、強制収容所、ジェノサイド……。映画を見たり、本や日記を読んだりし、学校の旅行でミュンヘンに行った時はダッハウの、かつての強制収容所の建物を見学し、そこの囚人だった男性の話を聞いた。この時の体験は衝撃的だった。今わたしが立っている、この場所に人びとが閉じ込められ、拷問されていたのだ。第二次世界大戦はとっくに終わり、私たちの世代はもちろん、両親でさえ戦争とその苦しみを実際に体験してはいない。だが戦争の傷跡は今日なお消え去ってはいなかったのだ。

学校で戦争のことをたくさん学んでよかったと思う。戦争中に起こった事を忘れてはいけない。怖

がって目を背けたいと思う人もいるだろうが、私たちはその原因をよく考えてみなくてはならない。どうしてこんな事が起こったのか。どうしてこんな事を全国民が黙認したのか。私だったらどうしただろう。私はなにかをすることができただろうか。なにかを防ぐことができただろうか。

戦後、人々は深くうちのめされていた。戦争の苦しみは大きかった。こんな目にはもう二度と遭いたくない。だからドイツでは、平和への願いが基本法第二六条に書き表された。「諸国民の平和的共同生活を妨害するおそれがあり、かつ、このような意図でなされた行為、とくに、侵略戦争の遂行を準備する行為は、違憲」であり、「処罰されなければならない」（同条第一項）。

日本も戦後の状況は同じだった。だから日本も憲法第九条に、もう決して戦争はしない、と書いた。だがこの第九条が特別なのは、ドイツの第二六条とは違って、明確に、無条件絶対に、戦争を否定していることである。この点で、日本はドイツより一歩先に進んだ。日本は「国権の発動たる戦争……を放棄する」（日本国憲法第九条）。日本は、国際紛争を解決するための武力行使を放棄した。つまり日本は第二次世界大戦の経験から学び、戦争は政治問題の解決策になりえないと知ったのだ。これは高く評価されるべきことである。その結果、日本は、軍事的な支援に代えて、政策と人道援助を重視している。国連とASEANにおける日本の行動に、そのことは見て取れると思う。

日本はアメリカと並んで国連に最高の分担金を拠出しており、その他にも援助物資や科学技術の分野で国連を支援している。つまり武力を用いずに、国際社会に積極的にかかわろうとしている。これは立派な目標であり、国際平和維持のための、有力な貢献である。

歴史はわれわれに、過去を忘れないことの重要さを教える。良心的に過去に学ぶなら、過去に犯した過ちは、同じ過ちを繰り返さないよう、われわれを導いてくれるはずである。戦争を始めることは

簡単だ。世界の動向はすでに差し迫っている。自分は何もできない、などと考えてはいけない。何もできないのは、自分が持つ可能性と権利を使わないからだ。政治に特別に関心がなくても、自分の基本的権利は行使しなくてはいけない。憲法が、特に第九条が改定されようとしている、今のような重大な時にこそ、政治とは、手をこまねいて傍観するものではなく、決定に参加できるものであることを忘れてはいけない。

7 沖縄は九条に守られたことがない

川野勇輔（一九八四年生まれ）
琉球大学、法文学部

現在世界は、人類史上かつて無いほどの怒りと恐怖に満ちた世界になっている。テロという暴力が、さらに新たな暴力を生み出すという負の連鎖が幾重にも重なり合った世界、人間の欲望のままに争いが絶えない世界になってしまった。この現状を考えるとき、いかに日本国憲法が重要で今後の世界に影響を与えるものであるか、沖縄の現状も含めて考えてみたいと思う。

私は生まれも育ちも沖縄で、沖縄県北部地域の名護市の出身である。つい先日、宜野湾市が主催した「普天間飛行場問題シンポジウム」が開かれた。飛行ルート上にある琉球大学・沖縄国際大学・沖縄キリスト教学院大学の学生六人が、パネリストとして普天間問題に関して意見交換を行なった。私もパネリストとして参加させてもらったが、参加して知ったのは、六名それぞれ沖縄の基地問題に対してどうにかしないといけないという考えを持っていたことである。シンポジウムで県内の同世代の人達と意見交換できたのは大きな収穫だった。私自身デモや市民団体が開催する平和学習会に参加したことがあるので、反戦・反基地の考えを持っているのだが、県外出身の友達とは基地問題について話したことがあるが、県内の友達同士で日常的に基地の話題が出た記憶がほとんどない。ニュースで米

軍関係の報道が流れたときぐらいしか話した記憶がない。沖縄の新聞を見るとわかるが、基地関連の報道が載らない日はほとんどないのである。だから沖縄の若い世代は、基地があるのが当たり前と感じてしまっている。それは、大変危険なことである。シンポジウムではつぎのような大変興味深いさまざまな意見が出された。

「基地の影響のないところで育ったから、実際に大学に入るまで騒音被害など日常生活に与える影響がわからなかった。授業で沖縄戦などの平和学習はするが、基地の現状についてはいっさい学習する機会がない。だから県内の小・中学校の授業で、『国語・算数・基地・英語』といった時間割をつくったらどうか?」

「色に意味はないが、オレンジのブレスレットを身に着けている。これは基地に反対する意思表示である。これを広めようと思う。これを身に着けることで、若い世代が基地問題に関してもっと議論をするようになってほしい。」

「補助金を出すから基地を受け入れろというのは自治体を馬鹿にしている。一時的な金じゃなく、自然ともっと大事なものがあるはず。だから代替施設の建設は白紙に戻し、普天間基地の即時無条件返還を要求する声を学生が上げるべき。」

「跡地利用としては、基地があった場所なのだから平和学習センターなど、平和学を中心にする施設を造ったらどうか? そのためには私達若い世代がもっと頑張らないといけない。」

残念なことに、沖縄は未だかつて憲法に守られたことがないというのが事実である。米軍関係者による事件・事故が多発する地域でもある沖縄は、憲法に守られたいがために、復帰運動を起こしたと

私は思っている。私が三人目の〝おじぃ〟と勝手に思っている阿波根昌鴻氏がいた。おじぃ自身戦争を体験し、戦争で一人息子を亡くした。伊江島にデンマーク式農業学校を造るために広大な土地を地道に買い集めたが、戦後米軍がその土地を軍用地として強制収用した。その体験もあって反戦・反基地運動に深く関わった人物であり、二〇〇二年三月に亡くなるまで世界の平和について考え、九条の重要性を唱えていた人物である。おじぃは、『命こそ宝』(岩波書店、一九九二年)という本のなかでこう述べている。

「戦後、伊江島で最初に『日の丸』をあげたのは、わしらでないかと思いますね。米軍に土地をとられたとき、わしらはすぐ闘いの中で『日の丸』をあげることにした。当時、米軍は『日の丸』をあげてはいけないと命令しておりましたが、わしらは、ここは日本である。何も米軍の命令を受けて『日の丸』を上げ下げすることはない、沖縄でアメリカの国旗を掲げるほうがおかしいと心の中で叫んでいたのであります。平和憲法の日本に復帰するのだという思いで『日の丸』を掲げていたのです。」

この発言から、いかに沖縄が米軍の圧政から早く解放され平和憲法に守られたかたかわかるであろう。また「日の丸」について次のように述べている。

「ですから、あのとき『日の丸』だったわけ。だが、今の『日の丸』は次の戦争を準備するための道具になっておって、わしは見ております。『君が代』もそうですね。最近、沖縄では『日の丸』『君が代』が問題になっていて、復帰前は『日の丸』『君が代』をあげていたのに、いま反対するのはなにごとかなどという人たちがおりますが、悪い日本の象徴になっているのだから当然であります。」

Ⅰ　人類にとっての憲法九条

このように、日本が再び軍事色の強いナショナリズムに走ろうとするのをけん制している。おじいは、「非暴力」の精神から平和が育つという理念の持ち主である。その理念をいかに若い世代に引き継いでいくかが課題である。

現在日本において、憲法よりも日米安全保障条約が優先されている感じを受けるのは私だけだろうか。このことは、日本人より沖縄人のほうが強く感じているだろう。米軍は世界各地に基地を持っているが、沖縄においては安保条約の名の下に米軍は好き放題である。二〇〇四年八月の沖縄国際大学に普天間基地所属のCH53D大型ヘリが墜落したときもすぐさま大学内・周辺道路等を米軍が閉鎖した。まるで「ここはアメリカ」と思っているかのような態度で違和感を覚えた。沖縄県警さえ現場に入ることを許さなかった。県警が現場検証したのは米軍がほとんど証拠隠滅を終えた後である。

アメリカ国内でさえ最も基地に近い所で二キロ以上離れているのに、沖縄では市街地に基地がある。沖縄の負担軽減を掲げて米軍再編を行っているが、実際は米軍・自衛隊の機能強化という全くもって理不尽なことが起きている。嘉手納基地にはアメリカ国外初の最新鋭F22ステルス戦闘機が一時的とはいえ配備され、パトリオットミサイルも配備された。嘉手納基地所属のF15戦闘機の訓練を日本国内の各自衛隊基地で一〇日程度ずつ分散して行うことが負担軽減だと言っている。実際は嘉手納基地周辺の住民が「騒音被害が減少したとはいっさい感じられない」と言うくらいの、名ばかりの負担軽減である。しかも共同訓練をしつつ自衛隊を完全なる軍隊に仕上げようとしている。

また名護市辺野古地区に普天間代替施設を建設しようとしている。建設予定海岸はジュゴンも住むきれいな海である。「美しい国・日本」を掲げる政府は、一度辺野古の海に潜って美しいサンゴを見ないといけないし、代替施設建設はその美しさを自ら破壊するものだと認識しなければならない。も

ともと沖縄県民は違う民族である。しかし今は日本人として生活している。いったいいつまで、沖縄差別を続ける気なのか？　たった日本国土面積の〇・六％の土地に米軍基地の七五％がある、この島に新たな基地を造ろうというのか？　振興策という金で釣る政府の考え方はおかしすぎる。沖縄県民よ、もう振興策に振り回されないでくれ！　基地で経済が潤っているというが、それは間違っている。県は二〇〇四年度の米軍基地関係の収入は二〇〇六億円になると発表した。この額は県民総所得のたった五・三％にしかすぎないのである。「米軍等への財・サービスの提供」は約七二九億円（〇四年度）。約七割が「思いやり予算」による米軍施設整備や米軍直轄工事などで、軍人・軍属が基地外で消費する支出は約二割しかない。しかも米軍発注契約のうち県内業者は約二割しか受注していない。約八割を県外の業者が受注しているのだ。さらに宜野湾市長伊波洋一氏によると、宜野湾市の税収は約七〇億円で、基地収入は五億円ぐらいしかないという。もはや基地が経済を潤すというような戯言はやめていただきたい。仲井真知事の公約である、「四年以内に失業率を全国平均にする」「一〇〇万人観光客達成」も基地があるかぎりは無理に近いだろう。日本で一番テロが起こる可能性が高いのは、沖縄である。また沖縄は基地があることによって被害者であると同時に、加害者にもなっていることを県民は自覚しなければならない。現にアフガン・イラク戦争のときは、沖縄の基地から米軍が出撃している。テロを行うものに、日本人もアメリカ人同様、敵とみなされるのだ。

そもそも九条と自衛隊は、矛盾している。私は、九条を優先すべきと思っているので、即刻自衛隊を《解隊》し、武器を持たないという九条の理念に沿った国家になるべきだと考える。そのような意見を言うと、「ただの平和理想主義者だ」「自衛隊を《解隊》したら国防はどうする？」と言った意見がでると思うが、私としては、軍事力＝戦争抑止力とはまったく思わない。むしろ軍事力が世界を混

沌とさせた原因だと考える。今の世界情勢を見るとよくわかるように、テロにテロが応戦するように、力で抑えると力で返ってくるのだ。日本に、国防が必要なほどの敵がいるのか。敵というものは自ら作り上げなければできない。アメリカ政府は絶えず敵国を作らないといけない。アメリカの軍需産業・石油産業界が圧力をかけるからだ。アフガン・イラク戦争がいい例だ。どうみても石油欲しさに難癖付けて戦争を起こしたことは明白だ。そんなことも見抜けない、いや見抜けているはずの政府は、アフガン・イラク戦争それぞれに自衛隊を派遣し、アメリカの政治戦略に追従してきた。イラク攻撃は間違っていたという判断が世界の流れになっているにも関わらずアメリカはイラクに増兵したし、日本はイラク特措法の延長をしようとしている。

むしろイラクの治安は悪化している。民主化という名の侵略は止めるべきだ。民主主義は、他国から押し付けられるものじゃない。世界の流れを見ればわかるように、抑止力としては文化交流が最も適切だと思う。相手のことを知らないから武装するのだ。文化交流すれば相手の文化を知ることができるので、敵対心はなくなるはずだろう。

平和とは何か？ 人それぞれ意見があると思うが、皆さんはどう考えるだろうか。私は、生前の昌鴻おじぃからよく戦争体験の話を聞いた。実際に体験していない私でさえ、悲惨な光景が目に浮かぶほどで、戦争は二度と起こしてはならないと感じた。金儲けをするのが平和なのか？ 国益優先だけの政治をしていれば平和になるのだろうか？ 勝ち組・負け組に分かれる格差社会が平和なのか？ 私はそう思わない。

人々が心豊かに安心して生活でき文化の違いを知り、それを受け入れて、手を取り合える社会こそが平和なのではないか。このような社会は、今の日本社会のままでは、実現不可能だと思う。私たち

より上の世代に本当の意味での「大人」が数少ないことは、今の政治家を見てもわかるだろう。だから我々若い世代がしっかりしなければならない。日本の未来は私たち若い世代にかかっているといっても過言ではないはずだ。

今のままで憲法改正が進むと間違いなく日本は、破滅の道に自ら進んでいくだろう。私たち世代の未来に通じる道が、一部の権力者によって閉ざされてしまうのである。国家あっての国民ではない、国民あっての国家であるという大前提を思い出して欲しい。日本国憲法は日本人にとって未来永劫大事なものなのだ。日本人だけでなく、世界の人々にとっても価値のある、崩してはならない憲法なのだ。

私が、唯一幸運だと思うのは、身近に平和について考えさせてくれる人がいたことである。私の大きな課題は、考えたことを自分の中だけにしまい込むのではなく、同世代の人達にどう伝え、平和について、憲法九条についてどう考えさせるかである。まずは、身近な友達と、平和と九条について議論しようと思う。それが最良の方法であり、一番の近道になると思っている。

8 世界は九条を孤立させてはいけない ［原文ドイツ語］

セバスティアン・ハインデル Sebastian Heindel（一九八四年生まれ）

早稲田大学・ライプツィヒ大学、日本学（文化学、近代日本史）、

外国語としてのドイツ語、固有名詞学

日本国憲法改定の動きがどんどん進んでいる。衆議院は、憲法改定のために必要な、安倍内閣の国民投票法案をすでに可決した。参議院も後に続くだろう。このあとは、憲法改定を決め、一九四六年の公布以来議論されぞれ三分の二の多数で（ありえないことではない）憲法改定を決め、一九四六年の公布以来議論され続けてきた日本国憲法第二章（「戦争の放棄」）、すなわち第九条の改定問題はついに日本国民の手にゆだねられることになる。その来るべき国民投票の日に賛否の票を投じる権利を持つ青年諸君に向けて、わたしはこの文を書きたい。

わたしは二〇〇三年一〇月からライプツィヒ大学で日本学を専攻し、物事の背景を問い、広い連関の中で考えて、意見を述べることを学んできた。ここでも、学術的にではないが、そのようにしたい。以下は、この問題についてのドイツの友人たちとの対話から、だが当然のことながら、とりわけ、わたしが一年間の交換学生として早稲田大学で日本語を学び始めて得た日本の友人たちとの対話から、生まれた。

自民党は改憲によって自衛隊の位置付けを明確にし、そうすることで集団的自衛権行使に向けての基礎を固めたがっている。だがそこからは収拾のつかない混乱が生じるだろう。わたしにとって憲法九条は一つの理想である。これが、地上の国々が覇権を求めて争うことを止めた時の世界の姿だと思う。だが現実を見るなら、すでに五〇年以上前から日本には「擬似軍隊」がある。別の名で呼ばれてはいるが、憲法の理念に反するものだ。つまり戦争のない世界という理想は、現実と一致していない。純粋に論理的に考えるなら、可能性は一つしかない（自衛隊を廃止するという可能性を除外するなら、それは到底ありえないことで、想定外だ）。つまり憲法を現実に合わせるしかないだろう。だがそんなことになれば、またとない平和の理想がみずから自身の無効宣言をすることになる。つまり憲法がみずから自身の無効宣言をすることで、ようやく生まれた理想が、の理想が世界から消滅してしまう。第二次世界大戦中に日本が東アジア地域に与えた言葉では言い尽くせない恐怖の後に、ようやく生まれた理想が、地球に住む我々全員が守ってゆかねばならない模範でもあるのだ。この理想が失われれば、前世紀、今世紀の多数の戦争同様、自衛のためと称する戦争を始めることも可能になるだろう。日本政府のいわゆる自国と周辺地域の安全保障のための行動から、結末の見通せない紛争のスパイラルが生じかねない。

改憲だけでも、中国と韓国には歴史忘却の明らかな徴候、日本政府と日本軍が両国にたいして行なった残虐行為を反省せず、東アジア地域で軍拡競争を再開する意図の表れと受け取られるだろう。両国との間にはただでさえ未解決の問題が山積している（少数の例をあげるなら、戦争犯罪人を顕彰する靖国神社への政治家の参拝、強制された従軍慰安婦、教科書の日本史美化）。北朝鮮への影響については言えないが、上述の理由からして、改憲によって日本の安全が高まるとは考えられない。むしろ日本は潜在的攻撃目標になるだろう。以上述べたところにより、九条を変えてはならないこと、現

I 人類にとっての憲法九条

在の解決策（自衛隊の存在を条文解釈により根拠付ける）が考えられる可能性の中で最良であること、これがわたしの判断である。ただしこれは、目的による手段の正当化であるかもしれない。

二つの可能性のどちらがよいか、日本国民もこれを決断しなくてはならない。湾岸戦争時にも、アフガニスタンしているばかりか、一方を選ぶよう世界から迫られているようだ。における「国際テロリズムにたいする戦闘」の初期にも、とくに国連とアメリカから、日本が世界の最富裕国の一員としての責任を自覚せず、その地位にふさわしい国際的な協調行動を取らず、戦闘地域に軍隊を派遣しないことが非難された。

国際社会は、日本憲法を守るために助力することがその役割であるのに、逆に日本政府を一定の方向へ向かわせようとしている。同盟国アメリカが圧力をさらに強め、日本政府は現在のイラク戦争には軍隊を送らざるを得なくされた。こうして国際社会は、九条のみならず、憲法の二本の柱である自由と人権にかんしても、日本憲法の不当な解釈を支持したのである。自由と人権を守る正義の戦争などというものがありえないからには、日本が軍隊をもつことはこの二つの権利に反するからである。

外国は、日本の重要な役割、良い意味の制約を承認し、援助するべきなのに、逆に日本の政府と国民に一定の考え方を押し付けている。この圧力は取り除かれねばならない。外国は、とりわけ国連とアメリカは、日本国民を孤立させてはならない。これは全世界にかかわる、したがってドイツ国民にとっても重大な決断である。ドイツもEUも、国連もアメリカも、日本を応援し、助力を約束しなくてはならない。日本国民が攻撃を受ける可能性を考えて不安を感じることはある意味で理解できる。わたしも人間としてそれは想像できる。周囲のだれもが持っているものをわたしだけが持たない。しかもそれが、わたしにとって脅威となるものだとすれば、安心感を得るためだけではなしに、わたし

58

もそれを所有したい。これは人間として克服できない誘惑である。この誘惑に抵抗し、自分が所有するものを信頼するには助力が必要である。日本が所有するもの、それこそ憲法九条である。

もう一度繰り返すが、もし九条が改変されるなら、それは世界平和のための戦い（単純と思われるかもしれないが、その可能性をわたしは信じる）の一歩後退にとどまらず、まだほとんど手付かずの状態にある日本の過去の総括にかんしても一歩後退になる。それは過去の過ちから学ばなかったことを示す証左、計り知れない忘却の証左になるだろう。われわれがこの地上にともに生きる隣人にたいして行なった残忍な行為を忘れる。それは日本でもドイツでも決して起こってはならないことである。

ところが今ではむしろ、第二次世界大戦中に自分たちがドイツでも蒙った被害を言い立て、再軍備を正当化する傾向が日本にもドイツにも見られる。ドイツは偵察のために、つまり究極的には殺人のために、アフガニスタンに戦闘機を送ったし、日本政府は日本の「平和憲法」を改定し、最終的には廃止したがっているらしい。我々両国の青年は、幸運にもこれまで戦争を体験せずにこられたからこそ、このような傾向に抗して立ちあがり、抗議しなくてはならないだろう。この社会の中で居心地よく寛いでいるだけではなく、社会を変革することも、我々の務めである。とくに日本に来て、この国では戦争が非常に遠いことに思われ、メディアの報道もきわめて少ない、だから改憲についても自分で情報を手に入れようとしない限りほとんどわからない、という事情が抗議行動への無関心の原因になっていることを感じる。

言うまでもなく、こうした問題にたいする無関心（「ぼくらは憲法のおかげで戦争を克服し、平和な国に暮らしているのだから、もう何も考える必要はない……」というような）は一歩前進どころか後退である。日本のメディアがこの問題についてもっと報道しなくてはならないのはもちろんだが、

外国メディアも同じことだ。ドイツのマスメディアは日本の改憲計画に触れることがあまりにも少ない。外からの圧力があるべきだ。先に述べた、日本の軍隊に国際協調を求める圧力ではなく、平和主義を守らせる圧力である。

以上がわたしの考えである。戦争とは何であるか、平和とは何であるか、実際に定義はできないけれども、戦争が平和をもたらさないことは言える。戦争と平和は正反対のものであって、相容れない。我々はどちらかを選ばねばならない。日本国民にもこのことをわかってもらいたい。この文はそのための企てでもあった。

最後に一つのたとえを語りたい。先日テレビでアメリカ先住民のある種族についてのレポートを見た。かれらの暮らしはきわめて貧しく将来への希望がない。アメリカ国家はかれらの聖地を奪い、数百万ドルの補償金を支払った。その種族の財政上の問題がすべて解決されるだけの金額である。だがかれらはその金銭に手を触れず、過去の経験の上に立って金銭の誘惑に抵抗する。かれらはその土地に何百年も住み続け、かれらの体験、知識、伝統はすべてその土地に結びついている。補償金を受け取ることは歴史の忘却に等しい。聖地を知らずに育つ新しい世代も、補償金を受け取ろうとはしないだろう。かれらも伝承を知っているからである。日本の若い世代が国民投票という誘惑に抵抗して、語り伝えられた戦争の不幸な記憶を忘れず、戦争の遺産の一つとしての憲法九条とともに、次の世代に伝えていってくれることを、わたしは心から願う。

II 対話篇

くり返される沖縄の悲劇
Und wieder ist Okinawa das Opfer

9 九条、弱きものへの愛──木下恵介監督の世界

宇野健治（一九八〇年生まれ）早稲田大学、人間科学部四年
岡村亜美（一九八三年生まれ）早稲田大学、法学部四年

亜美　昭和の映画界の巨匠・木下恵介監督は、自分の作品に一貫して明確なメッセージを込めていたね。

健治　「弱い人々に対する愛と、戦争に対する怒り」を、ね。

亜美　たとえ、戦時下であっても──。例えば、『陸軍』（一九四三年）のラストシーン。田中絹代扮する母が出征の行進をする息子を、こらえ切れずに流れる涙をぬぐいながら必死に追う……

健治　けど、この映画を観たとき、僕はここに反戦のメッセージは感じなかったな。かといって、戦意高揚を謳いあげる作品とも思わなかった。

亜美　それはどうして？

健治　木下監督が検閲を恐れて反戦のメッセージを描かなかったのだとは単純に言えないと思う。『陸軍』で描いたのは、その時代の現実の母親像だったんじゃないかな。息子が生まれたら天皇のために犠牲になれる元気な兵隊に育てることが母親の務めであったことも事実、愛情をかけて育てた息子が死んでしまうかもしれないと悲痛な思いに苦しんだことも事実。木下監督は、国家権力に

亜美　よって捻じ曲げられた映画ではなく、ありのままの現実の姿を示したかったと。反戦のメッセージというよりも、本当の母親の姿それ自体に戦争の悲劇性がはっきりと見てとれた。それゆえに、木下監督の戦争への強い憤りと、大きな社会の流れに翻弄されていく弱い人々への愛情は、他のどの作品よりもひときわこの作品に込められていたとも言えるだろうね。

健治　なるほど、木下監督のリアリズム描写は溝口健二・成瀬巳喜男監督と並んで、非常に優れたものだもんね。『陸軍』はもともと陸軍省の企画発注で製作された、戦意高揚のための作品だった。

亜美　確かにラストシーン以外はそうとも言えるかな。

健治　でも、木下監督は完成後、軍部の叱責を受けるにもかかわらず、あえてこのシーンを十数分も盛り込んだ。

亜美　それはとても勇気が必要な決断だったはずだよ。今でもそうだけど、平和っていうのは並大抵の覚悟では現実のものにすることはできないから。

健治　その精神が日本国憲法の前文と九条に生かされているのかもしれないね。

亜美　「しれない」とはずいぶんと消極的な意見だな。

健治　……

亜美　確かに、九条にあるように戦争をしない、戦力をもたないと言い切る勇気が僕にあるかと聞かれたら、そう簡単にうんとは言えないのが事実。それだけ、平和というのは簡単に手に入るものではないし、九条が生まれた背景にも、あの戦争を経験した人々の、二度とこんな悲劇を繰り返したくないとの痛切な願いがあったのだろうね。ところで、亜美は何がきっかけで木下恵介の作品と出会ったの？

亜美　法学部の一般教養の授業、映像論で国内外の巨匠の作品に少しずつ触れたのがきっかけ。その中でも特に溝口・木下・小津・成瀬の作品は自分のそれまでの映画観を覆すほどの強烈なインパクトだった。

健治　それからどんどん古い映画を掘り下げていくようになった、と。

亜美　そうそう、白黒・サイレントで弁士付きの映画とかも観たね‼ 小津の『出來ごころ』（一九三三年）や阪東妻三郎主演の『雄呂血』（一九二五年）！

健治　「無頼漢と称する者、必ずしも真の無頼漢のみに非ず。善良高潔なる人格者と称せらるる者、必ずしも善人のみに非ず。善人の仮面をかぶり、世をあざむく大偽善者。今の世にも数多く生息することを識れ。……」（『雄呂血』の中の一節）

亜美　あれは衝撃でした。曲がったことが嫌いな主人公の武士はまわりから誤解されて無頼漢だと恐れられていく。その一方で、裕福な人たちは一見すると親切な善人なんだけど、裏では汚いことを平気でしてる。

健治　なんか、本当に現代でも同じことが行われているよね。結局、真面目に生きようとしている弱い人たちほど騙されてしまう世の中。

亜美　自分に正直であろうとすればするほど、全てが裏目にでてしまう主人公、阪妻。この映画はもともと『無頼漢』というタイトルだったんだよね。タイトルはともかく、国に、自分たちの仮面を見事に剥がされてしまったという後ろめたさ、不快感があったことは確かじゃないかな。

亜美　「無頼漢」って自分たちが言われていると感じて、検閲でタイトルを変更させたとも考えられ

64

健治　検閲といえば同じく阪妻主演の『無法松の一生』（一九四三年）でも、重要な場面が大幅にカットされた……。

亜美　陸軍大尉の未亡人への思慕が表現される場面が、一介の車夫のくせにけしからんと戦中は軍部によって……

健治　戦後にもGHQの占領政策によって、野蛮だと思われたシーンが削除。

亜美　皮肉なことにそれらの大幅な削除によって、松五郎のプラトニックな想いが強調されたように私は感じた。

健治　それだけ思慕を表現する心の純粋さが観る側に伝わったんだと思う。こういう作品を観ると、憲法で保障された表現の自由の大切さを痛感する。

亜美　国家権力を制限し、国民の権利を保障するのが憲法の本来の役目。

健治　その憲法の意味を失わせようとする憲法改正法案。本末転倒だよ。

亜美と健治の日本映画談義は再び二人のお気に入りの木下惠介監督に戻りました。

亜美　『カルメン純情す』（一九五二年）は『カルメン故郷に帰る』（一九五一年）の続編。ミュージカル仕立ての喜劇だけど、木下監督はユーモアのオブラートに包み込みつつ痛烈な皮肉と批判を込めた。

健治　GHQの言いなりに再軍備を進める政府に対する……。

亜美　大義はなんであれ、軍備を増強していけば結局被害を受けるのは力のない、弱い人たちなのに。

健治　そういえば、選挙に受かるためなら手段を選ばない候補者が出てくるよね。監督やスタッフ、役者陣も戦争を経験しているだけあって説得力のある作品に仕上がっている。

亜美　「日本精神党の佐竹熊子」ね‼　自分にとってマイナスになるイメージは隠し通し、とりあえず当選さえすればいいやという自己保身の態度は、古今東西の政治家たちの姿勢と重なるような……

健治　木下監督はまた、謎の多いオブジェばかりを製作する現代芸術家を登場させ、芸術とは何かという問いも投げかけている。

亜美　リリー・カルメンが惚れるその現代芸術家と彼の家族らもキャラが濃い！

健治　現代芸術家の両親は、息子の素行の悪さが露呈せぬうちに裕福な佐竹家の娘との縁談を進めようと、そのことばかり考えているし。

亜美　常に原爆を恐れ、何かにつけて「原爆だ！原爆が来た！」と言い張る家政婦さんがいたり。

健治　いろんな登場人物がいて、主義主張もぜんぜん違う。だけど、それぞれに愛嬌があって木下監督の温かな視線が観る者に伝わってくる。僕なんか、熊子さんのやっていることには絶対に賛成できないけど、その人自身を憎いとは思わない。

亜美　それはなぜ？

健治　人間味が溢れているから、かなぁ。人間の弱さ、強さ、美しさ、醜さ、生きることの悲しさ、そういったものへの好奇心って尽きないよね。人間を嫌いにはなれない。

亜美　人間味かぁ。

健治　そう。人間味は受け入れたいなって気持ちが僕のどこかにはあるはず。だからこそ、人間性を完全に否定する戦争というものは決して許すことはできない。

亜美　九条を変えてしまうと、日本が戦争を起こす可能性がぐっと高くなるね。そこでは人としての営みも、考えも国家のために制限されてしまう。

健治　まさに戦前の日本に戻ってしまう。すでにそうなりかけている。

亜美　木下監督が今の日本を見たらどう思われるだろう？

健治　木下監督は一九九八年に逝去されたけど、山田太一氏が師と仰いだ監督に対する弔辞で、「日本の社会は、ある時期から木下作品を自然に受け止めることができにくい世界に入ってしまったのではないか」と述べたよね。一理あると思う。「弱い人々に対する愛と、戦争に対する怒り」といった価値観が、現代社会から葬り去られてしまったというか、多くの日本人が、人間の本来あるべき姿に目を向けることに臆病になってしまっているんじゃないかな。

亜美　だからこそ、私は自分と同世代の人たちに木下作品を観てほしい。作品自体とても美しいし、監督の熱い想いがスクリーンを通して伝わってくるから。必ず、何かしら得られるものがあるはず！

健治　監督が映画作りのモットーとした、弱きものたちに対する愛、それは憲法を形成する理念でもあるからね。

亜美　そして、戦争に対する怒りもね。私たち戦争未経験の世代に与えられた重大な責任は、次の、そのまた次の世代へと戦争未経験を継承していくこと。恒久に。

健治　将来の子どもたちに戦争の傷痕を残したりしてはならない。そして、平和を世界に広めていけ

るだけの対話による外交力をつけられたら。

亜美　日本国憲法にはそれだけの価値があるもんね。

健治　だけど現実にはそうなっていない。というよりも、むしろ武力を行使できるように変えようとする方向に進んでいる。イラクでも武装した米兵を輸送していたり、明らかに戦争に加担している。

亜美　それはやっぱりおかしいし間違ってる。

健治　結局、憲法は無力なのかな。

亜美　そんなことはないよ。日本国憲法にしても木下監督の映画にしても、優れたメッセージを内包した格調高い芸術作品には違いない。でも、絵画にしたって文学にしたって、完成したときには自然に作者から独立して、それを観る者、読む者にゆだねられるんだ。

健治　つまり、日本国憲法という芸術作品を生かすも殺すも私たちしだい。

亜美　そういうこと。さっきも言ったけど、平和を選択することは非常に勇気のいることなんだよ。何か気に食わないことが起きたら戦争で解決しようとする方が簡単なんだよ。だから、僕たちが勇気を持って日本国憲法という芸術作品をまもり、世界中にその美しさを伝えていかなければいけないんだ。

亜美　そうだね。木下監督の作品も、そんな社会であってこそ、輝きを取り戻すのではないかな。

10 九条にこめられた「加害・被害」の記憶

石井誉久（一九八七年生まれ）

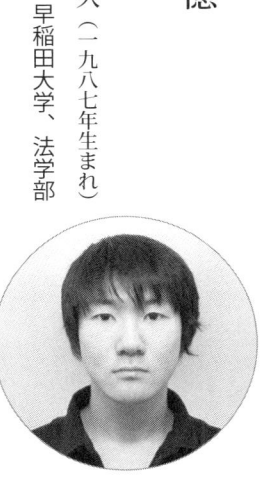

早稲田大学、法学部

まずはじめに、ドイツの皆さんに日本国内での憲法、特に戦争放棄を謳った第九条の改正をめぐる議論について知ってほしいことがあります。世界中を見渡すと、憲法改正を主張するのはおおむね革新政党であり、現行憲法を守ろうとするのは保守政党であるというのが一般的なのですが、現在の日本ではそれが逆転しており、憲法を守ろうとするのが革新政党、憲法改正を主張するのが保守政党という、かなり珍しい構図になっています。しかも、ほぼ一貫して日本における与党の第一党であったのは保守政党の自由民主党であり、彼らは戦後かなり早い段階からいわゆる憲法改正を主張してきました。それにもかかわらず、これまで一度も日本国憲法改正は成しえなかったのです。これはいったい何故なのでしょうか？

ひとつには日本国憲法の持つ性質があります。私たちの国の憲法は改正に、衆参各議院の三分の二以上の賛成で国会が発議し、国民投票に付して、その過半数の賛成で成立するという、かなり高いハードルを設けています。よって憲法の改正は政府の側からも、国民の側からも相当に強い要求がない限り、行われないということです。

しかしこういった性質が確かにあるにせよ、もしこの強大な与党の主張を国民の大多数が受け入れていたなら、九条を含む私たちの憲法は今とは違う形になっていたでしょう。それでもいまだに憲法が変えられずにきたのはなぜでしょうか？　それは、日本人が経験した痛切な戦争体験と、その継承が生み出した、とてつもなく大きな力によるものです。

もちろん私や私の父母を含め、戦後に生まれた世代は戦争を実際に体験したわけではありません。にもかかわらず私たちの中には戦争を認めない平和憲法を守ろうとする気持ちが確かに浸透しているのです。

私たちの国は世界で唯一の原子爆弾被爆国です。長崎と広島では一瞬の閃光とともに多くの命が失われましたし、生き延びた被爆者もいまだにその後遺症に悩まされており、ガンなどが原因で亡くなる人が跡を絶ちません。被爆者は自分の命を削りながら必死に原爆の悲惨な実態を語り継いできました。ここではそういった方たちの一人として、戦争当時まだ青年であったある社会学者の証言を引用したいと思います。

「私の見たもの全てがとても強烈に頭に焼き付いています。……火葬されるのを待つかのような死体の山に覆われた近所の公園、私のほうに向かって捨てられていく重傷者の群れ。しかし何といっても一番鮮明に覚えているのは女の子たちです。……とても幼い子たちでした。……引き裂かれていたのは服だけじゃないんです。その皮膚すらはがれ落ちていたんです……。その光景を見たときに私はおもいましたよ。これがいつも本で読んできた地獄というものなのかと……」

彼は高齢になった今もなお当時の記憶に苦しめられながら、しかしそれでもその記憶に必死に向かいあい、本に証言を残すという形で戦時中のあまりにもむごたらしい事実を私たちに教えてくれてい

ます。そして日本には他にも沖縄の地上戦、各地での空襲など、悲惨な戦争被害を語り、また、それを継承しようとする人々がいます。若い世代の中にもこのような事実をもっと広く知らせていこうとする人がいます。

語り継がれている戦争体験は、しかし、悲惨な被害の記憶だけではありません。私が戦争というものに嫌悪感を抱き、憲法九条について考えるのは、小学生のときに聞いた日本軍の加害の実態が発端となっています。ここではそのときに聞いたエピソードを紹介します。

これは大戦当時、陸軍医として中国で六回にわたり生体解剖を行ったある医師の話です。彼はもともと生真面目な性格で祖国のために何かしたいという動機から軍医になることを志願しました。当時の日本軍にはとにかく戦場で負傷兵の手当てができる軍医が必要でしたから、彼のような人材は大変重宝がられ、彼自身もそういった待遇に満足していたといいます。そして実際に中国山西省の陸軍病院に配属が決まり、そこで中国人を使って生体解剖を行いました。最初は戸惑いを覚えたものの、回数を重ねるにつれて目の前のむごたらしい光景にも慣れてきたといいます。いくらか月日がたって、別の病院へ行く機会がありました。そしてなんとそこでもまた生体解剖が行われていたのです。その瞬間に彼は生体解剖や人体実験が行われているのは自分が配属された病院だけではなく、前線地域のいたるところで行われていることを知りました。それからしばらくして日本は敗戦をむかえます。彼は中国国民党の要請を受けて中国に残留し、捕虜収容所に入ることとなりました。そしてその収容所の中で戦犯として罪を問われたときに初めて自らの行った行為の残虐さに気づき、同時に深い悔恨の念と被害者に対して申し訳ないことをしたという自覚がわいてきたといいます。その後彼は釈放され日本に帰国、再び医者としての道を

歩みながらも自らの犯してしまった罪をいろいろな場所で語ってきました。このほかにも自らの日本軍が行った加害の実態については、たとえば細菌研究部隊であった七三一部隊の元隊員の、自らが行った中国人に対する人体実験の証言などがあります。また、これほど詳細なものではないにしろ、日本が侵略戦争を行ったことを認める声は多くの人の耳に届いています。いずれにしても、過去を告白した人たちに共通しているのは、「自分たちは本当に申し訳ないことをした、過去を清算することはできないが、その償いとしてせめて自らが行った事を多くの人に語り、二度とこのような過去を犯すまい」という思い、同時に「戦争というものがどれだけ人間を非人間的な状態にまで追いつめるかを知ってもらいたい」という思いによって貫かれていることです。

私たちの憲法九条は、戦争中の「被害」「加害」の記憶によって守られてきました。決して思い出したくないであろう過去の事実に真摯に向かい合ってきた、政治的には必ずしも大きな力を持たない人々の多くは、すでに高齢に達し、戦争の具体的な話を直接聞ける機会が以前より減ってしまいました。私たちは以前にも増して、過去に日本が経験した苦しみ、また、与えた苦しみを知り、それとしっかりと向かい合うことで、これらの人々の強く気高い意志を余すところなく受け継いでいく必要があると思うのです。

現在日本には、日本の犯した侵略行為を子供たちに教えることは自虐的な歴史観だという考え方があります。子供たちにはそのような日本の悪い面ではなくて、もっと良い面を教えることで愛国心を育もうということです。しかしながら私はこのような考えに与する気にはなれません。なぜなら、歴史観は後から形成されたものであり、先の大戦に関して確かなことは、戦争によって日本と諸外国の大変多くの人々の命がほんの短い間に失われ、日本軍もその破壊行為に大いに加わったという事実だ

72

けだからです。歴史の役割は史実を正確に教えることであって、後世によって歪曲された話を教えることではありません。これは歴史観の問題ではなく歴史というものの存在意義にかかわる問題です。そしてほかの国の人々と同じく他人の死を悲しむ私たち日本国民は、戦争の事実を体験し、もう二度とこのような思いはしたくないという決心から、一切の戦争を否定する九条を含む日本国憲法を受け入れました。このような経緯を無視して、平和憲法は連合国の押し付けであるといった非難を浴びせることは、まったく意味がないように思います。

かつて皆さんの国の大統領ヴァイツゼッカー氏は「過去に目を閉ざす者は結局のところ現在にも盲目となる」という有名な言葉を残しました。過去に対して真摯に向かい合えない人間はまた同じ過ちを繰り返すという意味ですが、たとえばイラク戦争を考えてみます。ついこの間まで私の国の首相であり憲法九条改正を主張していた小泉氏はイラクへのアメリカの武力介入を全面的に支持し、イラクに自衛隊を派遣までしました。日本国の首相というのは憲法に規定された役職ですから、個人的にイラク戦争を支持していたとしても、論理的にそれに賛成するわけにはいかないはずです。それでも彼は政治的な理由から戦争を支持しました。そして私たち国民はその流れを変えることができませんでした。賛成をした国民もいました。

あの戦争に関してはいろいろな議論があります。しかし私たちが何よりもまず目を向けるべきなのは、あの戦争が正しいかどうかの議論ではなく、イラクにおいておびただしい数の民間人が殺され、またアメリカ軍の兵士も命を奪われたという事実なのではないでしょうか？　私は立場の如何を問わずこの事実に対して目を閉ざした議論はまったくリアリティーを欠き、空虚であるとすら感じます。他人の死を本能的に悼み、人の命を大切にしなさいと教える社会の大多数の人々がこの事実に直感的

にどのような判断を下すかは明らかであったはずです。戦争以外の選択肢を何としても見つけ出す、それが日本国憲法の決まりでもあるのですから。それでもそのような世論が十分な力をもてなかったところに危機感を覚えます。

現在改憲派のなかに、国際紛争解決の手段として武力行使を辞さないという意見に与するような動きが出てきています。このような状況の中で私たちは今一度過去と現在の事実に真剣に向き合う必要が増してきたと感じます。以前にも増して憲法九条が私たちの過去の問題を越えて、現在世界各地で起きている紛争に対しても、また全世界に生きている次世代の人々の未来に対しても非常に大きな意味を持ってくると思うのです。

最後になりましたが皆さんにお聞きしたいことがあります。ドイツでは日本国憲法九条にどのような印象をもたれているのでしょうか？　教えていただけると大変ありがたいです。よろしくお願いします。

11 ドイツ人の私も「九条廃止」に反対 [原文ドイツ語]

カタリーナ・ディルク Katharina Dirk（一九八五年生まれ）
フィリップ大学（マールブルク）、日本学（主に法律）

「過去に目を閉ざす者は結局のところ現在にも盲目となる」。すでに石井誉久さんが使ったヴァイツゼッカーの言葉で、わたしもこのエッセイをはじめたい。もちろんこの引用文はいろいろな使い方ができる。だが二十世紀を考察しようとする時、この言葉は日本とドイツの戦争の歴史に向けるにふさわしい。ここでは日本とドイツに共通点が多い。それは、両国が第二次世界大戦中同盟国として戦ったから、というだけではない。

しかしまた、両国は過去が似ているだけではない。その過去から導き出した結論も似ている。「戦争は二度としない」。日本はこの結論を憲法第九条で宣言した。ドイツの憲法（基本法とよばれる）に同じ条項はないけれども、基本法第二六条第一項は「諸民族の平和な共生を妨げ、とりわけ攻撃的戦争を準備する意図を持ち、その意図に即した行動」は違憲である、と述べている。戦争放棄が明言されているのではないが、それでも、だれも、政府も憲法の下にあるのだから、政府も、攻撃的な戦争をしてはならないことは明らかで、誤解の余地はまったくない。ただし攻撃を受けた場合は、ドイツは防衛戦争を許されている（基本法第一一五条a以下）。

ドイツのような過去をもつ一人の人間として、ドイツが憲法にこのような戦争否定を明記したことが、わたしはうれしい。そしてもっとずっと徹底して反戦を表明している日本国憲法第九条をすばらしいと思っていた。未来志向で進歩的だ。これを廃止することは、間違った方向に足を踏み出すことであろう。

イラク戦争によって、「戦争禁止」をめぐる論争がドイツでも日本でも再燃した。ドイツがこの戦争に積極的に参加することについては多くの議論があったが、主に世論の圧力が、ドイツ連邦政府を参戦させなかった。つまり大多数のドイツ人の心にも戦争放棄は深く根付いているのだ。ドイツ人も多くは戦争体験を話に聞いているだけで、自分で体験してはいない。それでも戦争反対、戦争がもたらす苦しみに反対である。日本国民はどうなのだろう。イラク参戦賛成、憲法改定賛成が多数なのだろうか。それとも国民の中核部分は反対だろうか。わたしが疑問に思うのは、よく考えもせずに始められ、日本が責任を負う必要のない戦争に参加するだけのために、憲法から戦争放棄という重要な原則を、なぜ削除しなくてはならないのか、ということだ。

憲法九条にかんする日本の動きに、ドイツでは残念ながらほとんど注意が払われていない。とはいえシンポジウムや講演もないわけではなく、たいていは大学で開催される。

わたしも日本国憲法第九条について意見を述べる背景は以上で明確になったと思う。もちろん、わたしも九条の廃止に反対である。その大きい理由は、九条が歴史を思い出させ、歴史を忘れるなと警告するからである。だがまた九条は、日本が自国の歴史から学んだことを世界に示してもいる。日本が、中国と朝鮮で起こったことを忘れていない、日本自身もわが身に感じねばならなかった戦争の苦しみの大きさを否定しない、ということを示しているのだ。

小泉首相の靖国参拝には議論が多く、しばしばスキャンダル視される。わたしは小泉氏の九条廃止支持も腹立たしい。九条の廃止は、戦争の残酷さを軽視するばかりか、否定することにさえなる。九条を廃止すれば、日本は戦争からもその結果からも何一つ学ばなかったかのように見えるだろう。世界は変わった。わたしたちが生きているこの時代には、強大な軍隊や強力な武器はもはや権力を保証しない。アメリカは軍事大国だが、そのことはアメリカを九・一一の襲撃から守ることはできなかった。今日はむしろ交渉や外交の技術が問われる。そのほうが武器に物を言わせるよりはるかに多くを達成できる。イランや北朝鮮を攻撃すれば、反撃を受けるだけだろう。イラクとアフガニスタンで今なお続いているような、無意味な流血を招くことになるだろう。北朝鮮の行動に日本が不安を感じることは理解できるが、軍備増強はまちがった反応である。それで北朝鮮が日本攻撃を思いとどまることはないだろう。挑発とみなされるだろう。九条の廃止と、それに伴う軍事重視の姿勢は、日本の安全に資するよりはむしろ危険を大きくするだろう。

 戦争は人びとにつねに大きな苦しみを与えてきた。だが人類は成長し続けた。今は、権力を獲得し維持する手段としては、戦争はもう古いと認識するべき時だ。日本も、戦争中大きな苦しみを与えただけではない。大きな苦しみを忍ばねばならなかった。原子爆弾がヒロシマとナガサキに残した傷は今も目に見える。だから、わたしたちは、「現在が見えなく」ならないように、「過去の前で目を閉じ」てはいけない。憲法九条の廃止は、わたしたちが現在を見るときに歴史の眼鏡をかけることを忘れさせてしまうかもしれない。

12 日米安保「再考」のとき [原文ドイツ語]

井上雅美（一九八四年生まれ）
慶応大学、法学部

日本国憲法は周知の通り一九四六年に制定され、一九四七年に施行された。それ以来一度も改定されていない。この憲法は第二次世界大戦による惨事の直後に書かれた。その事情から独特の特徴をもつ。平和主義の憲法であることが、とりわけ注目される。このことはドイツ基本法と比較するといっそう明らかになる。ドイツ基本法は第一条で「人間の尊厳」は不可侵であると宣言していることにより、しばしば人権憲法と称される。日本国憲法の主要な特徴は、戦争の放棄を宣言する第九条に明確に表れている。第九条の日本人にとっての意味を考察したい。

戦争の放棄をかかげ、その実現のために、戦力の保持と交戦権を否認した憲法第九条は、第二次世界大戦への、とりわけアジアの隣国を侵略したことへの日本国民の反省の象徴とみなされる。とろが近年、この条項は日本の現状に合致していないと主張する声がふえている。この傾向が特に強くなったのは、湾岸戦争時に日本政府が行なった財政援助が国際貢献として評価されなかった時からである。ここから、国際的な活動の範囲を拡大できるようにするために九条を改定するべきだ、という主張が生じた。今日ではもう一つ、近隣地域の不安定が増大しているのだから、日本は自衛隊を正規

の軍隊に改造しなくてはならないという主張が加わって、この傾向がいっそう明確になってきた。以下では、この二つの論点について、これらが充分に根拠のあるものなのかどうかを考察したい。最近まででは第九条は自衛隊の国外出動を妨げるものと解されていたので、この条項は国際紛争に際して日本の活動範囲を制限する、という議論が出やすかった。第九条があったから、二〇〇四年に日本がイラクに自衛隊を派遣しようとは、日本人のみならず世界の大部分も想像しなかった。自衛隊の投入後、これは憲法違反ではないかという論争が起こった。しかしこの問題をここで論じるのはやめよう。日本の国際援助は、目に見える形で、危機状態にある地域に部隊を派遣しなくてはならないのかどうか、を考える方が重要だと思うからだ。第二次世界大戦後、多数の国際紛争に国連軍あるいはアメリカ軍が出動した。残念ながら多くの場合、出動によって紛争はいっそう深刻化、複雑化した。つまり部隊の派遣が「援助」として本当に有効かどうかは実は疑わしいのである。また、自衛隊の出動が必要だという議論をもち出したのはアメリカであること、そして日本が湾岸戦争時には自衛隊の出動を拒否したにもかかわらず、イラクに自衛隊を派遣したのは主にアメリカの圧力によるのであることも、忘れるわけにはいかない。

周辺地域が不安定だから日本は正規軍を持つべきだという議論も批判的に検討してみたい。二〇〇六年一〇月に北朝鮮が行った核爆発実験と、北朝鮮が核兵器保有国になったことを確認したアメリカの発言によって、東北アジア地域が紛争勃発の可能性をはらむことが万人に明らかになった。この事件の後、強力な軍隊を熱望する日本人が少なくないことは理解しやすい。これは論理的な解決策であり、北朝鮮の重大な軍事的挑発にたいする当然の応答であるように感じられる。だがわたしは、日本

Ⅱ　対話篇

の軍備は負の結果しかもたらさないと思う。アジア諸国は第二次世界大戦の恐怖を今も生々しく記憶に留めているから、日本の軍備を危惧の目で見る。したがって日本の自衛戦力強化は必然的に軍備競争を引き起こすだろう。その結果、今すでに良好とはいえない近隣諸国との関係はいよいよ難しくなるだろう。そしてそれは日本政府が今なんとしても回避しなければならない事態である。

以上二つの論点は、第九条を変えるべき具体的根拠をなんら提示しない、とわたしは考える。これらはむしろ、日本にはもっと重要な他の課題があることを証明するものである。その課題の一つは、近隣諸国およびアメリカとの関係の再検討である。一九五一年の日米安全保障条約以来、アメリカとの協力を可能にするために、日本国憲法はたびたび恣意的に解釈されてきた。その度重なる決定にたいして批判的な意見を述べることはわたしにはできない。この協力のおかげで日本は世界でもっとも豊かな国の一つになったのだからである。とはいえ、この種の「協力」が今日なお適切であるかどうかはじっくり考えてみるに値する。第二次世界大戦後の日本は完全に破壊され尽くしていた。国土復興のためにはアメリカの援助が必要だった。だがその援助はアメリカとの協力を通じてしか与えられなかった。今日では状況はすっかり変わったのだから、アメリカとの関係も考え直すべきであろう。アメリカの戦後政策が大きな犠牲を要求したことは、イラクとベトナムの例を見れば明らかである。アメリカとの協力をさらに緊密にするために第九条の改定を企てる以前に、韓国、中国など近隣諸国との関係をもっと重視しなくてはならない。これが、日本が優先的に処理するべき第二の課題である。

地域の安定を確保するためには、近隣諸国との間にもっと友好的で安定した関係を築くことが不可欠である。日本は戦後、近隣諸国との友好的関係を再建する努力をしてこなかった。すなわちこれら

80

諸国にたいする外交政策をなおざりにしてきた。そのために今ではアジア内部での協力関係がほとんど不可能になってしまっている。

憲法第九条は日本の戦後時代に決定的な役割を果たし、日本政治の特質の一つにもなっている、とわたしは考える。二十世紀に起こった二度の世界大戦の後、これ以上の戦争を阻止し、全世界に平和を作り出すために国際連合が成立した。六十年後、国連とアメリカの介入は世界平和をもたらさなかったことが明白になっている。この時点で再出発し、平和の確保と創出を真剣に考えなくてはならない。暴力の行使はさらなる暴力を生むだけであることは、過去がすでに示した。日本の平和憲法とその第九条は、平和を作り出し、維持する道を指し示している。第九条の精神を全世界に広められないことを残念に思う。

13 日本はどういう国か──井上雅美さんに答える [原文ドイツ語]

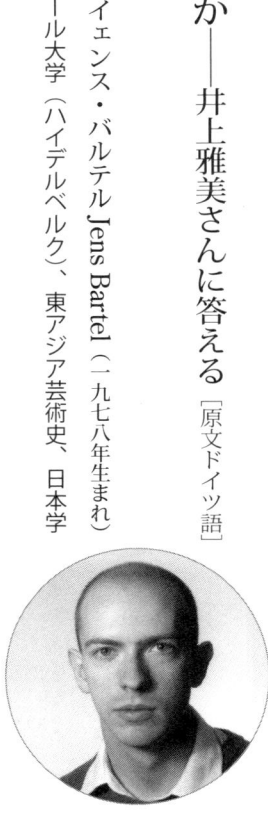

イェンス・バルテル Jens Bartel（一九七八年生まれ）

ループレヒト・カール大学（ハイデルベルク）、東アジア芸術史、日本学

軍隊と「交戦権」の放棄を憲法に明記している国は、現在のところ世界で日本とコスタリカだけである。日本国憲法第九条第二項に記されているこの原則に対して、近年、従来以上に疑問がなげかけられている。

* コスタリカ憲法第一二条──「常備軍は廃止される。公安の監視と維持のために必要な警察力を設置する。大陸内に協定が成立した場合あるいは国民の防衛のためにのみ組織されうる。いずれの場合も、軍隊はつねに文民により統制される。軍隊は個別にも集団的にも声明を作成、発表、あるいは示威行為を合議、実行してはならない」。

このところ午後しばしば図書館の閲覧室でコンピューターの前に坐っていると、さまざまな思いが頭をよぎる。それらを明確に述べるために、井上雅美さんのエッセイからいくつかの主張を取り上げてみたい。井上さんは、日本にとって重要な課題を二つあげている。一つはアジアの隣国との関係、もう一つは同盟国であるアメリカとの関係を今後どうするか、である。だが、これについては、あとで述べることにして、まず考えてみたいのは、憲法の平和条項を改定または廃止することが日本（ま

たは国際社会）にどのような利益をもたらすか、という問題である。

日本で近年、憲法改定をめぐる議論がふたたび盛んになっていることは決して偶然ではない。共産主義が挫折し、グローバリゼーションが進むとともに世界は変わり、新しい要請がいろいろ生じてきた。それは明白なことだ。憲法改定は日本の国際的な活動の場を広げるだろう。だがそこから生じる、日本にとっての、また東アジア地域における国際関係にとっての不利益も検討する必要があるだろう。改憲論のなかには相当疑わしいものがあるのだから、なおさらである。

改憲を主張する議論の一つは、憲法成立時、すなわち第二次世界大戦終了直後に、第九条は主にアメリカの影響下に生まれた、したがって、すでに主権国家となった日本は国益に合致するよう憲法を修正するべきだ、というものである。わたしの考えを率直に言うなら、第九条を変えても憲法は良くはならないと思う。アメリカ側からの一定の圧力、あるいはむしろアメリカの安全保障政策上の諸要求を満たそうとする日本の政治家の努力は、以前からある程度の力を持っていたが、それどころか今では憲法改定を求める主要な動機の一つになっているかもしれない。だが第九条を変えることが実際に大多数の日本国民の願望に合致するかどうかは疑わしいのではないか。むしろ多くの日本人は今の形の憲法を無条件で支持しなくてはならないのではないだろうか。現憲法の下で、日本は世界で最高の生活水準、最高の平均寿命、最良の健康保険制度などを持つ国になり、さらに六〇年以上も平和に暮らしてきた。このことは現憲法を支持するきわめて強力な論拠になるはずだ。それなのに、この流れを今後も継続することが日本にとって無条件の利益ではないというのだろうか。

憲法史の文献には「平和条項」について、最初は日本側から、それも幣原首相（当時）から提議された、という記述がある。わたしは自分の専攻科目の勉強としてこの文を書きはじめるまでは、憲法

Ⅱ　対話篇

九条問題を詳しく調べていなかったわけではない。とはいえ問題の背景をまったく知らずに取りかかったわけではない。たとえば伊藤成彦の『物語日本国憲法第九条——戦争と軍隊のない世界へ』（影書房、二〇〇一年）、あるいは一九九三年の『日本国憲法』（R・リュナイ・パーシー・ジュニア、高橋和之編、東京大学出版会）所載のジェイムズ・E・オーアーの「第九条　戦争の放棄」が、数年を隔てて、まったく異なる状況で発表されたにもかかわらず、ともに上記の説を支持している。こうした事実は、九条がアメリカによって「押しつけ」られたという主張を利するものではない。

日本は「普通」の軍隊をもつ「普通」の国になるべきだ、という主張もある。これまた非常にあいまいである。ここで言う「普通」の基準は何なのか。日本には、たとえばドイツ同様、第二次世界大戦中の出来事から生じている、明確な歴史的責任がある。第九条は、井上さんも書いているとおり、日本の軍隊の侵略行為を反省し、世界大戦の恐怖が二度と繰り返されないことを願う、その証として生まれた。どの国にも固有の歴史がある。ある国の現在の行動にその国の歴史が影響を及ぼす、それが、理性的な意味で普通ということだと思う。したがって九条廃止論者が望むような種類の「普通」は本来ありえない。それを「普通」にするには、日本、中国、朝鮮などにおける戦争の記憶を抹消するとか書き換えるとか、そのようなことをしなくてはならないだろう。しかしこの記憶が人びとの意識に生き続けることこそが、戦争という残虐行為が将来繰り返されないための重要な保証になるのだ。第九条は、この大切な遺産の一部である。

ここで、アメリカ及びアジアの隣国にたいする日本の関係の問題に戻りたい。アフガニスタンでの戦争の時には国際社会の大部分がアメリカを支援したのにたいし、たとえばイラク戦争では初めから現在に至るまで対立が大きい。NATO内部でさえ意見が分かれていた。ドイツもフランスもイラク

84

侵攻に反対だった。国連安全保障理事会はイラクへの内政干渉を支持する決議を出せなかった。それにもかかわらず日本はポーランド、イギリス、オーストラリアなどと同調してアメリカを支援し、軍隊を（「非戦闘地域」に限定するという前提の下に）派遣さえした。このことが、さきごろのアメリカ大統領の南米訪問（二〇〇七年三月八〜一四日、ブラジル、ウルグアイ、コロンビア、グアテマラ、メキシコ歴訪）にさいしてこれまでになく論争の的になっている。このことが、さきごろのアメリカ大統領の南米訪問は国内外で各地で抗議行動が起こった理由の一つであることはまちがいない。

アメリカの現在の外交政策にたいするこのような反応の原因は、近年アメリカ側が国連などの国際機構の役割やNATO諸国の意見を軽んじてきたことにあるだろう。残念ながら軍隊の投入がますます紛争解決のための妥当な手段になりつつあるようだ。ヨーロッパのミサイル防衛施設をめぐる最近の論争が世界規模の軍拡競争再開への不安をさらにかき立てている。だが日本には、ドイツ同様、明確な歴史的責任があるのだから、国際関係の中で日本の役割を規定しなおすとしても、国際協調による紛争介入を支援する場合、とりわけ日本の「自衛隊」が他国の領土に足を踏み入れる場合には、慎重さと自制を保たねばならないのではないか。たとえばイラクで連合軍に加わることは絶対に必要だったのだろうか。

現在の日本ほど大きい影響力を持つ国であれば、六〇年間にわたって国外で日本の外交政策の中核と認められてきた憲法九条を守って、理性的で平和的な紛争解決への方向を示すこともできるはずだろう。逆にいえば、誤った方向を日本が修正する可能性が今こそあるのだ。独断で出撃することによって紛争を解決しようとする最近の動向に従うことをやめて、平和維持と世界の安定をめざす国際組織がふたたびもっと強力になるように、明確な態度を示すことが日本ならできるだろう。そのため

には、強力な同盟国であるアメリカにたいして自信をもって臨む必要がある。長い目で見れば、それが双方の利益になりうるだろう。

平和条項が改定あるいは廃止されるようなことになれば、アジアの隣国はどのような反応を示すだろうか。推測は難しいが、井上さんも書いているとおり、憲法改定が歓迎されないことはかなり確実だろう。九条の改定は、たとえば小泉前首相の靖国神社参拝や教科書問題のような、日本と近隣諸国、とくに中国および韓国との関係を非常に難しくしている一連の事件の（避けようとすれば避けられる）頂点になるだろう。（正直なところ、なぜ小泉政権がこうした点で近隣諸国の反応を考慮することができなかったのか、あるいは考慮しようとしなかったのか、理解できない。）最後に「北朝鮮」問題も、日本の軍備拡張によって軽減されはしないだろう。核兵器拡散の危険に立ち向かうことは一国のみで解決できる課題ではない。日本の軍備増強は、北朝鮮政府に現在の軍事政策を続ける決意を固めさせるだけであろう。

III 改憲論に直面して

行き先はどこでしょう
Wo kommen wir hin?

14 不毛な「押しつけ」論 [原文ドイツ語]

トーマス・シェーナー Thomas Schöner（一九六八年生まれ）
ルプレヒト・カール大学（ハイデルベルク）、南アジア政治・日本学

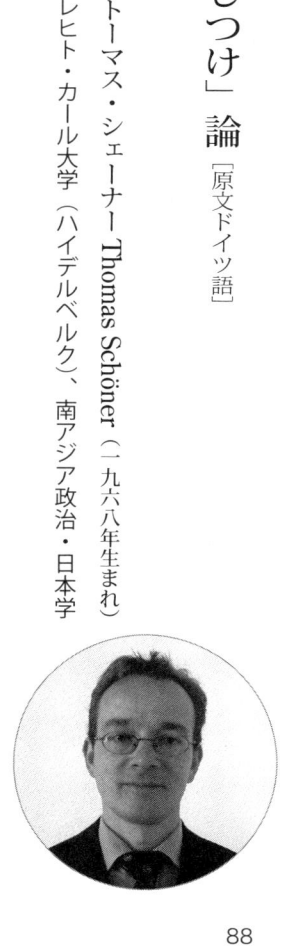

人間の精神的進歩への希望を捨てることは世間を知らないことだろうか。進歩とは人間が、民族的な意味ではなく全地球的な意味で、生き延びることを確実にするものなのだが、正しい方向へ向かっての一歩である。これは、国際関係の新しい道を行く試みだった。したがって、日本国憲法第九条は正しい方向へ向かっての一歩である。驚くにあたらぬことだが、第九条を守ろうとするのは進歩派勢力であり、保守勢力はこれを憲法から削除することを企てている。とりわけ気がかりなのは、第九条を廃止するために必要な国民の過半数が得られないことを恐れて、第九六条という障害を回避する企てである。明治憲法を変える時、アメリカは明治憲法の改正に関する規定を守るよう注意を払った（村田晃嗣「若い世代の改憲論」『中央公論』二〇〇〇年六月号）。同様に、現行憲法第九条の廃止も、そのために定めてある政治的、法的手段（憲法第九六条＝憲法改正の手続）に従わなくては着手できない。

一国の憲法は国民の経験から生まれた宝であり、簡単に投げ捨てることは許されない。戦争放棄条項は、戦争を実体験した世代が伝えた伝統である。今日日本に住む人びとの大多数が戦争を経験せずにすんだのは、国家の目標として平和主義が明記されてあるおかげである部分が大きい。日本が平和

な時代を長く享受できたことを当然とみなしてはならない。このような望ましい状態はたいていの場合、終わってしまったときに初めてそれと気づくものだ。憲法九条の廃止はそのような終わりをもたらしかねない。九条廃止派の目的と動機を精密に分析する必要があるだろう。どうして日本が防衛力をさらに強化することによって安全を高めることができるのか、理解できない。日本の安全を保障するものは、持続的戦争抑止政策でも戦力増強でもなく、日本領土を攻撃することの、高いコストとわずかな利得との隔たりの大きさにこそある。日本の軍事力がすでに持つ威嚇効果だけで充分である。自衛隊の増強は、より攻撃的な外交政策へと向かう、戦略の変更と受け取られるにちがいない。そして近隣諸国との関係の緊張を無用に高めることになるだろう。

九条廃止論者がたびたびもち出す押しつけ論は不毛である。誰がどういう状況で日本国憲法を起草したかは重要ではない。日本国民がこの憲法の条項を支持し、そこから国民にとっての不利益が生じないかぎり、あたらしい「自前の」憲法を作る必要はない。望ましい展開を、自由意志で受け入れたのではないとか、国内原産ではないとかというだけの理由で、なぜ逆行させねばならないのか。憲法九条の廃止も、実は「押しつけ」という非難を免れることはできないだろう。日米安全保障条約の枠内で日本にもっと多くの協力を求め、つまりは暗黙裡に憲法改定を要求しているのは、やはりアメリカだからである。

したがって、重要なのは、国としての平和主義という実り多い道を進み続けるか、それともアメリカの外交政策の攻撃的な路線に同調して、事と次第によっては反撃の標的になろうとするのかを決めることだけである。日本の安全はアジア諸国との軍備競争によっても、全世界のヘゲモニーを欲する大国にひたすら従順に、その保護下にとどまることによっても得られない。日本は第九条の利点を

Ⅲ　改憲論に直面して

もっと明らかに示し、平和憲法を模範として世界に広めなくてはいけない。この憲法を、かつて一度犯した、改めるべき歴史上の過失として扱ったりしてはならない。日本は外交政策、安全保障政策のさまざまな領域で、防衛力を整備する以外に、世界の安全保障に貢献する多様な手段があることを示している。有効な手段の一つは、経済援助を受ける国の軍事費に逆相関させて援助額を増減することである。輸出目的の軍需産業を断念して、国内需要分の生産のみに限定していることも、国際紛争予防への模範的貢献とみなさねばならない。このような非営利的な軍需産業であれば、紛争時に自国が輸出した兵器による攻撃を受けることはなく、国家としての平和主義が経済的得失のみに基づく政策ではないことを示せる。アフガニスタンでもイラクでも、経済的、政治的利益を追求する武器輸出が輸出国自身にとってどれほど危険になりうるかが明らかになった。

自国領土外での経済的利権の確保にまで自衛を拡張することが帝国主義的分割戦争への復帰であることは、ほとんど覆いようがない。この種のダーウィニズムによる世界資源の分割競争に加わると、中期的な豊かさの保障が持つ利点が見えなくなるが、同時に、長期的には自分自身が分割競争の犠牲になってしまう危険も見えなくなる。戦争と戦争準備は差し引きゼロになるゲームではなく、資源の不平等な分配を確保するための、資源の浪費である。その結果生じる困窮が、イデオロギー的に利用され、力の不均衡な紛争において強大な側がテロリズムと名づける手段をもって困窮をもたらしたものを襲うことになる。民主主義と自由経済を力ずくで広めるだけでは、もしそのことが同時に世界の富の不平等な分配を推し進めることになるなら、国際平和は実現されない。

持続的な安全保障は、軍事施設を無限に拡大するような資源の浪費によっては達成されない。貧困国との戦いではなく貧困との戦いの方が、世界の富をともに分かち合うことへの正当な要求が過激化

14　トーマス・シェーナー

することを防ぐ、優れた対策であるにちがいない。

15 難民の「沈黙が語る」もの

ラング添谷あゆ美（一九八四年生まれ）
慶應義塾大学、コミュニケーション学部

今回、エッセイを書くに当たって、改めて憲法第九条を読み直してみました。通常、憲法などの法文は難解な表現で書かれていることが多いのですが、九条の条文は、「日本国民は戦争を放棄し、武器も持ちません」という平和の精神を、子供から大人まで、誰にでも理解できるシンプルな言葉で表しています。わかりやすい表現で、一見誤解の余地のない九条ですが、現在、その解釈をめぐり、改憲すべきではないかという意見が聞かれるようになりました。今、世界は核の保有やテロなどが広がる不安定な情勢にあり、平和主義に徹する九条では時勢に対応しきれない、現実との整合性がないという理由からです。しかし、そういった主張は、目先の事のみを考えた安直な議論で、事態の本質を見失ってしまっている気がします。ここで一度、理論で武装するのはやめて、原点に戻り、九条の本質を考えてみます。九条の本質は、「戦争より平和を選ぶ」という考えです。この考えに根本的に反発や違和感を抱く人が、現代の日本にいるでしょうか。実際に戦争を体験した世代でなくとも、私たちの誰もが身内や周囲の人々から、辛く悲しい体験を伝え聞いています。それをもう一度繰り返し、他の人も同じ目に遭わせたいと考える人がいるのでしょうか。むしろ、その逆のように思えます。九

条を変えるということは、軍隊を正式に認め、再び戦争をする国としてこれから歩んでいくことを意味します。平和憲法を「理想主義」と言う人もいますが、そのような人たちは、果たして、武力以外の道を探るという目標に一歩でも近づくための努力をしてきたでしょうか。逆にその努力を放棄し、逃げ腰になっているからこそ、他国からの改憲の要請にも屈しやすくなってしまいます。及び腰の状態では、他国からの改憲の要請にも屈しやすくなってしまいます。誰でも猜疑心が強くなり、目先の利益を追求したくなります。しかし、そういう時だからこそ、冷静に構え、心のどこかでこの九条の本質に共感している自分の直感と、この憲法が受け入れられてきた六〇年の歴史を信じるべきです。

九条改正の軸となっている議論としては、まず、「外部からの危機に際して、自衛権を行使できないのは困る。自国を守る戦いのためには、武器を保持すべきだ」という論点があります。しかし、戦争が自衛か侵略かというのは、交戦国の立場によって線引きされる、非常に曖昧なものです。石器時代から近代まで、ほとんどの戦争は、自分たちのイデオロギー、宗教、領土などを「守る」という名目で始まっています。侵略か自衛か、という視点自体が戦争の枠組みにとらわれているのであり、一方は悪だが、他方は認められるというのは詭弁にすぎません。また、テロ対策を理由に改正を唱える人もいますが、集団的自衛権を行使し、アメリカをパートナーとしてテロ対策に乗り出した場合こそ、日本がテロの標的となる危険性が高くなるのは自明のことです。この主張は本末転倒な上に、テロ、報復、テロ、報復の連鎖に自ら身を投じることに繋がります。武力で武力を抑えようとするときに何が起こるかは、過去の大戦を経験した日本が一番わかっているはずです。

また、九条は、アメリカによる押し付けであるから、改正すべきだという論点もあります。しかし、

Ⅲ　改憲論に直面して

憲法の草案を誰が作ったかは、今では議論する必要のない問題だと思います。出自に焦点を当てるよりも、良いものだったからこそ受容されたと捉える方が理にかなっているのではないでしょうか。むしろ、そうであったからこそ、憲法はこれまで六〇年間も人々に受け入れられ、守られてきたのではないでしょうか。九条の誕生の仕方より、日本が集団的自衛権を行使できるようにと、改憲へ向けてかけられる圧力を「押し付け」と呼ぶほうが、はるかに適切に見えます。

私は、高校時代を過ごしたアメリカで、戦争や迫害を逃れてきて、難民として暮らしている同世代の人たちをたくさん見ました。一見、前向きに、楽しそうに生きている彼らですが、会話の中で自分の出身地や国に話が及ぶと、途端にうつむき、口を閉ざし、何も語りません。その沈黙に、その人たちが抱えている、過去の悲しみや苦しみがいかに大きく根深いかを感じ、心が痛みました。なぜ、そんなこれば、ビジネスから利益を得る一部の人を除いて、ほとんどの人が不幸になります。戦争が起状況をあえて選択しようとするのでしょうか。この憲法を変えてしまったら、日本や世界の中で何かが確実に変わってしまう気がします。日本は、平和憲法が約束しているように、武力によらずに、国際問題の解決に協力していくという姿勢に確信を持って良いと思います。こういう対応の仕方を積み重ねることで、やがて国際社会の支持と信頼を得ることに繋がるのではないでしょうか。九条は時代にそぐわないのではなく、こういう時代だからこそ、その意味や存在が際立つのではないでしょうか。

「平和を願う」ということは自分の幸せとともに、自分以外の人の幸せも考えることです。憲法九条の精神は、単に法学上の思想であるにとどまらず、人間としてどうあるべきかを教えてくれる普遍的な視点だと思います。

16 「九条二項」こそ平和主義の証 [原文ドイツ語]

クリスティアン・ヴィンクラー Christian Winkler（一九八〇年生まれ）
ルートヴィヒ・マクシミリアンス大学（ミュンヘン）、日本学、政治学、中国学

戦後の時代を考えてみるなら、憲法と教育基本法が、日本の敗戦直後以来もっとも象徴的な法律である、と断言できる。国家の基本法としての憲法が法治国においてきわめて重要であることは言うまでもない。しかし日本国憲法は、その成立史によって、たんに基本法という以上のもの、すなわち戦後時代の一つの象徴である。ダグラス・マッカーサーを総司令官とするアメリカ占領軍はこの一九四六年制定・四七年施行の新憲法により敗戦国日本に、議会民主主義、法治国家、基本的人権の尊重、平和主義、天皇の象徴としての非政治的役割という原則を「押しつけ」た。とりわけ最後の二つが、今日にいたるまで憲法にかんする論議の焦点となっている。中曽根康弘元首相ら新保守主義の政治家は以前から、憲法がアメリカ占領軍によって日本に「押しつけ」られたことを不満としており、また安定した民主主義が六十年間続いてきた今日なお、一八八九年制定の明治憲法に依拠して君主制への復帰を唱える評論家（中川八洋筑波大学教授のように）もいる。だが現行憲法に対する批判の大部分は、しばしば「平和条項」とも称される第九条に集中している。

大部分の改定憲法草案は第一項（戦争の放棄）をそのまま残している。だが第二項（戦力の不保持、

交戦権の否定）は、自由民主党（二〇〇五年）、読売新聞（二〇〇四年）、中曽根が主宰する世界平和研究所（二〇〇五年）の新憲法草案からも、鳩山由紀夫民主党代表（当時）（二〇〇五年）あるいは中川八洋（二〇〇四年）の草案からも削除されている。これに代わって、たとえば次のような条文が見られる（自由民主党「新憲法草案」二〇〇五年一一月二二日）。

日本の平和と独立および国土と住民の安全を確保するために、（日本）首相を最高司令官とする自衛軍を保持する。

自衛軍は、第一項の規定に基づく任務を果たすための活動と並んで、法律にしたがい、国際社会の平和と安全を確保するため国際協力によって実施される出動に（参加し）、緊急時には社会秩序を維持し、（日本）国民の生命または自由を保護するため出動することができる。

上に引用した草案およびその他多くの草案の起草者はこの重要な変更にたいして以下の二つの論拠をあげている。まず、現憲法は、自衛戦力が存在するという実情と一致しない。自衛戦力が出動するごとに事前に新しい法律を制定する必要を省くためにも、またそうした戦力の出動にたいする法解釈上の疑義を生じさせないためにも、憲法に明記することにより自衛戦力の存在に根拠を与えるべきである。

次に、世界平和を維持するために、財政援助（湾岸戦争時のような）にとどまらない日本の寄与が望ましい。だが同時に第九条第一項を残すことが強調される。そうすれば現憲法およびその根本理念である平和主義との連続性が保たれる、というのだが、第九条第一項は単なる理想のみで、具体的に

96

述べられていない、と指摘することができる。第二項がまさにその具体的表現なのであるから、第二項が削除されるなら、第一項は平和主義の外箱にすぎないものになり、その中に「解釈」しだいでさまざまなものが持ち込まれうるだろう。

世界平和の維持と日本国民の保護が尊重されるべき目標であることは疑いを入れない。鳩山由紀夫と読売新聞の草案は少なくともいくつかの具体的な制約（兵役強制の禁止、大量破壊兵器の放棄）を定めているが、自由民主党と世界平和研究所の草案にはこのような制約は一切ない。自衛戦力を将来国外に派遣する場合の枠にかんする草案の文言がきわめて自由に解釈されうるので、制約の問題がいっそう危ぶまれる。ジョージ・W・ブッシュ大統領のアメリカ政府は二〇〇三年に、サダム・フセインのイラクは世界の平和と安全にとって危険になるだろう、と主張した。この演説に続く米英軍のイラク侵入は、イラクの大量破壊兵器製造計画を理由に正当化された。世界平和を守るという語句に依拠して、日本政府がアメリカとイギリスの武力行使に加わり、部隊を派遣する可能性も理論上はあっただろう。そのような解釈の余地を明確に制限する法律の制定について具体的に発言しているのは鳩山だけである。もちろんそのような法律が制定されたとしても、場合によっては連立政権が国会両院で絶対多数を取って比較的簡単に改定することができる。しかもその法律の内容によっては、やはり解釈の余地が生じ、したがって現状と変わらない論争が続く可能性がきわめて大きい。

現行憲法は自衛戦力の存在に言及していない、という現実的批判を否定することは難しいが、先述の草案をもとに憲法が改定されたとしても、新憲法および付随して定められる法律にかんする多数の疑問が新たに生じずにすむとは考えられない。第九条の第二項をともに保存しながら、自衛戦力の存

III 改憲論に直面して

在にかんする一項を加える、という公明党の提案はこの関連で有意義な出発点になりうるかもしれない。

現在の第九条にたいする現実的批判は、さらにある決定的な前提を無視している。すなわち第九条は究極的には、(政治学の観点から見て)現実的な安全保障政策の具体的基準を述べるのではなく、あるいは少なくともそれのみを述べるのではなく、一つの理想の表現でもある、ということである。この理想は二十世紀前半の、日本が平和主義の憲法をまだ持っていなかった時代の、経験を基盤にしている。その後六十年間の任意の時点について、日本の政策がどこまでこの理想に従っていたかを問うことは当然できるが、少なくとも第九条という形ではこの理想は存続していた。かつての共産主義三か国——旧ソ連、中国、北朝鮮(しかも現時点ですべて比較的少額だったことを第九条の存在のみに帰そうとすることにはたしかに問題がある。日本の基地に駐留する強力な米軍戦力がなければ、日本政府がこの姿勢を保持することは困難だったであろう。そうであるにしても憲法第九条と第一条が、強制されたものであることに変わりはない。この種の象徴がもつ力を奪うことを安易に考えてはならない。後藤田正晴元自民党副総理が最後のインタヴューの一つで述べたとおりである。

「本当に国の将来、未来を切り開こうと考えるのなら、歴史に正対をしていくぐらいの覚悟がなくて、どうなりますか。」(後藤田正晴、加藤周一「歴史に正対しなければ未来はない——憲法をめぐって」『世界』二〇〇五年八月号)。

17 再び「狂気の時代」に飲み込まれないために

鈴木崇仁（一九八六年生まれ）
明治学院大学、社会学部

小泉元首相の後継者として、家柄に由来する絶大な支持を盾に、日本国の頂点に躍り出た安倍首相が就任直後の日中会談の中で次のような発言をしました。「われわれ日本は先の大戦における傷跡を残したことに対する深い反省の上に戦後六〇年を歩んできた。」

しかし実際に日本が歩んできた六〇年は、決して彼の言うような深い反省があったわけではありません。それどころか、残念なことに、世界で初めて「戦力の不保持」「戦争放棄」「交戦権の否認」を掲げて制定された平和憲法を、世界に誇るべき見本としてではなく、制定者自らがまるでお荷物であるかのようにないがしろにしてきたのです。

この憲法は、戦勝国も敗戦国もともに多大なる痛手を受けたこと、そして、アジア・太平洋地域の人びとに甚大な迷惑をかけたことを深く反省し、二度と戦争はしないという願いと誓いのもとに作成されました。この不戦の精神は、国際連合憲章やEUの地域的経済統合の諸条約にも同様に含まれています。しかし、それらには「武力の行使をしない」という理想が掲げられていながら、軍隊を持つことを容認しているので、国家間の紛争解決の手段として、結局、武力介入に向かってしまいます。

III 改憲論に直面して

世界の平和を維持するはずの国際連合憲章などは、現実には本当の「平和主義」からは遠く離れているのです。

その一方で第二項に「交戦権の否認」と「戦力の不保持」を掲げ、新しい世代に戦争のない世界をもたらす画期的なものとして、世界中から注目されました。二〇世紀が戦争で始まって二度の世界大戦を引き起こした「戦争の世紀」であったため、大戦後の世界が世界平和を希求する風潮に包まれていたからです。戦争に終止符を打つべく憲法第九条を以って、世界に先駆けて強力な「平和主義」を掲げた日本は、当時高く評価され、現在の諸外国に対する見本となりうるはずでした。

しかしこの六〇年の間、日本に続いて「戦力の不保持」を掲げた国はコスタリカだけにとどまり、当の日本政府は世界に広めるどころか、逆に戦争を可能にする方向に条文解釈を重ね、人の目を欺くような姿勢をとってきたのです。

ことの発端は憲法制定時の占領国であるとともに現在も〝同盟〟関係にある米国の政策転換でした。米国は冷戦の時代になると、それまで戦争のできない国にするつもりだった日本を、米国が戦争をする上での足がかり的存在として捉えるようになりました。

その構想は朝鮮戦争が始まるとさらに顕著になりました。一九五〇年、在日米軍が朝鮮に出動している間の国内治安管理という名目で警察予備隊という小軍隊的なものを創設し、五四年にはそれを自衛隊に昇格し、防衛庁も創設しました。五五年には西ドイツも再軍備を行いました。世界は、第二次世界大戦が終わってわずか五年足らずで、新しい戦争体制に向かって動き始めたのです。

日本は一九五一年にサンフランシスコ講和条約を締結して国際社会復帰を果たしたものの、日米安

全保障条約を同時に締結して軍事的に米国に従うことを余儀なくされました。このように米国の言いなりに自国の憲法をも捻じ曲げようとしている政府の対応に対して当時東側諸国が講和に同意しなかったのは当然のことだと思います。日本政府の本質は戦前、戦後そして現在も変わっていません。

一九四七年当時の文部省が出版した中学生向けの社会科教科書『あたらしい憲法のはなし』は、「戦争をしないために軍隊はもってはならない」というように、第九条の内容を何も捻じ曲げることなく「軍隊不保持」と「戦争放棄」を明確にうたっています。また保守的な立場の代表であった吉田茂元首相も、国際連合憲章においては容認されている自衛戦争を「憲法によって国に交戦権がない以上、自衛のための戦争もありえない。あらゆる戦争が自衛のためと称して行われた」と明言し、国際連合憲章以上のこの「絶対平和主義」を主張していたのです。

しかし朝鮮戦争勃発によって『あたらしい憲法のはなし』は使用停止となり、二年後には絶版にされてしまいました。そこには現在の私が読んでも当時の絶対平和主義思想という理想が十分理解できるように記述されていますし、決して時代に対して古くなったから姿を消したのではありません。国際情勢が変化する中で、絶対平和の理想が、米国との外交関係にとって都合の悪い足枷となったからであると考えられます。

近年になると日米共同の軍事関係の動きは急速に進み、有事法案までも制定されるに至りました。米軍に対する後方支援を行う周辺事態法を含む日米新ガイドライン、私たち国民を監視・管理するための通信傍受法や、国民総背番号制といわれる住民基本台帳ネットワークシステム、そして戦前の国家総動員法に代わる武力攻撃事態対処法や国民保護法といった法案も有事関連法案としてまとめて可決され、また治安維持法となりうる共謀罪も審議が進行中です。さらに米国同時多発テロをきっかけ

III 改憲論に直面して

に制定されたテロ対策特別措置法やイラク復興支援特別措置法、PKO協力法の改正など、「人道的な国際貢献」の名の下に自衛隊の活動領域が大幅に拡大しました。もはや日本国憲法に明記されていることはおろか、解釈改憲ですら霞んでしまうほど、一気に戦争可能な状態へと移行してしまいました。また安倍内閣において、内閣府の外局としての位置づけであった防衛庁がついに防衛省に昇格しました、外務大臣と同様の権限を持つ防衛大臣も誕生することになったのです。

さらに恐ろしい風潮は続きます。北朝鮮の核実験、ミサイルなどに対して、「日本も核兵器を持つべきだ」と発言する政治家が現れるようになりました。確かに憲法第九条には核兵器そのものの保有の禁止は明記されてはいませんが、日本は非核三原則を世界に宣言していますし、それ以前に、第九条に明記されていないから政府の勝手な解釈次第で許されるなどということは決してあってはならないのです。

そもそも核兵器の恐怖というものは、現在に至っても拭いきれない戦争の傷跡として被爆者やその遺族たちを多く抱える我が国自身が痛感しているはずなのです。世界で唯一対人的に原子爆弾を使われるという経験をし、そのもとで絶対平和主義の憲法を掲げた国として、そのような発言が出ることは考えられません。

それでも政府は何とかして核を持つための抜け穴を探すような議論を続けてきました。そこまで政府が核兵器に固執するのは、国連常任理事国の核武装による「世界支配構想」があるからだとしか考えられません。

広島平和宣言で秋葉忠利広島市長は「核保有国は『力は正義』を前提に、核兵器の保有を入会証とする『核クラブ』を結成し、マスコミを通して『核兵器が貴方を守る』という偽りのまじないを繰り

102

返してきた。その結果、反論する手段を持たない多くの世界市民は『自分には何もできない』と信じさせられている」と述べていました。ここでは「市民」が挙げられていましたが、このまじないにかかっているのは日本政府も同様だと思います。ここでは「市民」をはじめとする核兵器保有国と肩を並べなければ国際平和を維持できないという考え方は、まさに「力は正義」の理論に他ならないのです。

また同氏は、「核兵器先制使用の可能性を明言し、『使える核兵器』をめざして小型核兵器の研究を再開するなど、『核兵器は神』であることを奉じる米国の核政策が最大の原因だ」とも述べました。本来廃絶に向かわなければならないはずの核兵器が同盟国米国の政策によって必要不可欠なものと誤認されてしまい、第九条や非核三原則をはじめとする平和主義とはまったく逆の方向に進んでしまうのです。

ここでもまた日本政府は米国の言いなりになり、安易な感情論で私たち国民を煽り立て、核保有に向かって動いているのです。

私たち国民が深い関心を向けることのないまま漠然と決まってしまった法律によって、教育の現場においても十余年前には架空の話だった、いわゆる有事体制、戦時の体制について子供たちは授業を受けるようになりました。

かつて私が教わった先生は、「まさか自分が戦争の方法や戦争時の対応の仕方を授業で教えるとは思いもしなかった」と言っていました。私は大学に通い、自発的に活動するようになって初めて、「憲法の内容、平和主義について」考えるようになりました。このことは、それまで受けてきた教育が受動的な授業ばかりだったことの証左です。中学のときには公民、高校のときには政経という科目で憲法に触れる機会はありましたが、どちらも、「受験」という制度に巻き込まれて、うわべだけの

Ⅲ　改憲論に直面して

中身のない授業になることが多く、憲法に深く触れることはありませんでした。「戦時の事態を反省して戦後補償を行う」という政府の発言とは裏腹に、我々の世代は自分の国のことをあまりにも知らないのです。この事実は、戦後の政府が定めた教育制度が生み出したものです。敗戦国であるにもかかわらず、戦争を経験した大人たちが学力至上主義の学歴社会を作り出し、憲法、平和主義教育を怠ってきたのが現実です。この制度の中で育った若者たちは政治への無関心を刷り込まれてしまっています。

気づいてみれば、現在の日本の若者の多くは、かの六〇年前の悲劇を知らないのです。それを教えない教育を受けてきたゆえに、私と同じ世代の若者の大半はその戦後教育を批判するための立脚点すら見出せずにいます。

日本国憲法の前文には「日本国民は、（中略）、政府の行為によって再び戦争の惨禍が起ることのないやうにすることを決意し、ここに主権が国民に存することを宣言し、この憲法を確定する。そもそも国政は、国民の厳粛な信託によるものであつて、（中略）、その福利は国民がこれを享受する。これは人類普遍の原理であり、この憲法は、かかる原理に基くものである。われらは、これに反する一切の憲法、法令及び詔勅を排除する」とあります。

この原理からすると、新教育基本法案も有事関連法案も、そして新しい憲法草案も排除の対象になる可能性があるはずです。しかしもはや前文の文言などには触れられもしません。もはや憲法の持っている、審判のための本来の基準、すなわち「平和主義」と「人権の尊重」という二つの「憲法の精神」が完全に忘れ去られてしまっているのです。

こうして、戦争の本当の悲惨さを知らない私たち現代に生きる日本国民によって、平和憲法は失われようとしています。果たして日本国民のどれだけが自分たちを取り巻く社会の現状を理解しているでしょうか。改正のための論議をすること自体は大いに結構であると思います。しかしその問題の本質とは何か、改正の結果が見えているのか、人の言葉や一時の感情に踊らされずに、今一度、自分の選択次第でどうなってしまうのかを足元から考え直してから議論の場に立たなければならないのではないでしょうか。まずは戦争で命を落とした者や戦後の日本を支えてきた者の心情を酌むべきではないでしょうか。

戦争で死んでいった人々は決して狂っていたわけではありません。「時代の流れだから仕方がない」「国ではなく家族のために」と書かれた手記をそれぞれ最愛の人々に遺して無理やりに自己了解し、狂った時代に飲み込まれてしまった、私たちと同じ年齢の若者たちなのです。

彼らは戦争を止めなかったのではありません。止められなかったのです。当時の人は「気づくのが遅すぎて、止めようと思ったときには時代の風潮がそれを許さなかった」と言っていました。しかし私たちは過去の過去から学ぶことができる。だとしたら、一人でも多くの人が、社会が戦争に向かっていることに気づき、この地すべりを止めるために立ち上がらなければならないのです。

だから私は、このことを一人でも多くの日本人に伝えるためにここに綴りました。私たちの生きる現在が「戦後」であり続けるように、新しい「戦前」になってしまわないように。

18 私たちが「平和を望む」ならば

早稲田大学、人間科学部、健康福祉科学科二年

澤田有希（一九八七年生まれ）

私は戦争に反対です。平和を望んでいます。

たいていの人は同じように考えるのではないでしょうか。よほど危険な思想の持ち主か、戦争で金儲けができる軍需産業などのごく一部くらいでしょう。「平和な国で暮したい」という点で、多くの人々の意見は一致できると思います。

そして、その平和を守るために、過去の戦争を反省し、「戦争をしない、戦力を持たない」と定めた憲法九条が大きな役割を果たしていると、私は思うのです。

しかし、この点については異なる意見を持つ人もいます。憲法改正に関するインターネット掲示板の中には「北朝鮮がミサイルを発射するかもしれない時に、九条などと言っていられない」「軍隊を持たないと日本は馬鹿にされる」「九条を守ろうとする人たちは現実を直視しない妄想家だ」といった書き込みが見られます。九条の存在こそが日本の平和を脅かしているという書き込みまでありました。

このような声に出会うたびに、私は一度立ち止まり、今まで信じてきた九条への思いを見直さね

ばならなくなります。意思の弱い私にとって、改憲派の意見は一見現実的で、論理的です。そして、悩んだ挙句に「私の思いは現実的でないのかもしれない」「北朝鮮やテロへの不安を解消するために、日本が戦力を持つのは仕方がないのかもしれない」と、改憲へ向かう大きな流れの前に自信を失うことがしばしばあります。

上記の意見は、武力を持つことが、日本や世界の平和維持に繋がる在り方であり、そのために九条を変えるという点で共通しています。しかし、今、九条を改変し武力をもつことで、本当に私達の望む平和が手に入るのか、冷静に考える必要があると思います。

例えば、軍隊を持てば北朝鮮は攻めてこないでしょうか？　そうではないと思います。北朝鮮が日本にミサイルを撃ってくる可能性が低くなることもまずないでしょう。軍隊を持つことで、日朝国家間の緊張は一層高まることになるでしょう。そうではないと思います。軍隊を持てば日本はテロの標的にならないでしょうか？　そうではないと思います。北朝鮮が日本にミサイルを撃ってくる可能性が低くなることもまずないでしょう。日本の問題にとどまらず、軍事同盟を結んだ他国の起こす戦争にまで、戦力として協力しなければなりません。イラク戦争の時には、問題はたくさんありながらも、あくまで「人道復興支援」としての非軍事的な派兵でした。しかし、もしもこのまま改憲が行なわれれば、日本は同盟国と敵対する国に対して武力を行使することになり、また相手国からの攻撃の対象になります。当然テロの標的にもなりうるでしょう。

最近起こったイラク戦争を例にして、国家間の対立において本当に武力が有効であるのかを、もう少し考えてみます。九・一一テロの後、「正義の戦争」として始められたイラク戦争でしたが、その無法さに世界中で反戦デモが起こりました。それでもアメリカの攻撃は始まり、イラク市民にもアメ

Ⅲ　改憲論に直面して

リカ兵にも、その他の人間にも多数の犠牲者を生み出した末に、アメリカの先制攻撃正当化の根拠とされたイラクの大量破壊兵器は、結局見つかりませんでした。終戦後もイラク国内の混乱は新たな宗派対立を激化させ、連日のテロなどで、今もなお犠牲者は増え続けています。この現状の中、アメリカ国内でも「あの戦争は間違いだった」という世論が大きくなり、最近の中間選挙では、ついにブッシュの率いる共和党が大敗しました。身勝手な戦争そのものを違法とする一人一人の意識が、はっきりとした形をとって現れた出来事だったと思います。

このように少し考えれば、武力を持つことで何かしらの効果があるとしても、問題そのものは何も解決しないことは明らかです。私達の命を守ってくれる武力などありません。私達を守れるのは、「戦争そのものをしない」という手段だけだと思います。つまり、不安を掻き立てるよりも、戦争が起こらないように平和的な手を尽くす方が、よほど現実的で私達のためになるのです。

さまざまな利害関係をめぐる国同士の対立は、今後も避けられないでしょう。しかし、その時に重要なのは、武力の有無ではなく、他国に対する外交的な姿勢をどのように示すか、ではないでしょうか。日本としての主張はしっかり伝えながら、相手の国の歴史や文化・主張を尊重し、平和的・外交的に関わり合って問題を解決することが、平和への一番確実な道だと思います。それでも非常識に攻撃を仕掛けるような国があれば、その国は、日本からの攻撃ではなく、国連憲章に基づく国際的な裁きを受けるべきです。

今の国際社会ならば、そのような解決は十分に可能だと、私は思います。国連の力に関しては「イラク戦争で無力さが浮き彫りになった」という意見があります。たしかに、一九六〇年～七五年のベ

108

トナム戦争や、一九七九年のアフガニスタン戦争では、国連は戦争を防止するための国際機構として、何のアクションも起こすことができませんでした。戦争を起こしたアメリカやソ連の力が大きすぎたからです。しかし、イラク戦争では、国連は最後までアメリカの攻撃を認めませんでした。とりわけフランス・ドイツ・ロシアなど、世界の大国もアメリカに同調しなかったことには重要な意味があります。国連に認めてもらえなかったアメリカは、日本などの同盟国を引き連れ、外交的に孤立したまま戦争をするしかありませんでした。

米ソ冷戦が終わり、国際社会が変化していく中で、平和を維持する国連の力や役割は、確かに大きくなっています。武力によるのではなく、平和的な解決をめざそうという考え方は、今では世界の常識です。日本も国連加盟国の一員として、他の国々と連携をとりながら平和的な外交を進めていけば、今私達が心配しているような事態には至らないはずです。

ここで、私自身の生活と憲法九条について考えてみたいと思います。

周りに目をやれば、すぐ近くに家族、恋人、友人がいます。どの人にも個性があり、それぞれみんな素敵で、尊敬できる人達ばかりです。喧嘩をして悩むこともありますが、歩み寄る努力でそれを乗り越えた時に、より一層深い関係になっていることに気づきます。彼らと関わる時間は、いつも私を成長させてくれます。その他には、家、地域、学校。大好きな音楽、おいしいごはん、遊びに出かける街、アルバイト、趣味の時間……。

こうして並べてみると、なんと自由で平和な暮らしだろう、と改めて感じます。私にとって「平和を守る」というのは、特別に大きな話ではなく、暮らしや愛情、友情を大切にすることと一体で、不

Ⅲ　改憲論に直面して

可分なものだと思うのです。

　戦前・戦時中の軍国主義の下では、今述べた意味での平和と自由の保障などは考えられなかったでしょう。あの戦争で、数え切れないほど多くの人達が「お国のために」と亡くなりました。生き残った人達も、心と体に深い傷を負いました。日本は「平和」や「共栄」、「植民地の独立」をめざすとして戦争を始め、アジア諸国を侵略し、二千万人の犠牲者を生みました。このことを深く反省して制定された日本の平和憲法は、次の時代に生まれてくる国民が二度とあの経験を繰り返さないことを、国に誓わせたものです。私達が二度と、戦争の加害者にも被害者にもならないという誓いです。そして、私達の命を、生活を、守る誓いです。だから、私も憲法九条を守りたいのです。

　今の私達には九条があり、このような生活を手にしています。しかし反対に、改憲をすることで、何が良くなって何がどこまで保障されるのか、私達の生活と結びつけて具体的に想像できる人はいるでしょうか。頑張ってみても私にはできません。だから今、ぼんやりとしたイメージのまま、十分な説明もなく憲法を変えようとする動きには、とても不安を感じます。

　私は、将来ソーシャルワーカーになりたいと考えています。さまざまな事情で社会的に弱い立場にいる人の相談にのり、彼らの自立をサポートする仕事です。そのために、現在は大学で福祉について学んでいます。一人一人が大切にされる社会とはどんな社会なのかを模索しながら、日々勉強しています。

　日本では、少子高齢化などによって福祉の財源確保が難しくなり、高齢者を中心に税金や介護保険料の負担がどんどん増えています。病気や貧困は本人の自己責任という考え方が広まり、医療保険負

担増や生活保護の切り捨ても行なわれています。福祉サービスの質に関わらず、これからもますます国民への負担は重くなるでしょう。もしも、軍事費や、在日アメリカ軍に対する「思いやり予算」を福祉や教育に充てることができれば、どんなにか豊かに暮せるだろうと思います。そのような社会が現実になることは、今の日本では無理なのでしょうか。もし実現できるとしたら、そのために私達には何ができるでしょうか。

最近見たテレビ番組の中で、印象的な言葉があります。「未来は、私達が向いた方向で決まる。向いた方向にしか進めない」。戦争や平和についての討論番組に出演していた、ある若い（？）お笑い芸人の発言です。この言葉を耳にして、私はハッとしました。

帝国主義が当たり前だった時代、世界は何度も戦争へ向かいました。そして二度の大戦を経て、戦争の反省と平和の構築へと向きを変え、進んできました。日本国憲法第九条や国連の設立がその例です。そして、終戦から六〇年経った今、私達は大きな岐路に立たされていると思います。未来が、「武力に頼る未来」か「国際社会のルールに基づく未来」のどちらかであるとするなら、私達が向くべき方向はどちらでしょうか。現在行なわれようとしている改憲の流れは前者を向いていると思います。しかし、もし多くの人が後者を望み、堂々と主張すれば、必ずその未来は実現できることを、上に引用した言葉は示しています。

今述べた考えの全てが正しいとは思いません。まだ知らないこともたくさんあります。ただ、自分の思いに自信がなくなった時、憲法や国際情勢について少しずつ勉強し、そのたびに私は、日本に憲法九条があることの重要さを実感するのです。やはり、九条を守ることと、素直に平和を望む気持ち

Ⅲ　改憲論に直面して

は矛盾しないのだという確信を持ちつつあります。

だから、もしもこの文章を読んでいる人が、私がはじめに書いたように、素直に平和を望んでいるならば、その人にとって、憲法九条を守ることにはきっと意味があります。その気持ちは純粋で漠然としているので、もっともらしい論調や、目先の不安に流されそうになる時もあります。しかし現実を見るとは、決してニヒルになる事ではありません。しっかりと現実を認識してこそ、正しい手段が見つかります。大きな戦争を二度も経験した世界で、「起こっても仕方がない戦争」なども、もうありえません。日本や世界がどちらの方向に進むのか、その選択権は私達自身にあると思うのです。平和は、私達一人一人が望んでこそ実現できます。

そして忘れてはならないのは、同じ気持ちでいる人が、世界中にたくさんいるということです。自分の幸せと、平和と、そして今憲法九条を守ることの意味とを重ねあわせて、私達と一緒に考えてみて欲しいと思います。

112

編集後記

日本とドイツの大学生に「憲法第九条」についてのエッセーを書いてもらおうというアイディアは、評論家加藤周一さんと、翻訳家として日本文化をドイツに紹介しているイゾルデ浅井さんとの語らいの中から生まれました。

加藤周一さんは、日本の政府が「ブッシュの戦争」に参戦するために「九条」を作り変えようという策動に反対して、全国各地で精力的に講演を続けています。各地に「九条の会」が生まれ、いまでは七〇〇〇を越す勢いです。しかし、加藤さんは参加者の年齢層が高く、若者が少ないのをつねづね気にかけてきました。このままでは「九条」は時間とともになし崩しに潰されてしまう。その危機感から加藤さんは若者たちとの連帯を求めて、学生たちの集会には積極的に足を運ぶようになりました。

一方のイゾルデ浅井さんは、大学でドイツ語を教えながら、『父と暮らせば』（井上ひさし）を翻訳して、ドイツ社会に核兵器による人間破壊を伝えるなど、日独の交流に貢献しています。イゾルデさんは、二五年におよぶ日本生活のあいだに「九条」の人類史的な価値を見出し、それを翻訳し、故郷のドイツに、さらに世界に広げたいと考えてきました。

二〇〇五年一一月、イゾルデさんが教鞭をとる早稲田大学で、加藤周一さんが『二つの学生時代』〜戦争または平和とともに〜」という講演を行いました。大隈講堂に七〇〇人もの学生が集まりました。このとき、「九条」を若者へ、そして若者を介して世界へとデビューさせようという話がもち上がったと聞きます。

その最初の実践として、日本とドイツの学生に「九条」エッセーを書いてもらおうということになりました。それから、私も加わり手分けして学生に原稿依頼をしたのが二〇〇六年の夏のこと。執筆者は、大学の先生や知人を通じて紹介された日独の学生たちです。

その間に日本の首相は小泉純一郎氏から安倍晋三氏に替わり、教育基本法の改悪、国民投票法の強行採決など、改憲に向けて大きく舵を切りました。しかし、あまりに強引な政治手法はかえって国民の反発を招き、参院選に大敗した安倍首相はあっけなく政権を投げ出しました。改憲を準備するいくつかの法律は時限爆弾のように敷設されたままです。たとえ国民投票法が成立しても、改憲を阻止できると考えています。

加藤さんは老人と若人が連帯して過半数を獲得すれば、改憲は阻止できると考えています。

加藤周一さんは、『日本文学史序説』を著すにあたって、日本文学を世界の文脈の中に置くために翻訳可能な日本語を使ったと述べています。結果、この本は世界七ヵ国語に翻訳されています。同じように、「九条」の言葉とそれについての若者の言葉を翻訳して、国境の外に送り出すことによって、「九条」は試練をへて磨きがかかり、新たな力をまとって帰ってくる。これが加藤さんの言葉に託す期待です。

イゾルデ浅井さんは、ドイツの故郷に日本の詩人を招き詩の朗読会をしたことがあります。詩人は日本語で朗読をしたのですが、村の人びとが感動して涙を流したそうです。詩の言葉は翻訳不能だが、言葉の力は人間の壁をやすやすとのり越えてしまう。平和を希求する心は言葉を超えても伝わる。これがイゾルデ浅井さんの言葉に託す希望です。

しかし、本を作るに当たって、解決しなければならない困難がいくつかありました。日本とドイツの学生が共通の課題に取り組み、相互にコミュニケーションを図ることを目的とするならば、日本語

編集後記

とドイツ語の対訳テキストが必須条件になります。原稿はとっくにそろっているのに、この条件を容れてくれる出版社を見つけるのが一仕事でした。本書に含まれるレッスンを出版に結びつけることができたのは、法学館憲法研究所と伊藤塾の塾長伊藤真さんの深い理解の賜物です。また花伝社に本書の出版を引き受けていただく際に、たんぽぽ舎の柳田真さんには、ひとかたならぬお世話になりました。

日本語をドイツ語に翻訳したのは浅井イゾルデさん、ドイツ語を日本語にしたのは翻訳者の野村美紀子さん。原則として日本語とドイツ語は対応していますが、注などの細部には若干の異同があります。各タイトルは編者がつけました。

また、本書のタイトルは、日独それぞれ多少の違いをつけました。日本における「九条」の知名度とドイツにおけるそれとは比較になりません。そこで、日本語タイトルを『(呼びかけ人 加藤周一) 憲法九条 新鮮感覚――日本・ドイツ学生対話』とし、ドイツ語タイトルを『Der einzige vernünftige Weg in die Zukunft. Die Japanische Friedensverfassung - im Dialog deutscher und japanischer Studenten (将来への唯一理想的な道 日本の平和憲法――ドイツ・日本の学生対話)』としました。

学生たちの紹介はイゾルデ浅井さんに多くを負いますが、琉球大学大学院教授高良鉄美、琉球大学准教授高作正博、長野県南佐久郡南相木村診療所長色平哲郎、明治学院大学教授吉原功、ジャーナリスト熊田佳代子、聖パウロ女子修道院のシスター石野澪子、東京経済大学講師エルフリーデ赤池、聖心女子大学講師レナーテ玉蟲、マールブルク大学教授ハインリヒ・メンクハウス、ミュンヘン大学教授エーヴェリン・シュルツ、ハイデルベルク大学准教授アサ・ベッティナ・ヴーテノーの各氏からも

115

学生を仲介していただきました。あらためて感謝いたします。かくて、「九条」を世界の文脈の中に旅立たせるという企ての端緒をつかむことができました。そして、日独学生のエッセーを一個の「対話編」にまで高めてくださった編集の柴田章さんの識見と熱意に心から敬意を表します。

二〇〇八年春

桜井　均

資　料

the fruits of peaceful cooperation with all nations and the blessings of liberty throughout this land, and resolved that never again shall we be visited with the horrors of war through the action of government, do proclaim that sovereign power resides with the people and do firmly establish this Constitution. Government is a sacred trust of the people, the authority for which is derived from the people, the powers of which are exercised by the representatives of the people, and the benefits of which are enjoyed by the people. This is a universal principle of mankind upon which this Constitution is founded. We reject and revoke all constitutions, laws ordinances, and rescripts in conflict herewith.

We, the Japanese people, desire peace for all time and are deeply conscious of the high ideals controlling human relationship and we have determined to preserve our security and existence, trusting in the justice and faith of the peace-loving peoples of the world. We desire to occupy an honored place in an international society striving for the preservation of peace, and the banishment of tyranny and slavery, oppression and intolerance for all time from the earth. We recognize that all peoples of the world have the right to live in peace, free from fear and want.

We believe that no nation is responsible to itself alone, but that laws of political morality are universal; and that obedience to such laws is incumbent upon all nations who would sustain their own sovereignty and justify their sovereign relationship with other nations.

We, the Japanese people, pledge our national honor to accomplish these high ideals and purposes with all our resources.

●日本国憲法前文

日本国民は、正当に選挙された国会における代表者を通じて行動し、われらとわれらの子孫のために、諸国民との協和による成果と、わが国全土にわたつて自由のもたらす恵沢を確保し、政府の行為によつて再び戦争の惨禍が起ることのないやうにすることを決意し、ここに主権が国民に存することを宣言し、この憲法を確定する。そもそも国政は、国民の厳粛な信託によるものてあつて、その権威は国民に由来し、その権力は国民の代表者がこれを行使し、その福利は国民がこれを享受する。これは人類普遍の原理であり、この憲法は、かかる原理に基くものである。われらは、これに反する一切の憲法、法令及び詔勅を排除する。

日本国民は、恒久の平和を念願し、人間相互の関係を支配する崇高な理想を深く自覚するのであつて、平和を愛する諸国民の公正と信義に信頼して、われらの安全と生存を保持しようと決意した。われらは、平和を維持し、専制と隷従、圧迫と偏狭を地上から永遠に除去しようと努めてゐる国際社会において、名誉ある地位を占めたいと思ふ。われらは、全世界の国民が、ひとしく恐怖と欠乏から免かれ、平和のうちに生存する権利を有することを確認する。

われらは、いづれの国家も、自国のことのみに専念して他国を無視してはならないのであつて、政治道徳の法則は、普遍的なものであり、この法則に従ふことは、自国の主権を維持し、他国と対等関係に立たうとする各国の責務であると信ずる。

日本国民は、国家の名誉にかけ、全力をあげてこの崇高な理想と目的を達成することを誓ふ。

【英文】

We, the Japanese people, acting through our duly elected representatives in the National Diet, determined that we shall secure for ourselves and our posterity

資　料

unterhalten. Ein Kriegführungsrecht des Staates wird nicht anerkannt.
Aus: Asa-Bettina Wuthenow

【ドイツ語訳からの反訳】
第九条
(1) 日本国民は、正義と公正に基づく国際平和の実現に努め、主権者の権利としての戦争と、国際紛争を解決する手段としての威嚇および武力行使を永久に放棄する。
(2) 前項の目的を達成するため、陸海空軍またはその他の戦力は保持されない。交戦権は承認されない。

●ドイツ基本法第 26 条

Grundgesetz für die Bundesrepublik Deutschland
Artikel 26
(1) Handlungen, die geeignet sind und in der Absicht vorgenommen werden, das friedliche Zusammenleben der Völker zu stören, insbesondere die Führung eines Angriffskrieges vorzubereiten, sind verfassungswidrig. Sie sind unter Strafe zu stellen.
(2) Zur Kriegführung bestimmte Waffen dürfen nur mit Genehmigung der Bundesregierung hergestellt, befördert und in Verkehr gebracht werden. Das Nähere regelt ein Bundesgesetz.

（ドイツ政府のホームページより）

【日本語訳】
第 26 条
（1）諸国民の平和的共同生活を妨害するおそれがあり、かつ、このような意図でなされた行為、とくに、侵略戦争の遂行を準備する行為は、違憲である。このような行為は処罰されなければならない。
（2）戦争遂行の武器は、連邦政府の許可をえてのみ、これを製造し、運搬し、かつ、取引することが許される。詳細は連邦法律で、これを定める。

資　料

●日本国憲法第９条

第２章　戦争の放棄
第９条　日本国民は、正義と秩序を基調とする国際平和を誠実に希求し、国権の発動たる戦争と、武力による威嚇又は武力の行使は、国際紛争を解決する手段としては、永久にこれを放棄する。
２　前項の目的を達するため、陸海空軍その他の戦力は、これを保持しない。国の交戦権は、これを認めない。

【英文】
Chapter II　Renunciation of War
Article 9
(1) Aspiring sincerely to an international peace based on justice and order, the Japanese people forever renounce war as a sovereign right of the nation and the threat or use of force as a means of settling international disputes.
(2) In order to accomplish the aim of the preceding paragraph, land, sea, and air forces, as well as other war potential, will never be maintained. The right of belligerency of the state will not be recognized.

【ドイツ語訳】
Kapitel 2　Kriegsverzicht
Artikel 9
(1) In aufrichtigem Streben nach einem auf Gerechtigkeit und Ordnung gegründeten internationalen Frieden verzichtet das japanische Volk für alle Zeiten auf Krieg als souveränes Recht der Nation und auf die Androhung oder Ausübung militärischer Gewalt als ein Mittel zur Lösung internationaler Konflikte.
(2) Um das im vorstehenden Absatz festgelegte Ziel zu erreichen, werden Land-, See- und Luftstreitkräfte sowie andere Mittel der Kriegführung nicht

Irohira (Chefarzt des Minamiaiki Medical Center Nagano), Prof. Isao Yoshihara (Meiji Gakuin Universität), Prof. Suguru Ubukata (Meiji Universität), Kayoko Kumada (Journalistin), Mioko Ishino (Ordensschwester, St. Paul Frauenkloster), Elfriede Akaike (Tokyo Keizai Universität), Renate Tamamushi (Seishin Joshi Universität), Prof. Dr. Heinrich Menkhaus (Philipps-Universität Marburg), Prof. Dr. Evelyn Schulz (Ludwig-Maximilians-Universität München), Dr. des. Asa-Bettina Wuthenow (Ruprecht-Karls-Universität Heidelberg).

Mit diesem Projekt ist es uns gelungen, den Weg für den Einzug des „Artikel 9" in den internationalen Kontext zu ebnen. Dass jedoch die Essays der Studenten zu einem „Dialog" zusammengefasst werden konnten, ist das Verdienst von Editor Akira Shibata, für dessen Urteilskraft und Enthusiasmus ich mich herzlich bedanken möchte.

Frühling 2008

Hitoshi Sakurai

einige der Dorfbewohner zu Tränen gerührt. Die Worte der Poesie sind eigentlich nicht übersetzbar, doch meistert die Kraft der Worte problemlos menschliche Barrieren. Auch ein Herz, das Frieden wünscht, überwindet mühelos die Worthürden und kann sein Anliegen mitteilen. Diese Hoffnung durchdringt die „Worte" von Isolde Asai.

Damit dieses Buch entstehen konnte, mussten einige Probleme in Angriff genommen werden. Das Ziel dieses Projekts bestand darin, dass sich japanische und deutsche Studenten mit einem gemeinsamen Thema beschäftigen und gegenseitig austauschen, was eine Übersetzung der Beiträge sowohl ins Deutsche als auch ins Japanische erforderte. Nachdem alle Beiträge längst beisammen waren, dauerte es geraume Zeit einen Verlag zu finden, der unter Berücksichtigung der gegebenen Umstände einer Veröffentlichung zustimmte. Dass dieses Buch doch noch in der vorliegenden Form veröffentlicht werden konnte, verdanken wir dem tiefen Verständnis von Herrn Makoto Ito, dem Direktor des Instituts für Verfassungsrecht und der Ito-Juku. Des Weiteren sind wir Herrn Makoto Yanagida vom Tanpopo Verlag zu großem Dank für seine Empfehlung an den Kadensha Verlag verpflichtet.

Die Übersetzung vom Japanischen ins Deutsche übernahm Isolde Asai, die Übersetzung vom Deutschen ins Japanische Mikiko Nomura. Grundsätzlich entsprechen die Übersetzungen dem Original, doch gibt es um der Verständlichkeit willen kleine, bewusste Abweichungen u.a. bei Anmerkungen. Die Titel der Essays wurden von den Herausgebern formuliert.

Überdies ist der Titel des Buchs im Japanischen und Deutschen unterschiedlich gehalten. Der Bekanntheitsgrad des „Artikel 9" in Japan kann in keiner Weise mit dem in Deutschland verglichen werden. Aus diesem Grund lautet der japanische Titel „Shuichi Katos Appell. Der Artikel 9 ganz neu wahrgenommen – im Dialog japanischer und deutscher Studenten" und der deutsche Titel „Der einzige vernünftige Weg in die Zukunft. Die Japanische Friedensverfassung – im Dialog deutscher und japanischer Studenten".

Viele Studenten wurden von Isolde Asai angesprochen, doch auch anderen Personen möchte ich an dieser Stelle meinen Dank für die Vermittlung von Studenten und ihre Kooperation aussprechen. Prof. Tetsumi Takara (Ryukyu Universität, Graduiertenkolleg), Prof. Masahiro Takasaku (Ryukyu Universität), Dr. Tetsuro

diesem Vortrag nahm Herrn Katos Idee konkrete Gestalt an, den „Artikel 9" jungen Menschen nahe zu bringen und ihn durch die jungen Menschen auf der Weltbühne erscheinen zu lassen.

Der erste Schritt zur Verwirklichung dieser Idee war dieses Projekt, in dem japanische und deutsche Studenten Essays zum „Artikel 9" schreiben. Im weiteren Verlauf nahm dann auch ich an dem Projekt teil und half ab Sommer 2006, interessierte Studenten zu finden. Die Verfasser dieses Buchs sind japanische und deutsche Studenten, zu denen wir über Professoren oder Bekannte in Kontakt kamen.

Währenddessen wurde Premierminister Junichiro Koizumi von Shinzo Abe abgelöst, das Erziehungsgesetz „verschlechtert", mit Gewalt eine Abstimmung zum Volksabstimmungsgesetz erzwungen und das Steuerrad groß zur Verfassungsänderung hin eingeschlagen. Allzu eigenmächtige und gewaltsame Regierungsmaßnahmen handeln sich jedoch nur die Ablehnung der Bevölkerung ein. Die vernichtende Niederlage bei den Oberhauswahlen zwang Premierminister Abe, übereilt sein Amt niederzulegen. Doch blieben die Gesetze, die eine Verfassungsänderung vorbereiten, wie eine tickende Zeitbombe zurück. Herr Kato ist der Ansicht, dass trotz eines ratifizierten Volksabstimmungsgesetzes eine Verfassungsänderung verhindert werden kann, wenn sich alte und junge Menschen solidarisch zusammenschließen und somit eine absolute Mehrheit bei der Wahl erlangen.

Shuichi Kato erläuterte, dass er beim Abfassen seines Buchs „Geschichte der japanischen Literatur" darauf geachtet hat, in einem übersetzbaren Japanisch zu schreiben, damit die japanische Literatur Einzug in den internationalen literarischen Kontext halten kann. Und tatsächlich wurde das Buch in sieben Sprachen übersetzt. Wenn der „Artikel 9" und die Stellungnahmen junger Menschen bezüglich des Artikels übersetzt und über die Grenzen nach außen versandt werden, so erfährt er durch die Prüfung eine Verbesserung und kehrt mit neuer Kraft nach Japan zurück. Dieser Wunsch und diese Hoffnung ist in Herrn Katos „Worten" eingebettet.

Isolde Asai organisiert Dichterlesungen in Deutschland und lud auch in ihr Heimatdorf japanische Dichter zu Lesungen ein. Obwohl bei einer Lesung der Dichter seine Gedichte ohne deutsche Übersetzung auf Japanisch vorlas, waren

Nachwort

Die Idee, japanische und deutsche Studenten zum Schreiben von Essays zum „Artikel 9 der Japanischen Verfassung" anzuregen, wuchs in einem Gespräch des renommierten Kritikers Shuichi Kato und der Übersetzerin Isolde Asai, die durch ihre Arbeit Japan und seine Kultur in Deutschland vorstellen möchte.
Shuichi Kato stellt sich gegen das manipulatorische Vorgehen der japanischen Regierung, die den „Artikel 9" abändern will, um dann am „Bush-Krieg" teilzunehmen und führt mit nicht nachlassendem Einsatz in ganz Japan Vorträge zu dieser Problematik durch. Über ganz Japan verteilt entstanden Kyūjō no kai (Article Nine Association) und inzwischen sind es sage und schreibe über 7.000. Herr Kato sah jedoch mit Bedauern, dass sich die Teilnehmer vorwiegend aus alten Menschen zusammensetzen, und junge so gut wie gar nicht vertreten sind. Es war ihm bewusst, dass es nicht mehr lange dauert, bis der „Artikel 9" dem Untergang preisgegeben ist, wenn sich daran nichts ändert. Angesichts dieses Problems suchte Herr Kato nach Solidarität bei der jungen Generation und nahm eifrig an Veranstaltungen von Studenten teil.
Auf der anderen Seite versucht Frau Asai, ihren Beitrag zum japanisch-deutschen Austausch zu leisten, indem sie neben ihrer Unterrichtstätigkeit (Deutsch) an japanischen Universitäten u.a. das Theaterstück „Die Tage mit Vater" von Hisashi Inoue übersetzte, um der deutschen Gesellschaft die Schrecken der Vernichtung von Menschen durch Atomwaffen zu vermitteln. Während ihres 25jährigen Aufenthalts in Japan wurde sich Frau Asai der Werte des „Artikel 9" für die Menschheitsgeschichte bewusst. Sie möchte diese Werte ihrer Heimat Deutschland und der ganzen Welt vermitteln.
Im November 2005 hielt Shuichi Kato an der Waseda Universität, an der Frau Asai unterrichtet, einen Vortrag zum Thema „Zweimal Studentenzeit ganz verschieden – im Krieg oder im Frieden". In der Aula der Waseda Universität (Okuma Hall) hatten sich 700 Schüler und Studenten versammelt. Nach

ebenso denken und empfinden. An diese Menschen richte ich meine Bitte. Denkt mit uns zusammen über das Glück, den Frieden und in diesem Zusammenhang über die Bewahrung des Artikel 9 nach.

III Zu den Argumenten der Verfassungsrevision

eines jungen japanischen Komikers während einer Fernsehdiskussion zum Thema Krieg und Frieden. Bei diesen Worten fiel es mir wie Schuppen von den Augen.

Als Monarchien noch weit verbreitet waren, wurde einige Male der Weg zum Krieg eingeschlagen. Nach zwei Weltkriegen endlich änderte sich der Weg hin zur Reue hinsichtlich des Kriegs und dazu, Frieden aufzubauen. Ein Beispiel dafür sind der Artikel 9 und die Gründung der UNO. Jetzt, 62 Jahre nach dem Pazifikkrieg, stehen wir an einer großen Gabelung: Zu einer Zukunft, „die sich auf Waffengewalt stützt" oder einer Zukunft, die „sich nach den Regeln der internationalen Gemeinschaft" richtet. Welchen Weg sollen wir einschlagen? Die gegenwärtigen Bemühungen der Politiker um eine Verfassungsänderung haben sich meiner Meinung nach für den ersten Weg mit Waffengewalt entschlossen. Wenn viele Menschen den zweiten Weg einschlagen möchten und dies klar und deutlich sagen, dann wird auch dieser Zukunftsweg beschritten, so wie der Komiker argumentiert.

Es gibt noch so vieles, was ich nicht weiß und was ich noch lernen muss.

Jedes Mal, wenn ich mein Selbstvertrauen verliere, dann lese und lerne ich über die Verfassung und die internationalen Verhältnisse. Stets dann wird mir erneut die Wichtigkeit des Artikel 9 bewusst. Es ist unumstritten, dass der Wunsch den Artikel 9 zu bewahren und der naive Wunsch nach Frieden nicht in Widerspruch stehen.

Wenn also jemand, der meinen Essay liest und, wie ich am Anfang geschrieben habe, sich Frieden wünscht, so ist für ihn die Bewahrung des Artikel 9 von großer Bedeutung. Dieses Gefühl ist rein, aber etwas vage, sodass man öfter in Gefahr kommt von glaubwürdig klingenden Diskussionen und von Zukunftsangst in eine andere Richtung geleitet zu werden. Wer vor der Realität nicht die Augen verschließt, wird nicht zum Nihilisten. Eine ernsthafte Konfrontation mit der Realität erschließt neue Mittel und Wege. Nach zwei Weltkriegen kann die Welt nicht mehr sagen, „es lässt sich nicht ändern". Das Recht darüber zu entscheiden, in welche Richtung Japan und die Welt sich von nun an weiterbewegen wird, haben wir selbst. Wenn jeder einzelne von uns den Frieden wünscht, dann wird dieser Wunsch auch verwirklicht.

Nicht vergessen werden darf, dass es auf der ganzen Welt Menschen gibt, die

Schwur veranlasst werden, es nie wieder zu solchen Gewalttaten kommen zu lassen, d.h. in Zukunft weder Täter noch Opfer eines Kriegs zu werden. Weiterhin ist es der Schwur, unser Leben und unsere Existenz zu schützen. Deshalb möchte ich auch den Artikel 9 beschützen.

Dank des Artikel 9 führen wir jetzt ein unbeschwertes Leben. Wer von uns kann sich eigentlich konkret vorstellen, zu welchen Verbesserungen es durch eine Verfassungsänderung in unserem Lebensumfeld kommt und in welchem Maße wir dadurch beschützt werden und was? Ich habe versucht, es mir vorzustellen, aber es will mir nicht gelingen. Gerade deshalb macht es mir große Sorge, dass in nächster Zeit ohne ausführliche Erklärungen und auf undurchsichtige Weise die Verfassung geändert werden soll.

Ich möchte später Sozialarbeiterin werden. In meiner Arbeit geht es darum, sozial schwache Menschen zu beraten und ihnen zu helfen, wieder auf eigenen Füßen zu stehen. Aus diesem Grund beschäftige ich mich jetzt an der Universität mit Sozialwesen und Fürsorge. Ich versuche herauszufinden, was für eine Art von Gesellschaft jeden einzelnen Menschen als wertvoll und wichtig ansieht.

Zu wenige Geburten und die damit verbundene Überalterung der Gesellschaft machen es schwierig, für den sozialen Bereich genügend Mittel zu beschaffen. Besonders die ältere Generation muss zunehmend diese Last durch erhöhte Steuern und durch erhöhte Beiträge für die Pflegeversicherung tragen. In der Regierung werden Stimmen laut, Krankheit und Armut seien selbstverschuldet und man müsse selbst dafür aufkommen. Die jetzige Eigenbeteiligung von 20 - 30% bei allen ärztlichen Behandlungen und Medikamenten müsse noch erhöht werden und die Sozialhilfe abgeschafft. Auch wird von nun an die Bevölkerung mehr denn je zur Kasse gebeten werden, ohne dass sich die Qualität der Sozial- und Pflegedienste verbessert. Wenn man die Rüstungskosten und das „Rücksichts-Budget" für die in Japan stationierten amerikanischen Truppen dem Sozial- und dem Erziehungswesen zukommen ließe, wie wohlhabend wäre dann unser Land und unser Leben. Kann so eine Gesellschaft im heutigen Japan nicht realisiert werden? Was könnten wir zur Realisierung beitragen?

Aus einem erst kürzlich gesendeten Fernsehprogramm sind mir folgende Worte in Erinnerung geblieben: „Die Zukunft wird durch den Weg bestimmt, den wir einschlagen und sie geht nur auf diesem einen Weg weiter." Es sind die Worte

wie Frankreich, Deutschland und die GUS der Intervention Amerikas nicht zustimmten. Amerika konnte nur Japan und seine anderen verbündeten Länder auf seine Seite ziehen und den Krieg außenpolitisch isoliert führen.

Nach dem Ende des Kalten Krieges und mit den Veränderungen in der internationalen Gemeinschaft erhält die UNO eine immer größere Bedeutung. Konflikte nicht mit Waffengewalt, sondern auf friedliche Weise zu lösen entspricht dem allgemeinen Konsens der Menschen auf der Welt. Wenn auch Japan als ein Mitgliedsstaat der UNO „friedliche Außenpolitik" betreibt, indem es sich mit den anderen Ländern austauscht, dann wird das nicht eintreten, was jetzt so viele Japaner befürchten.

An dieser Stelle möchte ich auf die Auswirkungen des Artikel 9 auf mich und mein Leben eingehen.

Blicke ich um mich, dann befinden sich in nächster Nähe meine Familie, mein Freund und meine Freunde. Alle sind charakterlich verschieden, doch sind sie alle Menschen, die ich bewundere und achte. Natürlich kommt es auch einmal zu Meinungsverschiedenheiten. Bemüht man sich dann jedoch, den Streit zu schlichten und aufeinander zuzugehen, so intensiviert sich dadurch die Beziehung. Die Stunden, die ich mit ihnen verbringe, formen mich und „erziehen" mich. Darüber hinaus habe ich eine Familie, die Gemeinde, die Schule, meine geliebte Musik, leckeres Essen, Orte, wo ich mich vergnügen kann, Zeit für Hobbys ...

Während ich dies alles niederschreibe, wird mir erneut bewusst, wie frei und friedlich mein Leben ist. Für mich ist „die Bewahrung des Friedens" keine außergewöhnliche Angelegenheit, sondern etwas Unerlässliches und Selbstverständliches und untrennbar mit dem Leben, der Liebe und Freundschaften verbunden.

Unter dem Militarismus vor und während des Krieges war Frieden und Freiheit in dem eben erwähnten Sinne nicht denkbar. In diesem Krieg sind unzählig viele Menschen „für das Vaterland" gestorben. Und die Überlebenden trugen tiefe körperliche und seelische Wunden davon. Japan trat dem Krieg zur „Sicherung des Friedens", um des „allgemeinen Wohlstands" und der „Unabhängigkeit der Kolonien" bei. Es fiel in die Nachbarländer ein, wodurch zwei Millionen Menschen ihr Leben lassen mussten. Als Zeichen tiefer Reue wurde die japanische Friedensverfassung erlassen, aufgrund der die nächsten Generationen zu dem

das Kriegschaos im Irak neue religiöse Konflikte, und durch die tagtäglich stattfindenden Terroranschläge steigt die Zahl der Opfer auch jetzt noch ständig an. Sogar in den USA werden Stimmen aus der Bevölkerung laut, die sagen: „Dieser Krieg war ein Fehler." Und bei den US-Kongresswahlen büßten die von Bush geführten Republikaner viele Wählerstimmen ein. Ist dies nicht eine deutliche Geste, mit der dieser willkürliche Krieg als illegal verurteilt wird!

Lässt man sich alles genau durch den Kopf gehen, wird jedem klar, dass aufgrund von Waffenbesitz vielleicht irgendetwas in Bewegung kommt, das eigentliche Problem aber nicht beseitigt wird. Es gibt keine Waffen, die unser Leben beschützen. Meiner Ansicht nach, kann uns nur die Einstellung „wir führen keine Kriege" beschützen. Anstatt die Bevölkerung zu verunsichern, sollten sich die Politiker bemühen und alle Möglichkeiten einer friedlichen Lösung durchdenken und Wege finden, dass es nicht zu einem Krieg kommt. Das ist viel realistischer und kommt uns allen zugute.

Auch in Zukunft werden Kontroversen zwischen Ländern bezüglich ihrer Interessen auftreten. In solchen Fällen ist nicht ausschlaggebend, ob ein Land im Besitz von Waffen ist oder nicht, sondern inwieweit ein Land in seiner Außenpolitik Vertrauenswürdigkeit erweckt. Ich finde, der sicherste Weg zum Frieden besteht darin, dass man Probleme friedlich und diplomatisch löst, indem Japan in Konfliktsituationen seine Argumente klar darstellt und dabei die Geschichte, Kultur und die Argumente des anderen Landes respektiert. Greift ein Land trotzdem gegen alle Regeln der Vernunft Japan an, so soll Japan keinen Gegenangriff unternehmen, sondern alles der internationalen Gerichtsbarkeit der UNO-Charta anheimstellen.

Ich bin überzeugt, dass in der jetzigen internationalen Gemeinschaft eine derartige Konfliktlösung möglich ist. Der UNO wurde zwar im Hinblick auf den Irakkrieg vorgeworfen, sie sei „völlig handlungsunfähig". Wenn in Betracht gezogen wird, dass die UNO als internationale Organisation weder im Vietnamkrieg (1960 bis 1975) noch im Afghanistan Krieg (1979) etwas unternommen hat, um die Kriege zu verhindern, erscheint dieser Vorwurf nicht unberechtigt. Die kriegsführenden Länder USA und Sowjetunion waren einfach zu groß und mächtig. Beim Irakkrieg jedoch hat die UNO bis zuletzt dem Angriff Amerikas nicht zugestimmt. Ebenfalls von großer Bedeutung ist, dass Länder

III Zu den Argumenten der Verfassungsrevision

logisch. Nach einigem Hin und Her kommt es gar nicht so selten vor, dass ich den Glauben an mich selbst verliere und von der großen Welle der Verfassungsänderer mitgerissen werde: „Vielleicht bin ich doch unrealistisch. Wahrscheinlich ist es unausweichlich, dass Japan eine Armee hat, um die Furcht vor Nordkorea und den Terror zu beseitigen."
Die eben angeführten Kommentare vertreten alle die Meinung, Japan müsse Waffen besitzen, damit es sich an der Weltfriedenssicherung beteiligen könne, und dafür sei es erforderlich, den Artikel 9 zu ändern. An dieser Stelle muss in Ruhe überlegt werden, ob uns tatsächlich der ersehnte Frieden gewährt wird, wenn wir Hand an den Artikel 9 legen und Waffen besitzen.
Wird uns Nordkorea nicht angreifen, wenn wir bewaffnet sind? Wird Japan kein Ziel von Terroranschlägen, wenn es eine Armee besitzt? Meiner Ansicht nach verhält es sich nicht so. Wenn Japan eine Armee besitzt, wird das schon angespannte Verhältnis zu China und Korea noch verschlechtert. Und sicher verringert sich die Wahrscheinlichkeit, dass Nordkorea Japan mit Missiles beschießt, damit nicht. Doch das ist noch nicht alles. Die Probleme weiten sich über Japan hinaus aus, denn es muss zur Kooperation Truppen entsenden, wenn eines der mit Japan militärisch verbündeten Länder einen Krieg beginnt. Obwohl der Irakkrieg von Anfang an umstritten war, entsandte Japan seine Truppen „unmilitärisch" zum Zweck „humanitärer Hilfe". Sollte es nun aber zu einer Verfassungsänderung kommen, so muss Japan mit Waffengewalt gegen die Länder vorgehen, mit denen die verbündeten Partnerländer verfeindet sind und wird somit auch zur Zielscheibe von Gegenangriffen. Und ebenso zum Ziel von Terroranschlägen.
Lasst mich anhand des Irakkriegs noch ausführlicher darlegen, ob der Einsatz von Waffen wirklich am effizientesten bei der Lösung von Konflikten zwischen Ländern ist. Der nach dem Terroranschlag vom 11. September angekündete „gerechte Krieg" gegen den Irak, rief durch seine Ungerechtigkeit auf der ganzen Welt Demonstrationen hervor. Trotzdem begann Amerika den Krieg. Und nachdem der Krieg zahllose Opfer unter der irakischen Bevölkerung, den amerikanischen Soldaten und anderen Menschen gefordert hatte, fand man keine Spur von den iranischen Massenvernichtungswaffen, die den Präventivangriff Amerikas „gerechtfertigt" hätten. Nach dem offiziellen Kriegsende brachte

18. Wenn wir wirklich Frieden wollen

Yuki Sawada (1987 geb.)

Waseda Universität,

Humanwissenschaft (Abteilung für Gesundheits- und Sozialwesen)

Ich bin gegen Krieg. Ich wünsche mir Frieden.
Und genau so denken doch die meisten Menschen. Es gibt nur selten jemanden, der sagt, dass er Krieg will. Dabei handelt es sich entweder um einen Zeitgenossen, der gefährliche Ideologien vertritt oder jemand aus der Rüstungsindustrie, der an Kriegen verdient, d.h. solche Menschen sind nicht die Regel. Die Mehrheit der Menschen ist bestrebt von dem gemeinsamen Wunsch, „in einem friedlichen Land zu leben".
Zur Bewahrung des Friedens hat meiner Ansicht nach die kritische Reflexion der Vergangenheit und der Artikel 9 der Japanischen Verfassung „keinen Krieg und keine Waffen" Entscheidendes beigetragen.
Hinsichtlich dessen gibt es aber auch andere Meinungen. Im Internet Forum zum Thema Verfassungsänderung findet man u.a. folgende Kommentare: „Was soll das Gerede vom Artikel 9 in einer Zeit, wo uns Nordkorea womöglich mit Missiles angreift!?" – „Japan wird nicht für voll genommen, wenn es kein Militär hat!" – „Wer sich für die Bewahrung des Artikel 9 einsetzt, ist ein verträumter Spinner, der der Gegenwart nicht ins Auge sieht!" Sogar Bemerkungen, die Existenz des Artikel 9 an sich gefährde den Frieden Japans, sind dort zu lesen.
Jedesmal, wenn ich mit solchen Meinungen konfrontiert werde, muss ich erst einmal stehen bleiben, tief Luft holen und dann die eigenen Gedanken und Gefühle bezüglich des Artikel 9, also das, was ich bisher glaubte, noch einmal neu überdenken. Da ich leicht beeinflussbar bin, erscheinen mir die Meinungen der Befürworter einer Verfassungsänderung auf den ersten Blick realistisch und

III Zu den Argumenten der Verfassungsrevision

Es ist nicht so, dass sie den Krieg nicht verhindert haben. Sie konnten den Krieg nicht verhindern. Zeitgenossen berichten: „Als ich mir der Sache bewusst wurde, war es zu spät. Als ich versuchte, mich gegen den Krieg zu stellen, ließ es die öffentliche Meinung nicht mehr zu." Für uns jedoch besteht die Möglichkeit, aus den Fehlern der Vergangenheit zu lernen. Dessen müssen sich möglichst viele Menschen unserer sich wieder auf einen Krieg hin bewegenden Gesellschaft bewusst werden und sich dagegen wehren.

In der Hoffnung, dass viele Menschen davon erfahren, habe ich dies niedergeschrieben, damit die Zeit, in der wir jetzt leben, „Nachkriegszeit" bleibt, und sich nicht zu einer neuen „Vorkriegszeit" entwickelt.

Die Präambel der Japanischen Verfassung lautet: „Wir, das japanische Volk (...) entschlossen, (...) nie wieder durch Handlungen der Regierung die Gräuel eines Krieges zu entfesseln, verkünden hiermit, dass die oberste Gewalt beim Volk ruht, und setzen mit festem Willen diese Verfassung ein. Die Staatsführung ist auf den ernsten Auftrag des Volkes gegründet (...) und der Genuss ihres Erfolges steht dem Volk zu. Dies ist ein allgemeiner Grundsatz der Menschheit, und diese Verfassung beruht hierauf. Wir schließen alle Verfassungen, Gesetze, Verordnungen und Erlasse, die diesem Grundsatz widersprechen, von der Wirksamkeit aus."

Dementsprechend müssten das neue Bildungsgesetz, die Notstandsgesetze als auch der neue Verfassungsentwurf diesem Grundsatz unterworfen sein und somit unwirksam. Doch niemand nimmt mehr Bezug auf die Bestimmungen der Präambel. Die eigentlichen Maßstäbe, die der Urteilskraft der Verfassung zugrunde liegen, d.h. „der Pazifismus" und „die Achtung der Menschenrechte", also die zwei Grundpfeiler, die „der Seele der Verfassung" entsprechen, sind in Vergessenheit geraten.

Durch die jetzige japanische Bevölkerung, die wie ich die wirklichen Schrecken eines Krieges nicht kennt, geht die Friedensverfassung verloren. Doch wer von uns ist sich der gegenwärtigen Lage Japans tatsächlich bewusst. Ich habe nichts dagegen, dass ausführlich über eine Verfassungsänderung diskutiert wird. Doch muss genau überlegt werden, was die eigentliche Natur dieses Problems ist und ob die beabsichtigten Ziele jetzt wirklich sichtbar sind. Wichtig ist, dass wir uns bei Diskussionen nicht durch Worte anderer Menschen oder durch zeitweilige Affekte beeinflussen lassen, sondern uns noch einmal genau und tiefgreifend überlegen, wozu die eigene Entscheidung führen kann. Zuallererst müssen wir daran denken, was die Menschen, die im Krieg ihr Leben verloren und die Menschen, die Japan nach dem Krieg aufbauten, wohl empfunden haben.

Die Menschen, die damals im Krieg ihr Leben ließen, waren keineswegs verrückt. Es waren junge Menschen wie wir. Aus Notizen an die Liebsten gerichtet, „ich muss mich der Zeitströmung fügen", „ich möchte nicht für den Staat kämpfen, sondern ich möchte für meine Familie leben," ist zu erkennen, dass diese Menschen, von den Wellen einer verrückten Zeit überschwemmt, zu Entscheidungen gezwungen wurden.

111

III Zu den Argumenten der Verfassungsrevision

ein Gesetze unreflektiert und undiskutiert verabschiedet, welche das vor mehr als 10 Jahren noch utopische Thema „Japan im Krieg" nun an Schulen und in den Unterricht gebracht haben.

Einer meiner Lehrer sagte mir: „Nie im Traum habe ich daran gedacht, dass ich irgendwann einmal meinen Schülern von Kriegsmethoden und wie man sich in Kriegszeiten zu verhalten hat, erzählen muss. Erst als ich an die Universität kam und mich aus eigenem Antrieb mit dem Thema beschäftigte, fing ich an, mir selbst Gedanken zum „Inhalt der Verfassung und zum Pazifismus" zu machen. Damit wurde mir auch bewusst, dass ich all die vielen Jahre auf der Schulbank nur passiven Unterricht[*2] erhalten hatte. In der Mittelschule war ich in Bürgerkunde, in der Oberschule in Wirtschaft mit der Verfassung in Kontakt gekommen. Beide Fächer waren für die Aufnahmeprüfung in die Universität relevant, sodass der Unterricht meist nur oberflächlich verlief, ohne irgendetwas zu hinterfragen.[*3]

Die Worte der Regierung „wir bereuen unsere Taten vor und während des Kriegs und wollen dafür Entschädigung zahlen", haben für meine Generation keine Aussagekraft, da wir nur allzu wenig von der Vergangenheit unseres eigenen Landes wissen. Der Grund dafür liegt im japanischen Erziehungssystem, eingeführt durch die Regierung. Japan verlor den Krieg und gerade die Erwachsenen, die für den Krieg verantwortlich waren, schufen eine extreme Titel- und Ranggesellschaft, in der nur gute Zensuren zählen, wobei der Unterricht über Verfassung und Pazifismus vernachlässigt wird. Den dieses Schulsystem durchlaufenden Jugendlichen ist jegliches Interesse an Politik abhanden gekommen.

Viele junge Japaner wissen nicht, was sich vor 60 Jahren an Schrecklichem ereignet hat. Darin liegt auch der Grund, dass die meisten jungen Japaner meiner Generation, die so erzogen worden sind, sich kein eigenes Urteil über diesen wichtigen Teil der Erziehung, die Nachkriegserziehung, bilden können.

[*2] Im Allgemeinen spricht an japanischen Schulen fast ausschließlich der Lehrer. Die Schüler hören zu und machen sich Notizen.
[*3] Aufnahmeprüfungen im Fach Geschichte erfolgen in erster Linie durch Abfragen geschichtlicher Daten in Form von Ankreuzen (multiple choice). Die moderne Geschichte, den Pazifikkrieg inbegriffen, ist nicht Gegenstand der Aufnahmeprüfung.

sein, dass japanische Politiker es wagen, eine nukleare Bewaffnung Japans zu fordern?

Trotz allem führt die Regierung ihre nach einem Schleichweg zum Besitz von Atomwaffen suchenden Debatten fort. Hinter dem Beharren auf den Atomwaffenbesitz verbirgt sich wohl der „Geist der Weltbeherrschung" durch atomare Bewaffnung, den die ständigen Mitglieder des Sicherheitsrates der UNO vertreten.

Der Bürgermeister von Hiroshima, Tadatoshi Akiba, schilderte in seiner Friedensdeklaration von 2005 die Situation wie folgt: „Die Nuklearmächte haben als Voraussetzung ‚Macht ist Gerechtigkeit' ihren eigenen ‚nuklearen Klub' gebildet, dessen Mitgliedsausweis aus dem Besitz von Kernwaffen besteht. Über die Medien ließen sie immer wieder die falsche Beschwörungsformel ‚Atomwaffen schützen dich' verbreiten und erreichten, dass ein Großteil der Weltbevölkerung, der dieser Beschwörungsformel nichts entgegensetzen kann, nun glaubt, ‚ich kann dagegen nichts tun'". Hier wird die „Weltbevölkerung" angeführt, doch auch die japanische Regierung ist der Beschwörungsformel verfallen. Gerade die Denkweise, der internationale Frieden könne nur erhalten werden, wenn Japan sich in die Reihen der Atommächte, allen voran Amerika, einordnen würde, fällt unter die Theorie „Macht ist Gerechtigkeit".

Des Weiteren kritisierte er die USA: „Die größte Schuld für die atomare Aufrüstung liegt in der amerikanischen Atompolitik, die die ‚Atomwaffen als Gott' verehrt, die Forschung auf dem Gebiet kleiner Atomwaffen erneut vorantreibt, um ‚einsetzbare Atomwaffen' zu entwickeln, und sogar die Möglichkeit eines atomaren Angriffs proklamiert." Wo sich doch Japan eigentlich zu ihrer Vernichtung hinwenden müsste, werden Atomwaffen aufgrund der Politik des verbündeten Landes Amerika, fälschlicherweise als unentbehrlich angepriesen. Man hat eine ganz andere Richtung eingeschlagen, als der vom Artikel 9 der Verfassung und dem Dreier-Verbot usw. vertretene Pazifismus.

Auch hier steht die japanische Regierung wieder ganz unter dem Pantoffel Amerikas. Sie steuert nun den Status einer Atommacht an, ohne das schwergewichtige Problem richtig zu diskutieren, wiegelt vielmehr die Bevölkerung nur mit gefährlichen Parolen auf.

Bevor wir, die Bevölkerung, größeres Interesse zeigen konnten, wurden mehrere

III Zu den Argumenten der Verfassungsrevision

„Abhörgesetz" und „Personendatenerfassungssystem", d.h. das „Einwohnergrundregister"; außerdem wurden das anstelle des vorkriegszeitlichen „Gesetzes zur Generalmobilmachung der Nation" eingeführte „Gesetz über Maßnahmen im Falle eines bewaffneten Angriffs" und das „Bürgerschutzgesetz" im Rahmen der Notstandsgesetze verabschiedet; und über das Gesetz der „Verschwörung als Straftatbestand", das sich zum „Gesetz zur Aufrechterhaltung der öffentlichen Sicherheit" entpuppen kann, wird zurzeit beraten. Überdies wurden aus Anlass der Terroranschläge in Amerika das „Gesetz über Sondermaßnahmen zur Terrorbekämpfung" und das „Gesetz über Sondermaßnahmen zur humanitären Hilfe und Wiederaufbauhilfe im Irak" erlassen. Und über die Änderung des PKO-Kooperationsgesetzes vergrößerte sich unter dem Mäntelchen „internationaler humanitärer Hilfe" das Wirkungsgebiet der Selbstverteidigungstruppen erheblich. In einem Zug wurde Japan zu einem Land umgeformt, das Kriege führen kann, sodass sogar die Verfassungsänderung per Auslegung nicht mehr mithalten kann, geschweige denn die Verfassung selbst. Überdies wurde unter der Regierung Abe das bisher dem Kabinettsamt unterstehende Amt für Verteidigung zum Verteidigungsministerium erhoben und damit ein Verteidigungsminister geboren, dem nun die gleichen rechtlichen Kompetenzen wie dem Außenminister zustehen.

Doch es gibt noch furchterregendere Tendenzen. Nach den Raketenabschüssen und den Atomtests Nordkoreas traten doch tatsächlich führende Politiker ins Rampenlicht, die darauf mit „Japan braucht auch Atomwaffen" reagierten. Zugegeben enthält der Artikel 9 kein direktes Verbot über den Besitz von Atomwaffen, aber Japan hat sein sich selbst auferlegtes Dreier-Verbot der Nuklearwaffen (keine Nuklearwaffen herstellen, besitzen oder importieren) vor aller Welt proklamiert. Auch wenn der Besitz von Atomwaffen nicht in der Verfassung erwähnt ist, darf man der Regierung nicht weiter die willkürlichen Verfassungsauslegungen durchgehen lassen.

Wie schrecklich Atomwaffen sind, hat doch unser Land, wo auch gegenwärtig noch die Atombombenopfer, ihre Kinder und Enkel qualvoll leiden, selbst schmerzlich genug erfahren. Japan ist das einzige Land auf der Welt, auf dessen Menschen Atombomben abgeworfen wurden, und aufgrund dieser schrecklichen Erfahrungen verkündete es eine absolut pazifistische Verfassung. Wie kann es

jedoch mit dem gleichzeitig abgeschlossenen Japanisch-Amerikanischen Sicherheitsvertrag gezwungen, sich militärisch den USA unterzuordnen. Im Hinblick auf die japanische Regierung, die sogar nach dem Willen Amerikas ihre eigene Verfassung verdrehte, ist es nicht verwunderlich, dass China, die Sowjetunion und Indien damals nicht bereit waren, dem Friedensvertrag zuzustimmen. Das eigentliche Wesen unserer Regierung hat sich seit der Vorkriegszeit, Nachkriegszeit und bis in die Gegenwart hinein nicht verändert.
In dem 1947 vom damaligen Kultusministerium herausgegebenen Lehrbuch für Sozialkunde der Mittelschule[*1] „Über die neue Verfassung" wird festgehalten: „Es darf kein Militär unterhalten werden, damit kein Krieg geführt werden kann." Hier wird der Inhalt des Artikel 9 nicht verdreht und „keine Armee" und „völliger Verzicht auf Krieg" korrekt erwähnt. Auch der damalige Premierminister Shigeru Yoshida als Vertreter der Konservativen stand hinter der Friedensverfassung, denn seiner Meinung nach kam auch der in der UNO-Charta erlaubte Selbstverteidigungskrieg nicht in Frage: „Aufgrund unserer Verfassung haben wir nicht das Recht auf Kriegsführung. Ebenfalls ist kein Selbstverteidigungskrieg zugelassen, denn wie viele Kriege wurden unter dem Namen der Selbstverteidigung geführt." Shigeru Yoshida stellte den „absoluten Pazifismus" über die Charta der UNO.
Mit dem Ausbruch des Koreakriegs wurde das Lehrbuch „Über die neue Verfassung" zurückgezogen und zwei Jahre später nicht mehr aufgelegt. Sogar für mich Gegenwartsmenschen ist das in dem Buch dargestellte Ideal des absoluten Pazifismus voll und ganz nachvollziehbar, deshalb kann das Buch nicht unter dem Aspekt verschwunden sein, es sei zu alt. Vielmehr war das Ideal des absoluten Pazifismus in dem sich verändernden internationalen Umfeld und den außenpolitischen Beziehung zu den USA ein Klotz am Bein.
In den letzten Jahren ist eine rasche Entwicklung der militärischen Beziehungen zwischen Japan und Amerika zu verfolgen, wobei sogar Notstandsgesetze erlassen wurden. Die „Neuen Japanisch-Amerikanischen Richtlinien" des „Gesetzes zur Wahrung der regionalen Sicherheit", legen die Unterstützung der US-Armee fest; des Weiteren das zur Überwachung und Verwaltung der Bevölkerung dienende

---

[*1] Alle Anmerkungen im Folgenden sind von d. Übers.: Das Schulsystem in Japan: 6 Jahre Grundschule, 3 Jahre Mittelschule (Ende der Schulpflicht), 3 Jahre Oberschule.

das Militär eingesetzt wird. Die UNO und ihre Charta, welche eigentlich den Frieden sichern sollte, ist vom wirklichen „Pazifismus" weit entfernt.

Hingegen verkündet der zweite Abschnitt des Artikel 9 der Japanischen Verfassung mit „kein Recht auf Kriegsführung" und „keine Armee" einen viel kraftvolleren Pazifismus. Der bahnbrechenden Idee, den nächsten Generationen eine Welt ohne Krieg zu schaffen, wurde von der ganzen Welt Beachtung geschenkt. Das 20. Jahrhundert, das sogenannte „Kriegsjahrhundert", begann mit einem Krieg und hat insgesamt zwei Weltkriege hervorgerufen, deshalb war die ganze Welt nach dem Zweiten Weltkrieg von dem starken Wunsch nach dem Weltfrieden erfüllt. Und Japan mit seinem kraftvollen, wegbereitenden „Pazifismus" durch den Artikel 9 der Verfassung, welcher der glorreiche Höhepunkt dieser Bewegung sein sollte, wurde schon damals hochgeschätzt und könnte eigentlich heutzutage vielen Ländern als Vorbild dienen.

Doch in diesen 60 Jahren war Costa Rica das einzige Land, das Japan nachfolgte und die Bestimmung „keine Armee" gesetzlich niederlegte. Die japanische Regierung selbst bemühte sich nicht, ihre Verfassung in der Welt bekannt zu machen, sondern schlug im Gegenteil den Weg in Richtung Krieg ein, indem sie die Verfassung unter falschen Vorwänden mutwillig entgegen ihrem Geist auslegte.

Der Grund dafür liegt im politischen Strategiewechsel der damaligen Besatzungsmacht und des jetzigen „Bündnispartners" USA. Gaben die USA Japan zuerst den Status eines Landes, das keinen Krieg führt, brauchten sie es mit Beginn des Kalten Krieges nun als Sprungbrett für ihre Kriege.

Dieses Konzept trat mit dem Beginn des Koreakrieges noch deutlicher hervor. 1950 wurde unter dem Vorwand, man brauche während der Einsätze der in Japan stationierten US-Truppen in Korea für die innere Sicherheit eine Reservetruppe der Polizei, eine kleine Armee gegründet. 1954 wurden daraus die Selbstverteidigungstruppen und gleichzeitig rief man ein Amt für Verteidigung ins Leben. Im gleichen Jahr fand auch in Deutschland die Wiederbewaffnung statt. Gerade fünf Jahre waren seit dem Zweiten Weltkrieg vergangen, da wandte sich die Welt schon neuen Kriegssystemen zu.

Japan kehrte 1951 mit dem Abschluss des Friedensvertrags von San Francisco wieder in den Kreis der internationalen Völkergemeinschaft zurück, wurde

17. Um nicht wieder einer „verrückten Zeit" zu verfallen

Takashi Suzuki (1986 geb.)
Meiji Gakuin Universität Tokyo,
Soziologie

Der Nachfolger von Junichiro Koizumi, Shinzo Abe, dessen großer Wahlerfolg auf seine berühmten Politiker-Vorfahren zurückzuführen ist und der damit an die Spitze Japans aufstieg, äußerte sich kurz nach seiner Vereidigung zum Premierminister bei einer Japanisch-Chinesischen Konferenz wie folgt: „Die letzten 60 Jahre unseres Landes sind gezeichnet von einer tiefen Reue bezüglich der Wunden, die Japan im letzten Krieg verursacht hat."
Die 60 Jahre nach dem Zweiten Weltkrieg waren jedoch nicht, wie der Premierminister behauptet, von tiefer Reue geprägt. Darüberhinaus wurde die Japanische Friedensverfassung, die zum ersten Mal auf der Welt „keine Armee" und „völliger Verzicht auf Krieg" festlegte, der Welt nicht als stolzes Paradestück präsentiert, sondern sogar von den japanischen Nachkriegsregierungen selbst nur als Last angesehen und links liegen gelassen.
Diese Verfassung wurde erstens als Zeichen tiefer Reue entworfen gegenüber den Menschen im asiatischen und pazifischen Raum, denen man Schlimmes zugefügt hatte, von dem Wunsch und dem Versprechen bestrebt, nie wieder einen Krieg zu führen, und zweitens weil beide Seiten, die Kriegsgewinner und die Kriegsverlierer grausame Schläge erlitten hatten. Dieser Antikriegsgeist ist ebenfalls in die Charta der UNO und in die Bestimmungen der GASP (Gemeinsame Außen- und Sicherheitspolitik) der EU aufgenommen. Während in den Bestimmungen das Ideal „keine Anwendung von Waffengewalt" vertreten wird, so erlauben sie doch den Besitz einer Armee und letztendlich geht die Entwicklung daraufhin, dass zur Lösung von Konflikten zwischen Ländern

III Zu den Argumenten der Verfassungsrevision

Regierungen diese Haltung kaum aufrecht erhalten können. Nichtsdestotrotz ist der Artikel 9, ebenso wie der Artikel 1[*5] ein entscheidendes Symbol für die, zugegebenermaßen aufgezwungene, Reflexion über eine verheerende Politik der Aggression, welche die ersten zwei Jahrzehnte der Shōwa–Zeit (1926–1949) bestimmte. Eines dieser Symbole seiner Kraft zu berauben, ist alles andere als unproblematisch. Denn wie sagte der ehemalige LDP-Vizepräsident Masaharu Gotoda in einem seiner letzten Interviews: „Wie wird die Zukunft eines Landes wirklich werden, wenn es daran denkt, einen Weg in die Zukunft zu öffnen, ohne Bereitschaft auch zukünftig über seine Vergangenheit zu reflektieren?" [*6]

---

*5 Artikel 1 : Der Kaiser ist das Symbol des japanischen Staates und der Einheit des japanischen Volkes. Die Stellung des Kaisers beruht auf dem Willen des Volkes, das die souveräne Macht inne hat.
*6 Gotoda, Masaharu, Kato, Shuichi, Rekishi ni seitai shinakereba, mirai ha nai – kenpō wo megutte. in : Sekai 2005.8, Tokyo: 2005, S. 58

einfache Mehrheiten in beiden Kammern des Parlamentes von der jeweils amtierenden Regierungskoalition relativ leicht verändern. Weiterhin würden je nach dem Inhalt solch komplementärer Gesetze aller Wahrscheinlichkeit nach auch hier Interpretationsspielräume und damit Debatten entstehen, die lediglich den jetzigen Status Quo ersetzen würden.

Wenngleich die realistische Kritik, wonach die jetzige Verfassung die Existenz der Selbstverteidigungsstreitkräfte nicht erwähne, schwer von der Hand zu weisen ist, ist es fraglich, ob eine Verfassungsänderung auf Basis der oben beschriebenen Entwürfe den gegenwärtigen Status Quo nicht zugunsten einer Vielzahl neuer Fragen bezüglich der Auslegung von Verfassung und eventuellen komplementären Gesetzen ablösen würde. Der Vorschlag der Kōmeitō[*3], bei gleichzeitiger Beibehaltung der beiden Paragraphen des Artikel 9, einen Passus über die Existenz der Selbstverteidigungsstreitkräfte in die Verfassung einzufügen, könnte in diesem Zusammenhang einen sinnvolleren Ansatz darstellen.

Die realistische Kritik am Artikel 9 in seiner jetzigen Form zieht zudem eine entscheidende Prämisse nicht in Betracht: Der Artikel 9 steht letztlich nicht oder zumindest nicht exklusiv für eine konkrete sicherheitspolitische Vorgabe im (politikwissenschaftlich) realistischen Sinne, sondern auch für ein Ideal. Dieses Ideal basiert auf den Erfahrungen der ersten Hälfte des 20. Jahrhunderts und damit einer Zeit, in der Japan noch keine pazifistische Verfassung hatte. Man darf sicherlich die Fragen stellen, inwieweit sich die japanische Politik zu einem beliebigen Zeitpunkt innerhalb der letzten sechs Jahrzehnte an diesem Ideal orientiert hat, aber es existierte zumindest in Form des Artikel 9. Die gemessen am BIP relativ geringen jährlichen Rüstungsausgaben Japans während des Kalten Krieges vis-a-vis dreier ehemals kommunistischer Staaten[*4] (die zum gegenwärtigen Zeitpunkt zudem allesamt im Besitz von Massenvernichtungswaffen sind) allein auf die Existenz des Artikel 9 zurückführen zu wollen, ist sicherlich problematisch. Ohne die abschreckende Militärpräsenz der US-Streitkräfte auf japanischem Boden hätten japanische

---

[*3] Kōmeitō = Partei für eine saubere Regierung
[*4] Russland/UdSSR, China und Nordkorea

bringen, soll die Existenz der Selbstverteidigungsstreitkräfte explizit in der Verfassung verankert werden. Weiterhin wolle man einen japanischen Beitrag zur weltweiten Friedenssicherung leisten, der über finanzielle Unterstützung (wie im ersten Golfkrieg) hinausgehe. Gleichzeitig wird die Beibehaltung des ersten Absatzes des Artikel 9 betont. Damit sei die Kontinuität zur jetzigen Verfassung und zu deren pazifistischen Grundgedanken gewahrt. Man kann allerdings kritisch anmerken, dass der erste Absatz des Artikel 9 lediglich ein Ideal ohne Konkretisierung darstellt. Genau diese Konkretisierung findet sich nämlich in Absatz zwei. Folglich würde der erste Paragraph bei Streichung des zweiten, zu einer pazifistischen Hülle werden, in die man vieles „hineininterpretieren" könnte.

Die Erhaltung des Weltfriedens und der Schutz japanischer Staatsbürger sind zweifelsohne ehrenwerte Ziele, ein genauer Blick auf die oben erwähnten Verfassungsentwürfe wirft jedoch auch einige Fragen von nicht geringer Bedeutung auf. Während die Entwürfe von Yukio Hatoyama und der Yomiuri Zeitung zumindest konkrete Einschränkungen (keine zwangsweise Rekrutierung zum Wehrdienst und der Verzicht auf Massenvernichtungswaffen) festlegen, fehlen solche Beschränkungen in den Entwürfen der LDP und des Sekai Heiwa Kenkyūsho vollends. Was die Frage der Beschränkung noch weiter problematisiert, sind die sehr frei interpretierbaren Formulierungen der Verfassungsentwürfe in Bezug auf den zukünftigen Rahmen der Auslandseinsätze der Selbstverteidigungsstreitkräfte. So argumentierte die amerikanische Regierung von Präsident George W. Bush im Jahr 2003, dass der Irak unter Saddam Hussein eine Gefahr für globalen Frieden und Sicherheit darstellen würde. Der darauffolgende Einmarsch in den Irak durch amerikanische und britische Streitkräfte wurde mit einem irakischen Programm zur Herstellung von Massenvernichtungswaffen gerechtfertigt. Unter Berufung auf den Passus der globalen Friedenssicherung hätte eine japanische Regierung damit theoretisch die Möglichkeit gehabt, an dem militärischen Einsatz an der Seite der Vereinigten Staaten und Großbritanniens teilzunehmen und ihrerseits Truppen zu entsenden. Lediglich Hatoyama hat sich bisher konkret zu einem komplementären Gesetz, welches solche Interpretationsräume deutlich einschränken würde, geäußert. Solche Gesetze allerdings ließen sich durch

auf Kriegsführung): Einen internationalen Frieden, basierend auf Recht und Gerechtigkeit anstrebend, verzichtet das japanische Volk auf alle Zeit auf Krieg als sein souveränes Recht und die Androhung und Anwendung von Gewalt als ein Mittel, internationale Konflikte zu lösen.
Um das Ziel des vorhergehenden Absatzes zu erreichen, werden keine Land-, Luft-, See- oder andere Streitkräfte unterhalten. Das Recht zur Kriegsführung wird nicht anerkannt.
Während die meisten Verfassungsentwürfe den ersten der beiden Paragraphen ohne Änderung übernehmen, wird man den zweiten in den Verfassungsentwürfen der Liberaldemokratischen Partei (2005), Yomiuri Zeitung (2004), des von Nakasone geführten Sekai Heiwa Kenkyūsho (2005)[*1] sowie den Entwürfen von DPJ-Generalsekretär Yukio Hatoyama (2005) oder Yatsuhiro Nakagawa (2004) vergeblich suchen. An seine Stelle treten Formulierungen, wie –

Um den Frieden und die Unabhängigkeit Japans sowie die Sicherheit von Land und Bevölkerung zu garantieren, unterhält [Japan] eine Selbstverteidigungsarmee, die den Premierminister zu ihrem obersten Befehlshaber hat.

Neben den Aktivitäten zur Erfüllung ihrer Aufgaben, basierend auf den Vorschriften aus Absatz 1, kann die Selbstverteidigungsarmee gemäß geltender Gesetze an Einsätzen, die zur Bewahrung des Friedens und der Sicherheit der internationalen Gemeinschaft durch internationale Kooperation durchgeführt werden [teilnehmen], im Krisenfall die öffentliche Ordnung bewahren sowie, um das Leben oder die Freiheit von [japanischen] Staatsbürgern zu schützen, Einsätze durchführen.[*2]

Die Verfasser des hier zitierten sowie der Mehrheit der anderen Entwürfe begründen diese signifikanten Änderungen mit den folgenden zwei Argumenten: Die Verfassung sei mit der Realität, d.h. der Existenz der Selbstverteidigungsstreitkräfte nicht mehr vereinbar. Um das Erlassen neuer Gesetze vor jedem Einsatz der Selbstverteidigungsstreitkräfte unnötig zu machen, sowie die verfassungsrechtlichen Bedenken gegen solche Einsätze zum Schweigen zu

---

*1 Sekai Heiwa Kenkyūsho = Institute for International Policy Studies
*2 Liberaldemokratische Partei, Shinkenpō Sōan, 22.11.2005, http://www.jimin.jp/jimin/shin_kenpou/shiryou/pdf/051122_a.pdf [Zugriff am 10.07.2006 22:14]

16. Gerade der Absatz 2 vom Artikel 9 steht für den Pazifismus

Christian Winkler (1980 geb.)
Ludwig-Maximilians-Universität München,
Japanologie, Politische Wissenschaft und Sinologie

Betrachtet man die Nachkriegszeit, so kann man sicherlich feststellen, dass zu den symbolischsten Gesetzestexten Japans seit Beginn der Nachkriegszeit die Verfassung und das Erziehungsgrundgesetz zählen. Es versteht sich von selbst, dass eine Verfassung als das Grundgesetz eines Staates in jedem Rechtsstaat von außerordentlicher Bedeutung ist. Aufgrund ihrer Entstehungsgeschichte jedoch ist die Japanische Verfassung mehr als nur ein Grundgesetz, nämlich ein Symbol der Nachkriegszeit. Die amerikanische Besatzung unter General Douglas MacArthur „oktroyierte" dem besiegten Japan durch diese neue Verfassung 1946/47 die folgenden Prinzipien auf: parlamentarische Demokratie, Rechtsstaatlichkeit, Achtung der grundlegenden Menschenrechte, Pazifismus und eine symbolisch apolitische Rolle des Kaisers. Vor allem an den zuletzt genannten Prinzipien entzündet sich bis heute die Diskussion über die Verfassung. Während neokonservative Politiker, wie der ehemalige Premierminister Yasuhiro Nakasone seit jeher beklagen, dass die Verfassung Japan durch die amerikanische Besatzung „aufoktroyiert" worden sei und es auch nach 60 Jahren stabiler Demokratie noch heute Kritiker (wie Professor Yatsuhiro Nakagawa von der Tsukuba Universität) gibt, die in Anlehnung an die Meiji–Verfassung von 1889 eine Rückkehr zur Monarchie fordern, fokussiert sich ein Großteil der Kritik an der Verfassung auf einen einzigen Artikel: Den Artikel 9, der oft auch als "Friedensklausel" bezeichnet wird. In der deutschen Übersetzung lauten die beiden Paragraphen des Artikel 9 wie folgt:
Artikel 9 (Verzicht auf Krieg, Ablehnung von Bewaffnung und des Rechtes

Gerade in unserer Zeit muss man die Bedeutung und die Existenzberechtigung des Artikel 9 deutlich herausstellen.

„Den Frieden wünschen" heißt, dass man an das eigene Glück, aber gleichzeitig auch an das Glück der anderen Menschen denkt. Der Geist, der den Artikel 9 durchdringt, ist nicht rein juristischer Art, sondern bietet eine allumfassende moralische Perspektive, die uns lehrt, wie wir uns als Menschen zu verhalten haben.

auf diese Weise begibt man sich in den Teufelskreis von Terror–Rache–Terror–Rache usw. Was passiert, wenn man versucht, Waffengewalt mit Waffengewalt niederzudrücken, muss Japan doch aufgrund seiner Kriegserfahrungen selbst am besten wissen.

Des Weiteren gibt es auch das Argument, der Artikel 9 müsse geändert werden, da er Japan von Amerika aufgezwungen wurde. Meiner Meinung nach ist es inzwischen völlig belanglos, wer den Verfassungsentwurf abgefasst hat. Ist es nicht logischer, das Augenmerk darauf zu richten, dass der Artikel 9 von der Bevölkerung angenommen wurde, weil er gut ist, anstatt auf die Umstände seiner Entstehung? Das ist doch der Grund dafür, dass die Verfassung 60 Jahre lang von den Menschen akzeptiert wurde und sie an ihr festhielten. In meinen Augen erscheint mir die Bezeichnung „Aufzwingen" viel angebrachter im Hinblick auf den massiven Druck, der bezüglich der Verfassungsänderung von oben erfolgt und die Tür zur kollektiven Selbstverteidigung Japans öffnen will, als im Hinblick auf die Art und Weise, wie der Artikel 9 entstand.

Ich habe meine Oberschulzeit in den USA verbracht und dort viele Menschen in meinem Alter gesehen, die vor Krieg oder Verfolgung geflohen waren und nun als Flüchtlinge lebten. Auf den ersten Blick scheinen sie ganz optimistisch und unbeschwert zu leben. Kommt man jedoch auf ihren Geburtsort oder ihr Land zu sprechen, dann schlagen sie sofort die Augen nieder, pressen die Lippen zusammen und sagen kein Wort. Ich fühlte, wie groß und tief verwurzelt sich in diesem Schweigen die Qualen und die Trauer der Vergangenheit verbergen und mein Herz zog sich in mir zusammen. Durch einen Krieg werden fast alle Menschen unglücklich, bis auf ein paar wenige, die ihr Geld damit machen. Warum will man sich bereitwillig ins Unglück stürzen? Ich bin mir sicher, dass sich durch eine Verfassungsänderung sowohl in Japan als auch auf der ganzen Welt negative Auswirkungen ergeben. Meiner Ansicht nach muss Japan noch mehr Selbstvertrauen in seiner Haltung zeigen, so wie sie in der Friedensverfassung besiegelt ist. D.h. dass sich Japan ohne Ausübung von Waffengewalt für die Lösung von internationalen Konflikten einsetzt. Mehren sich die Leistungen auf diesem Gebiet, so schafft es sich damit eine Vertrauensbasis in der internationalen Gemeinschaft und kann auf deren Unterstützung bauen. Auf keinen Fall kann man behaupten, der Artikel 9 entspräche nicht mehr der Zeit.

Gibt es wohl jemanden, der die Schrecken der Vergangenheit noch einmal wiederholen und sie anderen Menschen zufügen will? Das Gegenteil ist doch der Fall. Den Artikel 9 der japanischen Verfassung ändern heißt, die Streitkräfte offiziell anzuerkennen und Japan erneut zu einem Land zu machen, das Kriege führen kann. Wie steht es um die Menschen, die die Friedensverfassung als „idealistisch" bezeichnen? Haben sie auch nur die geringsten Anstrengungen unternommen, einen anderen Weg außer dem der Waffengewalt zu suchen und sich diesem Ziel auch nur einen Schritt zu nähern? Es sieht so aus, dass diese Menschen einfach aus Bequemlichkeit eine Verfassungsänderung verlangen, da sie zu faul sind, sich dem Problem zu stellen und einen anderen Weg zu suchen. Ihre Feigheit schafft auch eine Situation, in der Forderungen des Auslands nach einer Verfassungsänderung bereitwilliger nachgekommen wird. Unbestreitbar wächst bei den Menschen in unsicheren Zeiten der Argwohn und das Verlangen, in möglichst kurzer Zeit Gewinne zu erzielen. Aber gerade in solchen Zeiten muss man sich zur Besinnung rufen, seinem gesunden Menschenverstand vertrauen, der irgendwo dem Wesen des Artikel 9 zustimmt und an die 60 Jahre Geschichte glauben, die seit der Einsetzung der Verfassung vergangen sind.

Ein Hauptargument, das eine Änderung des Artikel 9 anstrebt, ist: „Es geht doch nicht, dass wir bei Konflikten, die von außen an uns herangetragen werden, uns nicht wehren können. Wir brauchen Waffen für Kämpfe, mit denen man das eigene Land verteidigt." Ob ein Krieg jedoch zur Selbstverteidigung dient oder zur Invasion, ist schwer zu definieren und wird von den beteiligten Ländern jeweils unterschiedlich interpretiert. Wurden doch die meisten Kriege seit der Steinzeit bis heute begonnen, unter dem Vorwand die eigene Ideologie, Religion oder das eigene Landesgebiet zu „beschützen". Aus dem Gesichtspunkt Invasion = Selbstverteidigung ist zu ersehen, dass man immer noch Krieg als Mittel zur Konfliktlösung sieht. Dabei kann man es doch nur als Haarspalterei bezeichnen, wenn die eine Seite als böse, die andere als gut bezeichnet wird. Wieder andere Leute fordern eine Verfassungsänderung und geben als Grund den Kampf gegen den Terror an. Es ist offensichtlich, dass Japan umso mehr zum Ziel von Terroranschlägen werden kann und umso gefährdeter ist, wenn es sich Amerika zum Partner nimmt und sein sogenanntes Recht auf kollektive Selbstverteidigung ausübt. Diese Argumentation ist letztendlich nur ein Schuss nach hinten, denn

III Zu den Argumenten der Verfassungsrevision

15. Wovon das „Schweigen" der Flüchtlinge berichtet

Ayumi Soeya-Lange(1984 geb.)
Keio Universität Tokyo,
Kommunikationswissenschaft

Bevor ich mit der Niederschrift dieses Essays begann, las ich nach langer Zeit wieder den Artikel 9 der Japanischen Verfassung durch. Sind normalerweise Gesetzestexte, wie unter anderem die Verfassung, so gehalten, dass sie nur schwer nachvollziehbar sind, kann die Friedensgesinnung der zwei Abschnitte des Artikel 9, „Das japanische Volk entsagt dem Krieg" und „Japan besitzt keine Waffen", aufgrund ihrer einfachen Formulierung von jedem, ob Erwachsener oder Kind, problemlos verstanden werden. So klar verständlich ist der Artikel 9 gehalten, dass er eigentlich keinen Raum für Fehlinterpretationen lässt. Und doch werden in letzter Zeit bezüglich seiner Auslegung verschiedene Meinungen laut, u.a. Stimmen, die eine Änderung des Artikel 9 fordern. Ein Argument ist, der ganz vom Pazifismus durchdrungene Artikel 9 entspreche in einer unsicheren Zeit, in der die Furcht vor Atomwaffen und Terror ständig zunimmt, nicht mehr den Zeitumständen und entbehre jeglicher Gegenwartsberechtigung. Derartige Debatten sind meiner Meinung nach allzu banal und kurzsichtig und haben den Kern der Sache aus den Augen verloren. Ich möchte hier nicht allzu theoretisch werden, vielmehr zu den Anfängen zurückkehren und das eigentliche Wesen des Artikel 9 überdenken. Dem Artikel 9 liegt die Denkweise zugrunde, „wir wählen den Frieden und nicht den Krieg". Ob es wohl gegenwärtig Menschen in Japan gibt, die sich grundlegend gegen diese Denkweise auflehnen oder sie als unnatürlich empfinden? Nicht nur die Generation, die den Krieg tatsächlich mitgemacht hat, sondern jeder von uns hat von Verwandten oder Menschen der näheren Umgebung schlimme und traurige Kriegserfahrungen gehört.

Radikalisierung der berechtigten Forderungen nach Teilhabe an den Gütern der Welt entgegenzuwirken.

herausarbeiten und die pazifistische Verfassung als Vorbild propagieren und nicht als einmaligen zu revidierenden Irrtum der Geschichte behandeln. Japan zeigt in vielen Bereichen seiner Außen- und Sicherheitspolitik, dass es neben der Aufstellung von Verteidigungsstreitkräften noch andere Mittel gibt, die zur Verbesserung der globalen Sicherheit beitragen. Ein sinnvolles Instrument ist die negativ-korrelative Koppelung von Wirtschaftshilfe an den Militärhaushalt der Empfängerstaaten. Auch der Verzicht auf eine exportorientierte Rüstungsindustrie, die allein für den japanischen Bedarf produziert, muss als vorbildlicher Beitrag zur Prävention internationaler Konflikte betrachtet werden. Diese unwirtschaftliche Rüstungsindustrie verhindert zum einen, dass Japan im Konfliktfall seinen eigenen Waffenexporten gegenübersteht, und zeigt, dass der staatliche Pazifismus keine allein ökonomisch begründete Politik ist. In Afghanistan und im Irak hat sich gezeigt, wie gefährlich der wirtschaftlich und politisch motivierte Export von Rüstungsgütern für den Exporteur selbst werden kann.

Die zunehmende Ausweitung der Verteidigung auf eine Verteidigung wirtschaftlicher Interessen auch außerhalb des eigenen Staatsgebiets ist eine kaum verschleierte Rückkehr zu imperialistischen Verteilungskriegen. Eine Beteiligung an dieser darwinistischen Auffassung globaler Ressourcenverteilung hat den Vorteil einer mittelfristigen Wohlstandssicherung, sie birgt aber zugleich die Gefahr, langfristig selbst zum Opfer dieses Verteilungskampfes zu werden. Krieg und die Vorbereitung von Krieg sind kein Nullsummen-Spiel. Sie sind eine Verschwendung von Ressourcen mit dem Ziel, deren ungleiche Verteilung zu sichern. Die daraus resultierende Verbitterung lässt sich ideologisch nutzbar machen und trifft den Auslöser der Deprivation mit den Mitteln, die in asymmetrischen Konflikten vom Überlegenen als Terrorismus bezeichnet werden. Es reicht nicht aus, gewaltsam die Ausbreitung der Demokratie und eines liberalen Wirtschaftssystems zu betreiben, um den Weltfrieden zu erreichen, wenn dadurch gleichzeitig eine Ungleichverteilung des Weltreichtums vorangetrieben wird.

Nachhaltige Sicherheit kann nicht durch eine verschwenderische unbegrenzte Vergrößerung des Militärapparats gewährleistet werden. Die Bekämpfung der Armut, statt einer Bekämpfung der Armen, ist sicher ein besserer Weg, einer

Staatsziel. Die lange Zeit des Friedens, die Japan genießen konnte, darf nicht als etwas Selbstverständliches betrachtet werden. Ein solch positiver Zustand wird meist erst dann bemerkt, wenn er endet. Die Abschaffung des Artikel 9 könnte zu einem solchen Ende führen. Die Ziele und Motive seiner Gegner sollten sehr genau analysiert werden. Es ist nicht zu erkennen, wie Japan durch einen weiteren Ausbau seiner Selbstverteidigungskräfte einen Sicherheitsgewinn erzielen kann. Die Sicherheit Japans liegt weder in dem zweifelhaften Nutzen einer extended deterrence, noch in der Vergrößerung seiner Streitkräfte. Sie liegt in der enormen Differenz zwischen den hohen Kosten und dem geringen Nutzen eines Angriffs auf das japanische Territorium. Die abschreckende Wirkung der japanischen Streitkräfte ist ausreichend. Eine Vergrößerung der Streitkräfte muss als Strategiewechsel hin zu einer offensiveren Ausrichtung seiner Außenpolitik verstanden werden und würde unnötig die Spannungen zwischen Japan und seinen Nachbarstaaten erhöhen.

Die von den Gegnern des Artikel 9 immer wieder ins Feld geführte Aufnötigungsdebatte ist fruchtlos. Es ist unerheblich, wer die Japanische Verfassung unter welchen Umständen geschrieben hat. Solange die japanische Bevölkerung die Bestimmungen dieser Verfassung vertreten kann und ihr aus denselben keine Nachteile erwachsen, ist es unnötig, eine neue „eigene" Verfassung zu schreiben. Warum sollte man eine positive Entwicklung rückgängig machen, nur weil man sie angeblich nicht freiwillig angenommen hat oder sie nicht endogen ist? Auch die Abschaffung des Artikel 9 könnte nicht wirklich frei von dem Vorwurf der „Aufnötigung" unternommen werden, denn es sind wiederum die USA, die einen größeren Beitrag Japans im Rahmen ihres Sicherheitsbündnisses einfordern und damit implizit eine Verfassungsrevision fordern.

Es gilt also einzig zu entscheiden, ob man weiter den erfolgreichen Weg eines nationalen Pazifismus beschreiten will, oder ob man sich der aggressiven außenpolitischen Linie der USA anschließen möchte und sich so möglicherweise erst zum Ziel einer aggressiven Gegenreaktion macht. Japans Sicherheit kann nicht in einem Wettrüsten mit seinen asiatischen Nachbarn liegen. Und auch nicht in blindem Gehorsam gegenüber einer nach globaler Hegemonie strebenden Schutzmacht. Japan muss die Vorteile des Artikel 9 deutlicher

14. Ein unfruchtbarer Diskurs um die „aufgezwungene Verfassung"

Thomas Schöner (1968 geb.)
Ruprecht-Karls-Universität Heidelberg,
Politische Wissenschaften Südasiens, Japanologie

Ist es weltfremd, die Hoffnung auf einen geistigen Fortschritt der Menschheit zu hegen, in dem Fortschritt die Sicherheit des Überlebens der Menschheit im globalen, nicht im nationalen Sinne bedeutet? Der Artikel 9 der Japanischen Verfassung ist ein Schritt in die richtige Richtung. Mit diesem Artikel wurde versucht, einen neuen Weg zwischenstaatlicher Beziehungen zu beschreiben. Es ist daher auch nicht erstaunlich, dass es die progressiven Kräfte sind, die diesen Artikel bewahren wollen, und die konservativen Kräfte versuchen, ihn aus der Verfassung zu entfernen. Bedenklich ist insbesondere der Versuch, die Hürden des Artikel 96 umgehen zu wollen, da man befürchtet, die erforderliche Mehrheit der Bevölkerung nicht für eine Abschaffung des Artikel 9 gewinnen zu können.[*1] Ebenso wie die USA bei der Reform der Meiji-Verfassung darauf geachtet haben, die Bestimmungen dieser Verfassung bezüglich der Revision zu beachten, darf auch eine Abschaffung des Artikel 9 ausschließlich mit Hilfe des dafür vorgesehenen politisch-juristischen Instruments – dem Artikel 96 – vorgenommen werden.

Die Verfassung eines Staates ist auch ein nationaler Erfahrungsschatz, der nicht leichtfertig über Bord geworfen werden darf. Der Kriegsverzichtsartikel ist die Überlieferung einer Generation, die den Krieg selbst erlebt hat. Die Mehrheit der heute in Japan lebenden Menschen musste diese Erfahrung nicht machen und verdankt dies zu einem großen Teil auch der Festschreibung des Pazifismus als

---

*1 Vgl. Murata, Koji. 若い世代の改憲論. In: Chūō Kōron, 6.2000, S. 50-65.

III

Zu den Argumenten der Verfassungsrevision

Mit Waffen ist kein Frieden zu schaffen
武力で平和は作れない

der Tendenz zu folgen, Konflikte im Alleingang und mit Militäreinsatz zu lösen, könnte Japan seine Position dazu einsetzen, dass die internationalen Organisationen, deren Ziel die Wahrung von Frieden und Stabilität in der Welt ist, wieder mehr Gewicht erhalten. Dazu ist ein gewisses Selbstvertrauen gegenüber dem stärkeren Bündnispartner, den Vereinigten Staaten, notwendig, was aber langfristig gesehen durchaus zum beiderseitigen Nutzen sein könnte.

Wie aber würden die Reaktionen der asiatischen Nachbarstaaten Japans aussehen, wenn der Friedensartikel verändert oder gar abgeschafft würde? Darüber lässt sich kaum spekulieren, es ist wohl ziemlich sicher, dass diese, wie Masami auch schreibt, die Verfassungsänderung überhaupt nicht begrüßen würden. Eine solche Änderung des Artikel 9 wäre ein neuer (vermeidbarer) Höhepunkt in einer Reihe von Ereignissen wie z.B. die Besuche des ehemaligen Ministerpräsidenten Koizumi vom Yasukuni-Schrein oder der Schulbuchfrage, welche das Verhältnis zwischen Japan und seinen Nachbarn, insbesondere China und Südkorea, stark belasten (ehrlich gesagt verstehe ich gar nicht, warum die Regierung Koizumi überhaupt nicht in der Lage oder willens war, bei diesen Punkten auf die Reaktionen der Nachbarstaaten Rücksicht zu nehmen). Das Problem „Nordkorea" schließlich wird sich ebenso wenig durch japanische Aufrüstung bändigen lassen: Der Gefahr der Ausbreitung von Atomwaffen entgegenzutreten ist eine Aufgabe, die ein einzelnes Land nicht alleine lösen kann; mehr Waffen in Japan würden wahrscheinlich ein Regime wie Nordkorea nur noch weiter ermutigen, seinerseits die militaristische Politik fortzusetzen.

selbst unter den NATO-Mitgliedstaaten waren die Meinungen ganz gespalten: Sowohl Deutschland als auch Frankreich waren gegen die Invasion, und der Sicherheitsrat der UNO sah sich nicht in der Lage, eine Resolution zu verabschieden, welche die Intervention im Irak befürwortete. Trotzdem war Japan neben Polen, England, Australien u.a. eines jener Länder, die sich hinter Amerika stellten und sogar Truppen (unter der Voraussetzung, dass deren Einsatz begrenzt ist auf „non-combat zones") entsendeten. Die Außenpolitik der USA ist sowohl weltweit als auch im eigenen Lande umstritten wie selten zuvor, das ist sicherlich einer der Gründe dafür, dass es z.B. kürzlich bei der Südamerikareise[*4] des amerikanischen Präsidenten allerorten Proteste gab. Die Reaktionen gegenüber der gegenwärtigen internationalen Politik der USA liegen wahrscheinlich zu einem großen Teil daran, dass von amerikanischer Seite her in der letzten Zeit die Rolle der internationalen Institutionen wie der UNO ebenso wie die Ansichten der NATO-Partner wenig berücksichtigt wurden. Und Militäreinsatz scheint leider immer mehr zu einem adäquaten Mittel der Konfliktlösung zu werden. Die jüngste Diskussion um einen Raketenschutzschild in Europa schürt zudem Ängste vor einem neuen weltweiten Wettrüsten. Wenn Japan aber, wie Deutschland, eine bestimmte historische Verantwortung hat, sollte das nicht – selbst unter einer Neudefinition der Rolle Japans im internationalen Gefüge – beinhalten, bei der Unterstützung internationaler Interventionen eine gewisse Umsicht und Zurückhaltung gewahrt zu lassen, und zwar ganz besonders, wenn Angehörige der japanischen „Selbstverteidigungstruppen" ausländischen Boden betreten? Musste z.B. auch Japan sich im Irak unbedingt der so genannten „Koalition der Willigen" anschließen?

Demgegenüber hätte gerade ein so einflussreiches Land wie Japan in der gegenwärtigen Situation die Möglichkeit, Zeichen zu setzen für eine vernünftige und friedliche Form der Konfliktlösung: indem es nämlich festhält an der Institution des Artikel 9, der über die vergangenen 60 Jahre hin ein wesentliches Element dessen dargestellt hat, wie Japans internationale Politik im Ausland wahrgenommen wurde. Oder andersherum gesagt: Gerade jetzt hat Japan die Möglichkeit, zu vermeiden, dass die falschen Zeichen gesetzt werden. Statt

---

*4 8.-14. März 2007 in Brasilien, Uruguay, Kolumbien, Guatemala und Mexiko.

machen. Arbeiten von z.B. Narihiko Ito von 2001[*2] oder ein Aufsatz von James E. Auer, erschienen in Japanese Constitutional Law von 1993[*3], unterstützen – obwohl mit etlichen Jahren Abstand und unter ganz verschiedenen Umständen erschienen – beide diese Variante. Die Fakten sprechen also nicht gerade für die Behauptung, dass der Artikel 9 von den USA „aufdiktiert" wurde.

Es gibt des Weiteren das Argument, dass Japan zu einem „normalen" Land mit einer „normalen" Armee werden sollte. Das klingt auch sehr „schwammig", denn was ist in diesem Fall eigentlich der Maßstab der „Normalität"? Japan hat genau wie z.B. Deutschland eine bestimmte historische Bürde zu tragen, die sich aus den Geschehnissen des Zweiten Weltkriegs ergibt. Der Artikel 9 entstand, so wie Masami es auch schreibt, als Zeichen der Reue gegenüber den Aggressionen der japanischen Armee und aus dem Wunsch heraus, dass sich die Schrecken des Weltkrieges nicht wiederholen mögen. Jedes Land hat seine besondere Geschichte, und wenn diese Geschichte auch sein Verhalten in der Gegenwart beeinflusst, ist das meiner Ansicht nach eine vernünftige Form von Normalität. Mit anderen Worten: Die Art von „Normalität", die sich Befürworter der Abschaffung des Artikel 9 wünschen, kann es eigentlich nicht geben; dazu müsste man erst die Erinnerungen an den Krieg in Japan, China, Korea usw. auslöschen, umschreiben oder etwas ähnliches. Dass diese Erinnerungen aber im Bewusstsein der Menschen am Leben erhalten werden, ist eine wichtige Sicherheit dahingehend, damit sich die Kriegsgräuel in Zukunft nicht wiederholen. Der Artikel 9 ist ein Teil dieses Erbes.

Doch jetzt möchte ich zurückkommen auf die Frage nach dem Verhältnis Japans zu den USA sowie zu den Nachbarstaaten in Asien. Während beim Krieg in Afghanistan ein großer Teil der internationalen Gemeinschaft hinter den USA stand, gab und gibt es z.B. beim Irakkrieg von Beginn an große Kontroversen,

---

[*2] Ito, Narihiko. Der Friedensartikel der Japanischen Verfassung: Für eine Welt ohne Krieg und Militär. Münster: Agenda Verlag, 2006. Vgl. S.53. Hrsg. von György Széll. Übers. von Asa-Bettina Wuthenow. (Japanische Originalausgabe: Monogatari nihonkoku kenpō dai kyūjō: Sensō to guntai no nai sekai e. Tokyo: Kageshobo, 2001.)

[*3] Auer, James E. Article 9: Renunciation of War. In: Percy, R. Luney, Jr. u. Takahashi, Kazuyuki: Japanese Constitutional Law. Tokyo: University of Tokyo Press, 1993. S. 69-86. Vgl. S.71. Beide berufen sich beim hier angesprochenen Punkt auf Veröffentlichungen von Takayanagi Kenzo, seinerzeit Professor an der Universität Tokyo und Vorsitzender der 1957 eingerichteten „Kommission zur Untersuchung der Verfassung".

geändert seit dem Zusammenbruch des Kommunismus und der Globalisierung, und daraus ergeben sich neue Anforderungen, das ist ganz offensichtlich. Eine Verfassungsänderung würde möglicherweise den internationalen Spielraum Japans vergrößern. Ob dies aber im Verhältnis zu den daraus ebenso entstehenden Nachteilen für Japan und die internationalen Beziehungen im Raum Ostasien steht, sollte genauer Prüfung unterzogen werden. Insbesondere, weil einige Argumente für die Änderung des Artikel 9 recht fragwürdig sind.

Eines dieser Argumente der Befürworter einer Verfassungsänderung ist, dass der Artikel 9 zur Zeit seiner Entstehung, also kurz nach dem Ende des Zweiten Weltkriegs, hauptsächlich unter Einfluss der Amerikaner ins Leben gerufen wurde, Japan daher als ein heute souveräner Staat diese Verfassung in seinem eigenen Interesse korrigieren solle. Ehrlich gesagt, glaube ich, dass eine Verfassung mit geändertem Artikel 9 in dieser Hinsicht überhaupt nicht besser wäre als vorher: Ein gewisser Druck seitens der USA bzw. das Bestreben japanischer Politiker, den sicherheitspolitischen Wünschen Amerikas gerecht zu werden, spielt ja nach wie vor eine Rolle und ist vielleicht sogar einer der Hauptbeweggründe zur Verfassungsänderung. Ob es jedoch wirklich dem Wunsch einer Mehrheit der japanischen Bevölkerung entspricht, den Artikel 9 zu ändern, ist doch nach wie vor zweifelhaft, oder? Ich frage mich stattdessen, ob nicht eine Mehrheit der Japaner eher die Verfassung in ihrer jetzigen Form rückhaltlos unterstützen müsste. Dass unter dieser Verfassung Japan zu einem der Länder mit dem weltweit höchsten Lebensstandard, der höchsten Lebenserwartung, einer der besten Gesundheitsvorsorge etc. wurde und darüber hinaus eine Periode von mehr als 60 Jahren andauernden Friedens erlebte, ist ein sehr starkes Argument für die Verfassung in ihrer bisherigen Form. Und sollte es nicht im unbedingten Interesse Japans sein, dass sich diese Entwicklung auch in Zukunft fortsetzt?

In der entsprechenden Fachliteratur lässt sich zum Thema der Urheberschaft des „Friedensartikels" übrigens nachlesen, dass der Vorschlag dazu zum ersten Mal von japanischer Seite, und zwar vom damaligen Ministerpräsidenten Shidehara, auf den Tisch gebracht wurde. Ich hatte mich zwar bis zum Schreiben dieses Textes im Rahmen des Studiums noch nicht eingehend mit dem Thema „Artikel 9" befasst, wollte mich aber auch nicht ganz ohne Hintergrundinformationen daran

II Dialoge

13. Was ist Japan für ein Land? – An Masami Inoue

Jens Bartel (1978 geb.)

Ruprecht-Karls-Universität Heidelberg,

Kunstgeschichte Ostasiens und Japanologie

Japan und Costa Rica sind derzeit die einzigen Länder auf der Welt, die verfassungsmäßig den Verzicht auf eine eigene Armee und das „Recht auf Kriegführung" erklärt haben.[*1] Dieser Grundsatz, der sich in den zwei Absätzen des Artikels 9 verankert findet, wurde in der letzten Zeit in Japan mehr denn je in Frage gestellt. Ich sitze seit ein paar Tagen immer wieder nachmittags im Lesesaal der Bibliothek am Laptop, und mir gehen viele Gedanken dazu durch den Kopf. Um diese zu artikulieren, möchte ich ein paar Argumente aus Masamis Essay aufgreifen. Du hast ja zwei wichtige Aufgaben für Japan genannt, und zwar einerseits die Frage danach, wie in Zukunft das Verhältnis zu den Nachbarländern in Asien aussehen soll, und andererseits das zum Bündnispartner USA. Ich werde darauf aber erst in der zweiten Hälfte dieses Aufsatzes zu sprechen kommen. Zunächst einmal frage ich mich, inwieweit eine Änderung oder Abschaffung des Friedensartikels der Japanischen Verfassung einen Nutzen für Japan (oder die internationale Gemeinschaft) bringen würde. Dass die Diskussion um Verfassungsänderung in Japan gerade in der letzten Zeit wieder stärker wurde, ist ja sicherlich kein Zufall. Die Welt hat sich

---

[*1] Artikel 12 der Verfassung von Costa Rica: „The Army as a permanent institution is abolished. There shall be the necessary police forces for surveillance and the preservation of the public order. Military forces may only be organized under a continental agreement or for the national defense; in either case, they shall always be subordinate to the civil power : they may not deliberate or make statements or representations individually or collectively."Quelle : http://www.costaricalaw.com/LEGALNET/constitutional_law/constitution_en_01.php (Download 30.März 2007)

Nachkriegszeit Japans gespielt hat und auch zu einem Charakteristikum japanischer Politik geworden ist. Nach den beiden Weltkriegen des 20. Jahrhunderts wurden die Vereinten Nationen eingerichtet um weitere Kriege zu verhindern und Frieden auf der ganzen Welt zu schaffen. 60 Jahre später ist es klar, dass die Interventionen der UN und der USA keinen Weltfrieden gebracht haben. An diesem Punkt hat man neu anzusetzen und ernsthaft über Friedenssicherung und Friedensschaffung nachzudenken. Der Einsatz von Gewalt gebiert nur wieder Gewalt. Das hat die Vergangenheit gezeigt. Die Japanische Friedensverfassung und ihr Artikel 9 zeigen den Weg, wie Frieden geschaffen und erhalten werden kann. Deshalb ist es zu bedauern, dass der Geist des Artikel 9 nicht auf der ganzen Welt verbreitet wird.

ich der Meinung, dass eine Aufrüstung Japans nur negative Auswirkungen hat. Wegen der immer noch lebendigen Erinnerungen an die Schrecken des Zweiten Weltkriegs sieht der Rest Asiens einer militärischen Aufrüstung Japans mit großer Sorge entgegen. Das heißt, eine Vergrößerung der japanischen Selbstverteidigungskräfte wird unvermeidbar zu einem Rüstungswettkampf führen. Die auch jetzt nicht besonders guten Beziehungen Japans zu seinen Nachbarländern werden dadurch noch mehr belastet, was die japanische Regierung jetzt auf jeden Fall vermeiden muss.

Diese zwei Diskussionspunkte bieten meiner Meinung nach keine konkreten Gründe zu einer Änderung des Artikel 9. Sie beweisen vielmehr, dass Japan sich anderen wichtigeren Aufgaben zu widmen hat. Eine dieser Aufgaben ist eine Überprüfung der Beziehungen zu den Nachbarländern und den USA. Nach dem Sicherheitspakt 1952 zwischen den USA und Japan wurde die Japanische Verfassung immer wieder willkürlich ausgelegt, um eine Kooperation Japans mit den USA zu ermöglichen. Ich kann mich über diese damalige Entscheidung nicht kritisch äußern, denn durch diese Kooperation ist Japan zu einem der reichsten Länder der Welt geworden. Jedoch lohnt es sich zu überlegen, ob diese Art von „Zusammenarbeit" auch heute richtig ist. Nach dem Zweiten Weltkrieg war Japan total zerstört. Für den Aufbau des Landes war der Schutz der USA notwendig, doch wurde er Japan nur über seine Kooperation mit den USA zuteil. Heute hat sich die Situation weitgehend geändert und daher sollte die Beziehung Japans zu den USA auch neu überdacht werden. Dass die Nachkriegspolitik der USA einerseits viele Opfer fordert und forderte ist klar, wenn man den Irak und Vietnam als Beispiel nimmt. Bevor man eine Änderung des Artikel 9 ins Auge fasst um damit enger mit den USA zusammenarbeiten zu können, muss den Beziehungen zu den Nachbarländern wie Korea und China mehr Gewicht beigelegt werden. Das ist die zweite Aufgabe, die Japan vorrangig zu erledigen hat. Um die Stabilität der Region zu sichern ist es unerlässlich, die Beziehungen zu den Nachbarländern freundlicher und stabiler zu gestalten. Japan hat sich nach dem Krieg nicht bemüht, zu den Nachbarländern freundschaftliche Beziehungen aufzubauen, d.h. die Außenpolitik mit diesen Ländern völlig vernachlässigt, was inzwischen eine Kooperation innerhalb Asiens fast unmöglich macht.

Ich bin der Ansicht, dass der Artikel 9 eine entscheidende Rolle in der

Heute hat sich noch eine Diskussion dazugesellt, die diese Tendenz umso stärker verdeutlicht, nämlich die, dass Japan wegen steigender Unsicherheit in der Region seine Selbstverteidigungskräfte in eine richtige Armee umgestalten müsse. Im nachfolgenden Teil meines Essays möchte ich mich auf diese zwei Diskussionspunkte konzentrieren und überlegen, ob sie begründet sind.

Muss Japan den Artikel 9 ändern, um in der internationalen Arena eine wichtigere Rolle spielen zu können. Da dieser Artikel bis vor kurzem als Behinderung zum Einsatz der Selbstverteidigungstruppen verstanden wurde, ist das Argument leicht aufzustellen, dass er den Handlungsraum Japans bei internationalen Konflikten begrenzt. Aufgrund der Existenz des Artikel 9 war es nicht nur für Japaner, sondern auch für den größten Teil der Welt unvorstellbar, dass Japan seine Truppen 2004 in den Irak entsenden würde. Nach dem Einsatz der Truppen gab es Diskussionen, ob er nicht verfassungswidrig sei. Auf dieses Problem jedoch werde ich an dieser Stelle nicht eingehen. Mir scheint es viel wichtiger, dass darüber nachgedacht wird, ob die internationale Hilfe Japans so auszusehen hat, dass es Truppen in Krisengebiete entsendet. Nach dem Zweiten Weltkrieg gab es viele internationale Konflikte, bei denen UN-Truppen oder amerikanische Truppen eingesetzt wurden. Leider gab es viele Fälle, wo der Einsatz den Konflikt noch vertiefte und komplizierter machte. So ist es wirklich zu bezweifeln, ob der Einsatz von Truppen als „Hilfe" wirklich effektiv ist. Man darf auch nicht vergessen, dass die Diskussion über die Notwendigkeit eines japanischen Truppeneinsatzes von Amerika auf den Tisch gelegt wurde und die Entsendung der japanischen Truppen in den Irak hauptsächlich aufgrund des Drucks von den USA geschah, nachdem Japan den Einsatz von Truppen im Golfkrieg abgelehnt hatte.

Die Diskussion, dass Japan wegen der Unsicherheit in der Region eine richtige Armee besitzen soll, möchte ich auch kritisch beleuchten. Mit dem Atomwaffentest Nordkoreas im Oktober 2006 und der Bestätigung der USA, dass Nordkorea nun zu den Atommächten gehört, ist es jedem deutlich geworden, dass die Region Potential zu explosiven Konflikten in sich birgt. Nach diesem Ereignis ist es auf den ersten Blick verständlich, dass manche Japaner nach einer starken japanischen Armee verlangen. Es klingt wie eine logische Lösung und eine Antwort auf die große militärische Provokation Nordkoreas. Jedoch bin

12. Es ist Zeit, den japanisch-amerikanischen Sicherheitspakt neu zu überdenken (Original Deutsch)

Masami Inoue (1984 geb.)
Keio Universität Tokyo,
Fakultät für Rechtswissenschaften

Die Verfassung Japans wurde im Jahre 1946 bekannt gemacht und im Jahre 1947 in Kraft gesetzt. Seither gab es keine Änderungen an dieser Verfassung. Diese Verfassung wurde direkt nach den schrecklichen Ereignissen des Zweiten Weltkriegs niedergeschrieben. Deshalb besitzt sie einige dafür spezifische Merkmale. Besonders bemerkenswert ist es, dass sie eine pazifistische Verfassung ist. Durch einen Vergleich mit dem deutschen Grundgesetz wird dies umso klarer. Das Grundgesetz wird oft als eine Menschenrechtsverfassung bezeichnet, da es im ersten Artikel die „Würde des Menschen" als unantastbar erklärt. Das Hauptmerkmal der Japanischen Verfassung zeigt sich deutlich in ihrem Artikel 9, wo der Verzicht auf Krieg erklärt wird. Mit diesem Aufsatz möchte ich überlegen, welche Bedeutung dieser Artikel für die Japaner hat.

Der Artikel 9 der Japanischen Verfassung, der dem Krieg entsagt und zur Verwirklichung dieses Ziels auf Streitkräfte und sonstige Kriegsmittel sowie das Recht auf Kriegsführung verzichtet, wird als Symbol der Reflektion des japanischen Volkes in Hinsicht auf den Zweiten Weltkrieg und besonders auf die japanische Invasion in die asiatischen Nachbarländer verstanden. Jedoch gibt es in den letzten Jahren immer mehr Stimmen, die behaupten, dieser Artikel entspreche nicht mehr der heutigen Situation Japans. Diese Tendenz ist nach dem Golfkrieg besonders stark geworden, indem die finanzielle Unterstützung der japanischen Regierung als internationaler Beitrag nicht anerkannt wurde. Hier hat die Diskussion ihren Ursprung, dass Japan den Artikel 9 ändern solle, um dadurch seinen internationalen Handlungsraum vergrößern zu können.

Armee oder mächtige Waffen der Garant für Macht sind! Die USA sind militärisch eine so mächtige Nation und doch hat es sie nicht vor dem schrecklichen Anschlag vom 11. September bewahren können. Vielmehr ist heute Verhandlungskunst und Diplomatie gefragt. Man erreicht so erheblich mehr, als wenn man Waffen sprechen lässt. Ein Land, das den Iran oder Nordkorea militärisch angreifen würde, erreichte nur einen Gegenangriff. Es gäbe sinnloses Blutvergießen, wie es im Irak und in Afghanistan immer noch stattfindet. Es ist verständlich, dass Japan große Angst hat, wenn es die Entwicklungen in Nordkorea betrachtet, jedoch ist ein militärisches Aufrüsten genau die falsche Reaktion. Es würde Nordkorea nicht davon abhalten Japan anzugreifen. Ganz im Gegenteil, man würde dieses als Provokation sehen. Eine Abschaffung des Artikel 9 und die damit verbundene militärische Orientierung würde also Japan mehr gefährden als sichern.

Der Krieg hat den Menschen schon immer großes Leid gebracht. Jedoch hat sich die Menschheit weiterentwickelt und es ist an der Zeit, Krieg als das veraltete Mittel der Machterhaltung und Machterlangung anzusehen, zu dem es in unserer Zeit geworden ist! Auch Japan hat während Kriegen nicht nur großes Leid zugefügt, sondern auch erleiden müssen. Die Atombomben auf Nagasaki und Hiroshima haben ihre Wunden hinterlassen. Sie sind bis heute sichtbar. Wir dürfen „unsere Augen deshalb nicht vor der Vergangenheit verschließen", um nicht „blind für die Gegenwart" zu werden! Eine Abschaffung des Artikel 9 würde uns möglicherweise vergessen lassen, die Brille der Geschichte zu tragen, wenn wir die Gegenwart betrachten.

Artikel in seiner Verfassung verankerte. Sehr bewundernswert fand ich bisher den Artikel 9 der Japanischen Verfassung, der sich noch konsequenter gegen den Krieg ausspricht. Dieser Artikel ist zukunftsorientiert und fortschrittlich. Eine Abschaffung wäre ein Schritt in die falsche Richtung!

Die Diskussion um das „Kriegsverbot" flammte in Deutschland ebenso wie in Japan durch den Irakkrieg erneut auf. Es wurde viel über eine aktive Beteiligung Deutschlands an diesem Krieg diskutiert. Nicht zuletzt durch den öffentlichen Druck wurde eine Beteiligung durch die Bundesregierung jedoch ausgeschlossen. Der Kriegsverzicht ist also auch in der Mehrheit der deutschen Herzen tief verwurzelt. Viele von ihnen kennen die Kriegserlebnisse ebenfalls nur aus Erzählungen, haben nichts selbst miterlebt. Doch sind sie gegen den Krieg und gegen das Leid, das ein solcher mit sich bringen würde. Wie ist es mit dem japanischen Volk? Ist die Mehrheit für die Beteiligung am Irakkrieg und damit für eine Verfassungsänderung? Oder ist der Hauptteil dagegen? Ich frage mich diesbezüglich, weshalb Japan den wichtigen Grundsatz des Kriegsverzichtes aus seiner Verfassung streichen sollte, nur um an einem unüberlegt begonnenen Krieg teilzunehmen, den Japan in keiner Weise zu verantworten hat.

Die japanische Entwicklung bezüglich des Artikel 9 wird in Deutschland leider viel zu wenig beachtet. Jedoch gibt es auch Symposien und Vorträge zu diesem Thema, die meist an Universitäten stattfinden.

Ich hoffe, ich konnte den Kontext, aus dem heraus ich mich zum Artikel 9 der Japanischen Verfassung äußere, deutlich machen. Natürlich bin auch ich gegen eine Abschaffung des Artikel 9. Dies nicht zuletzt, weil er an die Geschichte erinnert und mahnt, sie nicht zu vergessen. Gleichzeitig zeigt er jedoch auch der Welt, dass Japan aus seiner Geschichte gelernt hat, nicht vergessen hat, was in China und Korea geschah, das Ausmaß der Kriegsleiden, die es nicht zuletzt am eigenen Leib spüren musste, nicht leugnet.

Über den Besuch von Premierminister Koizumi am Yasukuni-Schrein wird viel gestritten. Er wird oft als Skandal gesehen. Ich finde seine Befürwortung der Abschaffung des Artikel 9 genauso anstößig! Eine Abschaffung spielte die Grausamkeiten des Krieges herunter, leugnete sie sogar! Es sähe so aus, als hätte Japan nichts aus dem Krieg und seinen Folgen gelernt.

Die Welt hat sich geändert. Wir leben nicht mehr in einer Zeit, in der eine starke

11. Auch ich als Deutsche bin gegen die Abschaffung des Artikel 9

Katharina Dirk (1985 geb.)
Philipps-Universität Marburg,
Japanwissenschaften, Schwerpunkt Recht

„Wer die Augen vor der Vergangenheit schließt, wird blind für die Gegenwart." Dieses Zitat hat bereits Takahisa Ishii verwendet und auch ich möchte es verwenden und so meinen Essay beginnen. Dieses Zitat lässt sich natürlich auf vielseitige Art und Weise anwenden. Betrachtet man jedoch einmal das letzte Jahrhundert, so passt es vortrefflich sowohl für die japanische als auch für die deutsche Kriegsgeschichte. Japan und Deutschland haben hier viele Gemeinsamkeiten und das nicht nur, weil sie während des Zweiten Weltkrieges als Verbündete kämpften.

Beide Länder haben aber nicht nur eine ähnliche Vergangenheit. Nein, sie haben auch eine ähnliche Schlussfolgerung daraus gezogen: Nie wieder Krieg! Japan manifestierte dies im Artikel 9 der Verfassung. In Deutschland gibt es zwar keinen vergleichbaren Artikel in der Verfassung („Grundgesetz" genannt), aber es gibt den Artikel 26 (1) des Grundgesetzes, dieser besagt, dass „Handlungen, die geeignet sind und in der Absicht vorgenommen werden, das friedliche Zusammenleben der Völker zu stören, insbesondere die Führung eines Angriffskrieges vorzubereiten", verfassungswidrig sind. Nun wird hier nicht direkt kriegerischen Handlungen entsagt, dennoch ist ganz unmissverständlich klar, dass niemand, auch die Regierung nicht, die der Verfassung ebenfalls untersteht, einen Angriffskrieg führen darf. Im Angriffsfall jedoch ist es Deutschland durchaus gestattet sich zu verteidigen (Art 115a ff. GG).

Als jemand, der in einem Land mit einer Vergangenheit wie der Deutschlands geboren ist, bin ich sehr froh darüber, dass Deutschland den kriegsverneinenden

sich gegen die Entsendung der Truppen zu stellen. Unter den Befürwortern einer Verfassungsänderung ist eine starke Tendenz zu Waffeneinsätzen für die Lösung internationaler Konflikte zu beobachten. Es ist dringend erforderlich, dass wir uns in Bezug auf die Gegenwart und die Vergangenheit den Tatsachen ernsthaft stellen. Der Artikel 9 der Japanischen Verfassung wird nicht allein die Probleme der Vergangenheit überwinden helfen, sondern hat eine wichtige Bedeutung in Bezug auf die gegenwärtig auf der ganzen Welt stattfindenden Kriege sowie für die uns nachfolgenden Generationen.

Lasst mich zum Schluss eine Frage an euch stellen. Wie steht man in Deutschland zur Japanischen Friedensverfassung und dem Artikel 9? Ich bin schon jetzt gespannt auf eure Antwort.

es sich nicht um Geschichtsanschauung, sondern um die Daseinsberechtigung von Geschichte an sich. Wir trauern um unsere Toten, so wie es die Menschen anderer Länder auch tun. Dieses Gefühl der Trauer sowie die auf uns lastende Vergangenheit und der Entschluss, es nie wieder geschehen zu lassen, führten uns dazu, jeglichen Krieg abzulehnen und deshalb die Japanische Verfassung mit dem Artikel 9 anzunehmen. Folglich entbehren die Vorwürfe, die Verfassung sei uns von der Besatzungsmacht aufgezwängt worden, jeder Grundlage. Die berühmten Worte des ehemaligen Bundespräsidenten Richard von Weizsäcker treffen den Kern des Problems genau: „Wer die Augen vor der Vergangenheit schließt, wird blind für die Gegenwart." Wer sich der Vergangenheit nicht gewissenhaft stellt, begeht also wieder die gleichen Fehler. Denkt doch an den Irakkrieg. Unser ehemaliger Premierminister, Junichiro Koizumi, der sich für eine Änderung des Artikel 9 einsetzte, hat den amerikanischen Angriff auf den Irak befürwortet und sogar die japanischen Selbstverteidigungstruppen in den Irak entsandt. Der japanische Premierminister, der ein durch die Verfassung eingesetztes Amt einnimmt, kann, auch wenn er privat für den Irakkrieg ist, ihn in seiner Funktion als Premierminister nicht befürworten. Trotzdem hat Premierminister Koizumi den Irakkrieg aus politischen Gründen befürwortet. Und wir, die japanische Bevölkerung, konnten ihn nicht daran hindern. Es gab auch Japaner, die für den Krieg waren. Im Hinblick auf diesen Krieg gibt es die verschiedensten Diskussionen. Worauf wir zuerst unser Augenmerk richten müssen, ist nicht die Diskussion, ob dieser Krieg gerecht ist oder nicht, sondern auf die Tatsache, dass bisher im Irak unzählige Zivilpersonen umgebracht wurden und viele amerikanische Soldaten ihr Leben lassen mussten. Diskussionen, die den Standpunkt unseres Landes außer Acht lassen und die Augen vor den Tatsachen verschließen, sind unrealistisch und erscheinen mir hohl und leer. Angesichts der Gegebenheiten im Irakkrieg steht außer Frage, was für ein Urteil eine Gesellschaft gefällt hätte, deren Mitglieder den Tod eines Menschen betrauern und denen die Gewichtigkeit eines Menschenlebens vermittelt wurde. Ist es nicht in der Japanischen Verfassung festgelegt, dass Japan keine Waffengewalt einsetzen, sondern nach anderen friedlichen Möglichkeiten zur Lösung von politischen Konflikten suchen soll! Es bedeutet eine große Gefahr, dass die öffentliche Meinung nicht genügend Kraft besaß,

Doch ist das nicht alles, was uns über die Verbrechen der japanischen Armee berichtet wird. Zum Beispiel gibt es Zeugnisse von ehemaligen Soldaten der Truppe 731, die mit Bakterien forschten und Versuche damit an Chinesen durchführten. Außerdem kommt uns immer mehr zu Ohren, wenn auch nicht in vollem Ausmaß, dass der Krieg, den Japan geführt hat, eine Invasion war. Allen, die ein Geständnis über ihre Vergangenheit ablegen, sind folgende Empfindungen gemeinsam: „Wir haben etwas Unentschuldbares getan. Mit der Vergangenheit kann man nicht abrechnen. Aber wir möchten als Zeichen der Reue vielen Menschen von dem berichten, was wir getan haben, damit solche Verbrechen nicht noch einmal geschehen." Ein weiteres Argument ist: „Wir möchten, dass die Menschen durch unsere Berichte erfahren, wie durch Kriege Menschen in unmenschliche Situationen gestürzt werden."

Der Artikel 9 unserer Verfassung wurde durch die Erinnerungen an das „Erfahrene" und „Zugefügte" beschützt. Die meisten Zeugen, die politisch nicht unbedingt großen Einfluss haben und die sich aufrecht ihrer Vergangenheit stellen, obwohl sie sie eigentlich lieber aus ihrem Gedächtnis streichen würden, sind inzwischen alt geworden. Deshalb gibt es im Vergleich zu früher immer weniger Gelegenheit, konkrete Berichte unmittelbar über den Krieg zu hören. Ich finde, dass es notwendiger denn je ist, den starken und edlen Willen dieser Menschen voll und ganz zu übernehmen, indem wir uns Wissen über die Qualen aneignen, die unser Land in der Vergangenheit erfahren und anderen zugefügt hat und uns mit diesen Tatsachen ernsthaft auseinandersetzen. Heutzutage kursiert die Meinung, Kindern die japanische Invasion zu vermitteln entspräche einer sadistischen Geschichtsauffassung. Beabsichtigt ist, die Kinder zu Vaterlandsliebe zu erziehen, und dafür sei es wichtig, die Kinder nur die guten Seiten Japans zu lehren und nicht die schlechten. So einer Meinung kann ich mich nie und nimmer anschließen. Geschichtsauffassungen werden im Nachhinein gebildet und geformt. An tatsächlichen Sachverhalten vom Pazifikkrieg ist aufzuführen, dass durch ihn sehr viele Menschen in Japan und den umliegenden Ländern in nur kurzer Zeit ihr Leben verloren und dass die japanische Armee in hohem Maße zur Zerstörung und Vernichtung beigetragen hat. Aufgabe der Geschichte ist es, den nachfolgenden Generationen richtige geschichtliche Fakten und nicht verdrehte Tatsachen zu vermitteln. Hier dreht

Die Berichte von den Kriegserfahrungen betreffen jedoch nicht nur die Erinnerungen an schreckliche Zerstörungen. Der Auslöser, der dazu führte, dass ich den Krieg hasse und anfing über den Artikel 9 der Verfassung nachzudenken, waren Berichte über die Gräueltaten der japanischen Armee, die mir als Grundschüler zu Ohren gekommen sind. Ich will euch kurz weitergeben, was ich damals gehört habe:

Es ist der Bericht eines Militärarztes, der in der Zeit des Weltkriegs in China[1] sechsmal Obduktionen an lebenden Menschen vorgenommen hatte. Eigentlich ein korrekter und ernster Mensch meldete er sich als Arzt zur Armee, weil er etwas für sein Land tun wollte. Die japanische Armee war damals dankbar für jeden Arzt, den sie zur Behandlung der verletzten Soldaten einsetzen konnte. Auch er selbst sah der ihn erwartenden Arbeit positiv entgegen. Tatsächlich wurde er jedoch einem Militärkrankenhaus in der chinesischen Provinz Shanxi zugewiesen und führte dort Obduktionen an lebenden Chinesen durch. Zuerst wusste er nicht, wie er sich verhalten sollte, doch mit jeder weiteren Obduktion gewöhnte er sich immer mehr an die grausame Arbeit. Nach ein paar Monaten kam er einmal zu einem anderen Krankenhaus. Auch dort wurden Obduktionen an Lebenden durchgeführt. Ihm fiel es wie Schuppen von den Augen, dass Obduktionen an Lebenden und medizinische Versuche nicht nur in seinem Krankenhaus durchgeführt wurden, sondern in verschiedenen Krankenhäusern an der Front. Kurze Zeit darauf endete der Krieg mit der Niederlage Japans. Der Arzt blieb auf Ersuchen der Chinesischen Nationalpartei in China und half beim Wiederaufbau in den Bereichen der chinesischen Erziehung und Kultur, kam allerdings nach der Machtübernahme durch Mao Zedong in ein Gefangenenlager. Hier im Lager, nach seinen Kriegsverbrechen befragt, wurde er sich zum ersten Mal der unmenschlichen Grausamkeit seiner Taten bewusst. Die Verhöre führten dazu, dass er seine Taten zutiefst bereute und nun das, was er den Opfern angetan hatte, als unentschuldbar empfand. Später wurde er freigelassen und kam nach Japan zurück. Hier arbeitete er wieder als Arzt, sah es aber auch als seine Aufgabe an, den Japanern von den Gräueltaten zu berichten, welche er in China begangen hatte.

---

[1] www.maraba.de/Gedseite/Kriegwid/nanjing-htm

den Forderungen der riesigen Regierungspartei zugestimmt hätte. Warum also wurde die Verfassung bisher nicht geändert? Der Grund liegt in den schlimmen Kriegserfahrungen der Japaner und einer äußerst großen Ablehnung eines Krieges, die aus der Aufarbeitung der Vergangenheit entstand.

Obwohl meine Eltern und ich, d.h. die Nachkriegsgenerationen, den Krieg nicht tatsächlich erlebt haben, sind wir beseelt von dem Willen, an der Friedensverfassung, die einen Krieg nicht akzeptiert, festzuhalten.

Unser Land ist das einzige auf der Welt, auf welches Atombomben abgeworfen wurden. In Hiroshima und Nagasaki haben viele Menschen mit einem einzigen jähen Blitz ihr Leben verloren. Viele Überlebende leiden jetzt noch unter den Folgeschäden, die Zahl der an Krebs Sterbenden nimmt kein Ende. Im Wissen darum, dass sie ihre schon angeschlagene Gesundheit noch weiter ruinieren, erzählen die Atombombenopfer (Hibakusha) weiter von ihren unsäglich schrecklichen Erfahrungen. An dieser Stelle möchte ich euch einen kleinen Auszug aus dem Bericht eines Hibakusha, eines Soziologen, vorstellen, der während der Kriegsjahre noch ein Kind war.

„Alles, was ich erlebt habe, ist mir unvergesslich stark und deutlich in meine Gehirnzellen eingebrannt ... Der nahegelegene Park, in dem die Leichen in Haufen lagen, als warteten sie vor dem Krematorium auf die Einäscherung. Und die Massen von Schwerverletzten, die hin zu mir aufeinander geworfen wurden. Doch was am deutlichsten in meiner Erinnerung haftet, sind die Mädchen ... es waren noch ganz kleine Mädchen ... nicht nur die Kleidung hing ihnen vom Leib, auch ihre Haut hing an ihnen herunter ... Als ich dies sah, dachte ich: Das ist die Hölle, von der du immer in Büchern gelesen hast ..."

Auch jetzt im hohen Alter, und obwohl er von den Erinnerungen an damals gepeinigt wird, stellt er sich ihnen unseretwegen. Er schrieb alles in einem Buch nieder, um uns durch seine Augenzeugenberichte die Grausamkeit und Brutalität der Kriegszeit zu vermitteln. Außerdem gibt es in Japan auch Menschen, die von den schrecklichen Kriegszerstörungen, den Kämpfen auf Okinawa, den Luftangriffen auf Japan usw. berichten und andere Menschen, die die Nachfolge dieser Berichterstatter übernehmen. Auch bei der jungen Generation finden sich Leute, die sich dafür einsetzen, das Vorgefallene einem breiteren Publikum bekannt zu machen.

10. „Täter und Opfer"
– das im Friedensartikel verwobene Gedächtnis

Takahisa Ishii (1987 geb.)

Waseda Universität Tokyo,

Jura

Lasst mich zuerst die Debatten darlegen, die zurzeit in Japan um eine Verfassungsänderung kursieren, und speziell um eine Änderung des Artikel 9 der Japanischen Verfassung, der dem Krieg entsagt. Wohin man auf der ganzen Welt auch blickt, sind es normalerweise liberale Parteien, die eine Verfassungsänderung verlangen, wohingegen konservative eher an der bestehenden Verfassung festhalten wollen. Im heutigen Japan verhält es sich jedoch gerade umgekehrt. Es mutet schon befremdlich an, dass eine konservative Partei die Verfassung ändern will und die liberale sich für deren Bewahrung einsetzt. Hierbei muss bedacht werden, dass in Japan die Liberaldemokratische Partei fast ununterbrochen die größte Partei in der Regierung war und ist, und dass sie schon kurz nach Kriegsende eine Verfassungsänderung verlangt hatte. Dessen ungeachtet wurde bisher an der Japanischen Verfassung kein einziges Mal eine Änderung vorgenommen. Man fragt sich warum.

Ein Grund dafür ist der Charakter unserer Japanischen Verfassung. Die Hürden für eine Verfassungsänderung sind hoch, denn erst mit einer Zweidrittelmehrheit im Unter- und Oberhaus kann der Antrag dem Parlament vorgelegt werden. Danach muss noch durch eine Volksabstimmung eine Mehrheit erzielt werden. Folglich kommt es zu einer Verfassungsänderung nur, wenn entweder von Seiten der Regierung oder der Bevölkerung ein äußerst starker Wunsch danach besteht.

Abgesehen von diesem Charakter unserer Verfassung, hätte sie und der Artikel 9 inzwischen sicher eine andere Gestalt, wenn ein Großteil der Bevölkerung

II Dialoge

erhalten oder getötet wird.

K: Genau so ist es. Wie ich vorhin schon sagte, es erfordert großen Mut, sich für den Frieden zu entscheiden. Konflikte durch Kriege zu lösen ist einfacher. Daher müssen wir den Mut aufbringen, die Japanische Verfassung zu beschützen und ihre Schönheit der ganzen Welt zu vermitteln.

A: Da bin ich ganz deiner Meinung. In so einer Welt werden dann auch die Filme von Keisuke Kinoshita in neuem Licht erstrahlen.

selbstverständlich und natürlich aufnehmen kann." Diesem Argument muss ich Recht geben. Es sieht so aus, als wären Wertvorstellungen wie „Zuneigung zu schwachen Menschen" und „Hass gegen den Krieg" in der japanischen Gesellschaft in Vergessenheit geraten. Oder sind die Japaner inzwischen einfach zu feige, ihren Blick auf die eigentliche Gestalt des Menschen zu richten?

A: Gerade deshalb möchte ich, dass sich die jungen Menschen meiner Generation die Filme Kinoshitas ansehen. Die Filme sind sehr ästhetisch und über die Leinwand erreichen uns die innigsten Wünsche und Gedanken des Regisseurs. Für jeden aus dem Publikum ist es auf irgendeine Art eine Bereicherung!

K: Ein Motto der Filmproduktion Kinoshitas „die Zuneigung zu schwachen Menschen" ist ebenso ein Grundgedanke, der bei der Ausarbeitung der Verfassung eine wichtige Rolle gespielt hat.

A: Und ebenfalls der „Hass gegen den Krieg". Auf denen, die keinen Krieg erfahren haben, liegt die große Verantwortung die „fehlende Kriegserfahrung" an die darauffolgenden Generationen unversehrt weiterzugeben. Auf ewig.

K: Wir dürfen unseren Kindern und Enkeln nicht die Narben eines Krieges hinterlassen. Und wie stolz könnten wir sein, wenn die Außenpolitik und Diplomatie unseres Landes dahin gelangen könnte, dass sie durch Dialoge den Frieden in der ganzen Welt verbreiten kann.

A: So einen hohen Anspruch und Wert hat unsere Japanische Verfassung unbestreitbar.

K: Aber die Realität sieht ganz anders aus. Und nicht nur das. Inzwischen wurde ein Weg eingeschlagen, der den Einsatz von Waffengewalt ermöglichen will. Beim Irakkrieg hat Japan bewaffnete US-Soldaten transportiert und sich somit ganz offensichtlich aktiv am Krieg beteiligt. Das widerspricht dem Geist der Verfassung und ist moralisch falsch.

A: Die Verfassung ist also machtlos.

K: Das darfst du nicht sagen. Sowohl die Japanische Verfassung als auch die Filme Kinoshitas sind beides Kunstwerke von hohem Niveau, die eine außergewöhnliche Botschaft in sich bergen. Doch wie in der Malerei oder Literatur wird ein Kunstwerk im Moment der Fertigstellung zu etwas Selbständigem, das sich vom Künstler entfernt und den Betrachtern oder Zuhörern übergeben wird.

A: Die Verantwortung liegt also bei uns, ob die Japanische Verfassung am Leben

A: Dieser moderne Künstler, den Lili Carmen liebt und seine Familie sind ja auch ziemlich extravagant.

K: Die Eltern dieses Künstlers haben nur im Sinn, ihren Sohn schnell mit der Tochter der wohlhabenden Familie Satake zu verheiraten, bevor sein schlechter Lebenswandel ans Licht kommt.

A: Dann ist da noch die Wirtschafterin, die ständig Angst vor einem Atombombenabwurf hat und bei jeder Kleinigkeit ruft „ein Atomangriff, sie werfen eine Atombombe ab".

K: In Kinoshitas Filmen treten zahlreiche Charaktere mit ganz verschiedenen Meinungen und Prinzipien auf. Trotzdem strahlen alle einen gewissen Liebreiz aus, und damit wird dem Zuschauer der warmherzige Blick Kinoshitas vermittelt. Ich kann zum Beispiel das, was Kumako macht, auf keinen Fall akzeptieren, trotzdem kann ich sie nicht hassen.

A: Und warum nicht?

K: Vielleicht weil sie so menschlich ist. Menschliche Schwäche, Stärke, Schönheit, Hässlichkeit, den Kummer, den das Leben mit sich bringt – das Interesse daran erschöpft sich doch nie. Kinoshitas Filme verführen nicht dazu, Menschen abzulehnen.

A: Menschlich, aha.

K: Ja, genau. In mir gibt es etwas, was dieses Menschliche annehmen will. Und gerade deshalb kann ich nie und nimmer Kriege akzeptieren, die das Menschliche vollkommen verneinen.

A: Sollte der Artikel 9 abgeändert werden, so erhöht sich damit die Wahrscheinlichkeit, dass Japan einen Krieg beginnt. Auch würden sowohl die Meinungen der Menschen als auch das, was sie privat oder geschäftlich unternehmen, vom Staat eingeschränkt.

K: Damit würde unser Land wieder die Strukturen annehmen, wie vor dem Krieg. Und unbestreitbar ist es schon auf dem Weg dahin.

A: Was würde Keisuke Kinoshita wohl zu unserem jetzigen Japan sagen?

K: Keisuke Kinoshita starb 1998. Bei der Todesfeier äußerte sich Taichi Yamada, der den Regisseur als Meister des Films verehrte, wie folgt: „Mir scheint, die japanische Gesellschaft hat ab einem bestimmten Zeitpunkt einen Weg eingeschlagen, aufgrund dessen sie die Werke Kinoshitas nicht mehr

verstärkt wurde.

K: Dieser Wunsch einer reinen Seele wurde vom Publikum erkannt und aufgenommen. Wenn man solche Filme sieht, dann erkennt man die große Bedeutung, die die von der Verfassung gewährleistete Meinungsfreiheit innehat.

A: Die eigentliche Aufgabe der Verfassung ist, die Macht des Staates zu beschränken und die Rechte der Bevölkerung zu sichern.

K: Deshalb widerspricht die von der Regierung angestrebte Verfassungsänderung vollkommen dem Wesen der Verfassung.

Ami und Kenji kehren bei ihrem Film-Ausflug noch einmal zu Keisuke Kinoshita zurück.

A: Bei den Filmen *„Carmen kokyo ni kaeru* [Carmen kehrt heim]" (1951) und der Fortsetzung *„Carmen junjosu* [Die reinherzige Carmen]" (1952), einer musikalischen Komödie, hat Kinoshita seine scharfe Ironie und Kritik in Humor gebettet.

K: Seine Kritik richtete sich gegen die japanische Regierung, die die Politik des GHQ unreflektiert übernahm und die Wiederaufrüstung vorantrieb ...

A: Welche Rechtfertigung auch für eine militärische Aufrüstung vorgebracht wird, Schaden erleiden dadurch letztendlich die machtlosen, schwachen Menschen.

K: Die Überzeugungskraft dieser beiden Filme ist immens, da sowohl der Regisseur als auch die Schauspieler und der Mitarbeiterstab selbst den Krieg erlebt haben. In dem Film wird auch der Wahlkampf einer Kandidatin gezeigt, der jedes Mittel zum Zweck heilig ist.

A: „Kumako Satake von der Partei der japanischen Seele"! Für sie ist in erster Linie wichtig, dass sie die Wahl gewinnt, dafür verbirgt sie alles, was ihrem Image schaden könnte. Genau das ist die Art von Selbstschutz, die von alters her bei allen Politikern auf der ganzen Welt zu beobachten ist ...

K: Überdies lässt Kinoshita in seinen Filmen moderne Künstler auftreten, die rätselhafte Objekte konstruieren und wirft damit die Frage auf, was Kunst denn eigentlich ist.

mir angesehen!! „*Dekigokoro* [Eine Laune]" (1933) von Ozu und „*Orochi* [Die Riesenschlange]" (1925) mit Tsumasaburo Bando in der Hauptrolle!

K: „Wer als Schurke bezeichnet wird, ist nicht unbedingt ein wirklicher Schurke. Wer als gütig und edel bezeichnet wird, ist nicht unbedingt ein guter Mensch. Da trägt jemand die Maske eines guten Menschen, ist aber in Wirklichkeit hinterhältig und falsch – von dieser Sorte gibt es viele auf der Welt. Sei dir dessen bewusst." (aus [Die Riesenschlange])

A: Ja, diese Stelle macht betroffen. Der Samurai, dem Unrecht und alles Zwielichtige zuwider ist, wird von seiner Umgebung missverstanden und als Schurke gefürchtet. Dagegen sind die wohlhabenden Leute auf den ersten Blick freundliche, gute Menschen, die aber hinter dem Rücken der anderen skrupellos schmutzige Dinge tun.

K: Na, und genau dasselbe passiert doch heutzutage auch. Letztendlich werden gerade die schwachen Menschen betrogen, die aufrichtig und ehrlich leben wollen.

A: Dem Helden Banzuma, der seinem guten Gewissen gerecht leben möchte, schlägt alles, was er tut, ins Gegenteil aus. Eigentlich hatte dieser Film zuerst den Titel [Der Schurke], doch die Zensur verlangte eine Änderung.

K: Nicht nur der Titel, sondern auch der Inhalt des Films war der Zensur sicher ein Dorn im Auge, da dem eigenen Land die falschen Masken abgezogen wurden.

A: Wahrscheinlich hat der Staat den Titel [Der Schurke] auf sich selbst bezogen und ihn daher durch die Zensur ändern lassen.

K: Auch viele wichtige Szenen des Films „*Muhomatsu no Issho* [Der Rikschamann]" (1943), in dem ebenfalls Banzuma die Hauptrolle spielt, fielen der Zensur zum Opfer.

A: Die Szene, in der ein einfacher Rikschamann der Witwe eines Offiziers seine Zuneigung zeigt – das war während des Kriegs nach Meinung des Militärs inakzeptabel ...

K: ... und nach dem Krieg wurden Szenen herausgeschnitten, die das GHQ (General Headquarter der Besatzungsmacht USA) als barbarisch betitelte.

A: Die Ironie der ganzen Sache ist, dass meiner Ansicht nach der platonische Ton des Films [Der Rikschamann] durch die Schnitte der Zensur eher noch

die Realität an sich darstellen. Von Antikriegsbotschaft zu sprechen, trifft den Kern der Sache nicht ganz, vielmehr kann man in der Gestalt einer „richtigen" Mutter die Grausamkeit des Kriegs deutlich erkennen. Stärker als in allen anderen Werken ist in diesem Film sein großer Zorn gegenüber dem Krieg und seine Zuneigung zu den schwachen Menschen, die von den großen Bewegungen in der Gesellschaft hin und her gerissen werden, eingewoben.

A: Ja, genau. Die Realitätsdarstellung von Kinoshita ist in ihrer Exzellenz gleichzustellen mit der der Regisseure Kenji Mizoguchi und Mikio Naruse. Dabei entstand „*Rikugun*" eigentlich im Auftrag des Kriegsministeriums zwecks Kriegspropaganda.

K: Bis auf die letzte Szene entspricht der Film ja auch diesem Anspruch.

A: Obwohl Kinoshita nach Fertigstellung des Films vom Militär einen Verweis erhielt, hat er diese letzte, relativ lange Szene nicht herausgenommen.

K: Das war ein Entschluss, der großen Mut erforderte. Und heute verhält es sich doch auch so. Es bedarf schon eines starken Willens, wenn man den Frieden verwirklichen will.

A: Dem Geist dieses starken Willens wurde wahrscheinlich in der Präambel und dem Artikel 9 der japanischen Verfassung Gestalt gegeben.

K: „Wahrscheinlich", na du bist aber zurückhaltend.

A: ...

K: Na ja, zugegeben ... wenn man mich fragt, ob ich den Mut habe, laut zu behaupten, wir führen keinen Krieg und wir brauchen keine Armee, so wie es im Artikel 9 festgelegt ist, dann kann ich nicht sofort zustimmend nicken. So einfach ist es eben nicht, einen wirklichen Frieden zu gewinnen. Doch steht der Artikel 9 für den innigen Wunsch der Menschen, die den Krieg erlebten und es deshalb nie wieder zu so etwas Schrecklichem kommen lassen wollten. Was hat dich eigentlich zu den Filmen Kinoshitas gebracht?

A: Eine Vorlesung in meiner Fakultät. Dort wurden Meisterwerke des Films aus dem In- und Ausland vorgestellt. Besonders die Filme von Mizoguchi, Kinoshita, Ozu und Naruse beeindruckten mich tief und eröffneten mir ganz neue Perspektiven.

K: Und dann hast du dich immer mehr in die alten Filme vergraben!

A: Genau. Schwarzweißfilme, sogar Stummfilme mit Erzähler habe ich

II Dialoge

9. Der Artikel 9 als Zuneigung für die Schwachen – die Welt von Regisseur Keisuke Kinoshita

Kenji Uno (1980 geb.) Waseda Universität Tokyo, Humanwissenschaft

Ami Okamura (1983 geb.) Waseda Universität Tokyo, Jura

Begeben wir uns auf einen kleinen Ausflug in die Welt des japanischen Films, dem gemeinsamen Hobby von Kenji und Ami.

Ami (A): Der Regisseur Keisuke Kinoshita, ein Meister des Films der Showa-Zeit (1926-1989), vermittelt in jedem seiner Filme eine deutliche Nachricht.
Kenji (K): Du meinst, die „Zuneigung zu schwachen Menschen" und den „Hass gegen den Krieg".
A: Auch während des Krieges ... Zum Beispiel die letzte Szene aus „*Rikugun* [Die Armee]" (1943). Kinuyo Tanaka, die die Rolle der Mutter spielt, rennt ihrem ins Feld ziehenden Sohn hinterher, wobei sie sich die unaufhaltsam fließenden Tränen abwischt ...
K: Als ich den Film zum ersten Mal sah, konnte ich keine Antikriegsbotschaft herauslesen. Andererseits fand ich darin auch keine Kriegsverherrlichung.
A: Und warum?
K: Ich denke, man darf nicht einfach die These aufstellen, Kinoshita habe keine Antikriegsbotschaft eingewoben, weil er die Zensur fürchtete. In „*Rikugun*" hat er ein Mutterbild gezeichnet, das den damaligen Gegebenheiten entsprach. Wurde ein Sohn geboren, so war es die Aufgabe der Mutter, ihn zu einem kräftigen Soldaten aufzuziehen, der bereit war, sich für den Tenno zu opfern. Das war eine Realität. Aber auch die großen Qualen einer Mutter, dass ihr mit aller Liebe und Fürsorge aufgezogener Sohn womöglich sterben wird, auch das war Realität. Kinoshita wollte keinen durch Staatsmacht manipulierten Film drehen, sondern

II

Dialoge

Ich hasse Krieg! Ich liebe den Frieden!
戦争はイヤ！ 平和がスキ！

zurück. Nicht nur die japanischen Medien sollten mehr über diese Problematik berichten, sondern auch die ausländischen. In den deutschen Massenmedien findet man meiner Meinung nach immer noch zu wenige Meldungen über die geplante Revision. In diesem Falle sollte es Druck von außen geben. Also nicht der erwähnte Druck zur internationalen Mitarbeit durch eine japanische Armee, sondern ein Druck, am Pazifismus festzuhalten.
Dies sind meine Gedanken. Auch wenn ich für mich nicht wirklich definieren kann, was Krieg und was Frieden ist, kann ich behaupten, dass Krieg kein Mittel für Frieden ist. Es sind zwei Gegensätze, die man nicht vereinen kann und zwischen denen man sich entscheiden muss. Wäre ich japanischer Staatsbürger, wüsste ich deutlich, für welche Seite ich mich entscheiden muss. Und ich kann nur hoffen, dass die japanische Bevölkerung dies auch weiß. Hiermit habe ich versucht, einen Teil dazu beizutragen.
Abschließend möchte ich noch kurz einen Vergleich anstellen: Im Fernsehen sah ich kürzlich einen Bericht über einen Ureinwohnerstamm in den USA. Die Mitglieder dieses Stammes leben in bitterer Armut und haben keine Hoffnungen mehr auf die Zukunft. Der US-amerikanische Staat nahm ihnen ihr heiliges Land weg und bot dafür eine Entschädigung in Millionenhöhe an, mit denen der Stamm alle finanziellen Probleme lösen könnte. Der Stamm rührt dieses Geld jedoch nicht an. Er widersteht der Versuchung des Geldes auf Grund seiner Vergangenheit. Der Stamm lebte seit Jahrhunderten auf diesem Gebiet und alles Erlebte, alles Gelernte, alles Weitergegebene hängt damit zusammen. Nähme der Stamm die Entschädigung an, wäre es wie ein Vergessen der Geschichte. Selbst die junge Generation, die damit nicht mehr aufgewachsen ist, würde das Geld nie annehmen, denn sie kennt die Überlieferungen. Wie sehr hoffe ich, dass auch die junge Generation Japans der Versuchung, die die Volksabstimmung darstellt, widersteht und dabei die schlimmen Erinnerungen des Krieges nicht vergisst, die ihr überliefert wurden, sondern sie hoffentlich auch rückhaltlos, unter anderem mit dem Artikel 9, an die nächsten Generationen weitergibt.

dass die japanische Bevölkerung sich angesichts möglicher Bedrohungen nicht sicher fühlt. Dies ist für mich aus rein menschlichen Gründen nachvollziehbar: Wenn alle um mich herum etwas besitzen, was ich nicht habe, was mich aber bedroht, möchte ich es auch besitzen, nicht nur um mich sicher zu fühlen. Dies ist eine Versuchung, der wir als Menschen unterliegen. Uns muss in so einem Fall geholfen werden, ihr zu widerstehen. Und uns zu dem zu bekennen, was wir haben. In Japans Fall also der Artikel 9 der Verfassung.

Ich wiederhole: Wird der Artikel 9 geändert, wäre es nicht nur ein Schritt zurück, im Hinblick auf den Kampf für einen globalen Pazifismus (auch wenn es naiv erscheinen mag, glaube ich an diese Möglichkeit), sondern auch ein Schritt zurück in Bezug auf die leider sowieso schon geringe Aufarbeitung der japanischen Vergangenheit. Es wäre ein Zeichen dafür, dass man aus den Fehlern der Vergangenheit nicht gelernt hat. Und ein Zeichen für ein immenses Vergessen. Dies darf weder in Japan noch in Deutschland jemals geschehen: das Vergessen der Grausamkeiten, die wir unseren Mitmenschen auf der Erde zugefügt haben. Doch leider gibt es in der Gegenwart in beiden Ländern eher Tendenzen dazu zu zeigen, was uns während des Zweiten Weltkrieges angetan wurde und Rechtfertigungen dazu, warum wir wieder eine Armee besitzen dürfen. Deutschland schickt Kampfjets zwecks Aufklärung und letztendlicher Tötung von Menschen nach Afghanistan, die japanische Regierung möchte die „Friedensverfassung" Japans ändern und sie damit meiner Meinung nach schließlich aufgeben. Dagegen sollten wir als junge Staatsbürgerinnen und Staatsbürger beider Länder, gerade auch weil wir das Glück hatten, einen Krieg bis jetzt nicht erleben zu müssen, aufstehen und protestieren. Es ist auch unsere Aufgabe, die Gesellschaft zu verändern und es uns nicht nur in ihrem Netz gemütlich zu machen. Besonders in Japan habe ich das Gefühl, dass ein Desinteresse für einen solchen Protest darin liegt, dass es ein Land ist, in dem Krieg als sehr weit weg erscheint und in dem auch von den Medien eine nur geringe Berichterstattung erfolgt, so dass man kaum über die Revision informiert wird, informierte man sich nicht selbst. Allerdings ist ein Desinteresse für diese Probleme kein Schritt nach vorn (im Sinne von „Wir haben den Krieg durch unsere Verfassung besiegt und leben in einem pazifistischen Land, also müssen wir uns darum keine Gedanken mehr machen ..."), sondern ein Schritt

begründen) die beste Möglichkeit unter einer Menge von Möglichkeiten ist, bei der eine schlechter als die andere erscheint. Vielleicht heiligt in diesem Fall der Zweck die Mittel.

Welche dieser beiden Möglichkeiten besser ist – vor dieser Entscheidung steht auch das japanische Volk. Doch wird es damit nicht nur von dem Rest der Welt allein gelassen, sondern sogar scheinbar zu einer Entscheidung gezwungen. Während des Ersten Golfkrieges und erneut während des Beginns des „Kampfs gegen den internationalen Terrorismus" in Afghanistan kamen besonders vonseiten der Vereinten Nationen und der Vereinigten Staaten von Amerika die Vorwürfe, Japan nehme seine Verantwortung als eines der reichsten Länder der Erde nicht wahr und würde international nicht entsprechend mitarbeiten, insofern es keine Truppen in die entsprechenden Kriegsgebiete entsende.

Anstatt ihre Rolle zu erfüllen und mitzuhelfen, die Japanische Verfassung zu schützen, zwingt die Weltgemeinschaft die japanische Regierung in eine bestimmte Richtung abzudriften. Der Druck von Seiten der US-amerikanischen Verbündeten war schließlich so hoch, dass die japanische Regierung Truppen in den jetzigen Irak-Krieg entsenden musste. Damit unterstützte die Weltgemeinschaft die falsche Interpretation der Japanischen Verfassung nicht nur in Bezug auf den Artikel 9, sondern auch gegen die beiden anderen Grundpfeiler der Verfassung: Freiheit und Menschenrechte. Denn für mich spricht eine japanische Armee auch gegen diese Rechte, die auch die Vereinten Nationen eigentlich hochhalten sollten, da es keinen gerechten Krieg gibt, der Freiheit und Menschenrechte einhalten könnte.

Statt dass das Ausland die wichtige Rolle und damit die positive Einschränkung Japans anerkennt und sie fördert, zwingt es die japanische Regierung und die Bevölkerung in eine bestimmte Richtung zu denken. Dieser Druck muss aufhören. Das Ausland, und damit besonders die UN und die USA, dürfen die Bevölkerung Japans mit ihrer Entscheidung nicht allein lassen. Es ist eine Entscheidung im globalen Sinne und damit auch für die Staatsbürgerinnen und Staatsbürger der Bundesrepublik Deutschland wichtig. Deutschland und die Europäische Union müssen, wie auch die UN und die USA, Zeichen an Japan senden, dass sie die jetzige Verfassung Japans unterstützen und im Falle eines Angriffs auf Japan, Hilfe zusichern. Denn es ist in einem gewissen Sinne verständlich,

I Der Artikel 9 um der Menschheit willen

mich ist der Artikel 9 ein Ideal. Ein Ideal dafür, wie die Welt aussehen könnte, wenn die Länder dieser Erde ihr Streben nach Hegemonie aufgeben würden. Die Realität sieht allerdings so aus, dass es seit über 50 Jahren eine „Quasi-Armee" gibt, die sich nur anders nennt und nach meiner Interpretation gegen die Intention der Verfassung gerichtet ist. Es stehen also das Ideal einer Welt ohne Krieg und die Realität gegeneinander. Rein logisch betrachtet gibt es nur eine Möglichkeit (lässt man die Möglichkeit außer acht, dass die Selbstverteidigungs-streitkräfte abgeschafft werden könnten, die so unrealistisch erscheint, dass ich mich kaum getraue, sie zu erwähnen): Man müsste die Japanische Verfassung an die Realität angleichen, denn sonst erklärt sich die Verfassung selbst für nichtig. Geschehe dies allerdings, verschwände aus der Welt ein einmaliges Ideal des Friedens, welches durch die unsagbaren Schrecken, die Japan im Zweiten Weltkrieg der ostasiatischen Region angetan hat, entstand. Es verschwände damit auch eine Vorbildfunktion, die wir alle als Bewohner dieser Erde schützen sollten. Es entstünde dadurch die Möglichkeit eines Kriegsbeginnes, der als Selbstverteidigung ausgelegt werden könnte, wie so viele Kriege des letzten und auch des jetzigen Jahrhunderts. Aus dem angeblichen Bestreben der japanischen Regierung nach Sicherheit für das eigene Land und die Region würde eine Spirale der Konflikte entstehen, deren Ende nach oben offen stünde. Allein die Revision wäre für die Nachbarländer China und Südkorea, mit denen es ohnehin mehr als genug unaufgearbeitete Konflikte gibt (als Beispiel seien nur die Besuche japanischer Politiker im kriegsverbrecherverehrenden Yasukuni-Schrein, die Zwangsprostitution junger Frauen durch die japanische Armee und die Verherrlichung der japanischen Geschichte im Schulbuchstreit erwähnt), nicht nur ein Zeichen für ein Vergessen der Geschichte und der Nicht-Reue der Grausamkeiten, die die japanische Regierung und die japanische Armee diesen beiden Ländern angetan hat, sondern sicher auch ein Zeichen für ein neues Wettrüsten in der ostasiatischen Region. Von der Wirkung auf Nordkorea gar nicht erst zu sprechen. Auch glaube ich aus den genannten Gründen nicht, dass Japans innere Sicherheit dadurch gestärkt werden könnte – im Gegenteil würde Japan zu einem potentialen Angriffsziel werden. Für mich ist dadurch klar, dass der Artikel 9 nicht geändert werden darf und die jetzige Lösung (die Existenz der Selbstverteidigungskräfte mit einer Interpretation des Artikels zu

8. Die Welt darf den Artikel 9 nicht sich selbst überlassen

Sebastian Heindel (1984 geb.)

Waseda Universität Tokyo / Universität Leipzig,

Japanologie (Kultur und Geschichte des modernen Japan), Deutsch als Fremdsprache und Onomastik / Namenkunde

Die Revision der Japanischen Verfassung nimmt dieser Tage ungehindert ihren Lauf. Das Unterhaus stimmte dem Gesetzentwurf des Kabinetts Abe über die Art und Weise der nötigen Volksabstimmung bereits zu, das Oberhaus wird nachziehen. Anschließend müssten beide Häuser bei einer gleichzeitigen Abstimmung die Änderung der Verfassung jeweils mit einer Zweidrittelmehrheit (was nicht unwahrscheinlich scheint) bejahen und die Frage über die Revision des Absatz II. („Verzicht auf Krieg") der Japanischen Verfassung, welche seit seiner Verkündung 1946 zur Diskussion steht, wäre da angekommen, wo sie auch stattfinden sollte: beim japanischen Volk. Und damit auch bei denjenigen Jugendlichen, die bei der kommenden Volksabstimmung ihre Stimme dafür oder dagegen abgeben dürften. An sie möchte ich mich hiermit richten.

Ich studiere seit Oktober 2003 an der Universität Leipzig Japanologie und habe dabei gelernt zu hinterfragen, zu kontextualisieren und meine Stimme zu erheben. Dies möchte ich machen, allerdings nicht in einem wissenschaftlichen Sinne. Ich schreibe meine Gedanken nieder, die vor allem entstanden sind in vielen Gesprächen über dieses Thema sowohl, mit deutschen Freunden als vor allem natürlich auch mit japanischen Freunden, die ich habe, seitdem ich für ein Austauschjahr an der Waseda Universität in Tokyo Japanisch studiere.

Die LDP möchte durch die Revision der Verfassung die Rolle der Selbstverteidigungsstreitkräfte deutlich unterstreichen und damit die Rechte auf Ausübung der kollektiven Selbstverteidigung untermauern. Das ist der Fakt, der in meinem Denken zu einer Verwirrung führt, die sich nicht zu ordnen scheint. Für

Deshalb müssen wir jungen Menschen umso verantwortungsbewusster sein. Es ist nicht übertrieben zu sagen, dass die Zukunft Japans uns jungen Menschen in die Hände gegeben ist. Wird die Verfassungsänderung wie geplant durchgeführt, so schlägt Japan damit unbestreitbar selbst den Weg seines Untergangs ein. Unser Weg in die Zukunft wird uns von ein paar Machthabern verbaut. Wir müssen uns die große Prämisse ins Gedächtnis zurückrufen, dass nicht das Volk für den Staat, sondern der Staat für das Volk da ist. Die Japanische Verfassung ist für die Japaner ein Schatz in alle Ewigkeit. Und nicht nur für uns Japaner, sondern für alle Menschen auf der Welt hat die Japanische Verfassung einen unschätzbar großen Wert. Daher darf sie nicht zerstört werden.

Ich muss mich glücklich schätzen, dass in meiner näheren Umgebung Menschen waren, die mich zum Nachdenken über den Frieden angeregt haben. Es ist nun meine Aufgabe, das Erfahrene nicht in meinem Herzen zu verschließen, sondern es an die jungen Menschen meiner Generation weiterzugeben und sie damit zum Nachdenken über den Frieden und den Artikel 9 anzuregen. Zuerst werde ich versuchen, mit guten Freunden über den Frieden und den Artikel 9 zu diskutieren. Ich glaube, das ist die beste Methode und der schnellste Weg zum Erfolg.

durch ein anderes Land von außen aufgezwungen werden. Die Tendenzen auf der Welt zeigen deutlich, dass kultureller Austausch die beste Abschreckungspotenz ist. Weil man ein Land nicht einschätzen kann, rüstet man auf. Durch kulturellen Austausch lernt man die Kultur des anderen Landes kennen und damit verschwindet auch die feindliche Haltung. Im wirtschaftlichen Austausch liegen große Gefahren. Südostasien wird von ausländischen Unternehmen, die japanischen eingeschlossen, ausgebeutet. Politische Probleme werden in Japan relativ offen in den Medien angesprochen, nicht so die wirtschaftlichen. In den Philippinen z.B. werden ausländische Unternehmen bereitwillig aufgenommen. Die Löhne sind niedriger als in den Herkunftsländern der Unternehmen und sie lassen die Menschen zu noch niedrigeren Löhnen als sonst dort üblich arbeiten. Überdies wird die Bildung von Gewerkschaften unterbunden, damit keine Lohnerhöhungen gefordert werden können. Menschenrechte haben keine Geltung. Es liegen schockierende Berichte vor, dass gegen die Missstände demonstrierende Studenten oder Bürger von der philippinischen Regierung / Armee umgebracht werden. Wir Japaner mit unserer Friedens- und Menschenrechtsverfassung müssen wissen, was unsere Unternehmen den Menschen anderer Länder durch wirtschaftliche Invasionen antun. Ich erfuhr von dieser Rückseite Asiens, die die Medien totschweigen, durch Studenten, die es vor Ort mit eigenen Augen gesehen haben. Was ich persönlich erfahren habe, ist aber wahrscheinlich nur die Spitze des Eisbergs.

Was ist eigentlich Frieden? Sicher bedeutet es für jeden Menschen etwas anderes. Ich habe früher oft von Shoko Ahagon seine Kriegserlebnisse gehört. Obwohl ich selbst den Krieg nicht erlebt habe, stiegen mir bei seinen Berichten grausame Bilder auf, die in mir die Überzeugung festigten, dass es nie wieder zu einem Krieg kommen darf. Bedeutet Geld scheffeln Frieden? Führt es zum Frieden, wenn ein Land nur an seine Interessen denkt? Steht die Zweiklassengesellschaft mit Gewinnern und Verlierern für Frieden? Für mich nicht. Menschen, die mit einem „reichen" Herzen in Sicherheit leben, andere Kulturen mit ihren Unterschieden kennen und akzeptieren, eine Gesellschaft, in der die Menschen Hand in Hand gehen - bedeutet das nicht Frieden? In der gegenwärtigen japanischen Gesellschaft ist dies nicht realisierbar. Dass es in den Generationen über uns nur wenige richtige „Erwachsene" gibt, ist auch bei den Politikern deutlich zu sehen.

herein. Es wird Zeit, dass mit dem Unsinn aufgehört wird zu behaupten, die Stützpunkte würden die Wirtschaft Okinawas anheizen. Der Gouverneur von Okinawa, Hirokazu Nakaima, wird sein Wahlversprechen, er würde innerhalb von 4 Jahren die Arbeitslosigkeit Okinawas auf Landesniveau bringen und 1 Billion Touristen nach Okinawa führen, wohl kaum erfüllen können, solange es die Stützpunkte gibt. Von ganz Japan ist Okinawa am meisten durch Terror gefährdet. Außerdem muss sich die Bevölkerung Okinawas bewusst sein, dass sie aufgrund der Stützpunkte sowohl Opfer als auch Täter sind, denn zum Krieg in Afghanistan und im Irak finden Ausfälle von Okinawa aus statt. Für Menschen, die Terroranschläge durchführen, sind sowohl Amerikaner als auch Japaner Feinde.

Die japanischen Selbstverteidigungstruppen stehen im Widerspruch zum Artikel 9. Ich bin der Ansicht, dass dem Artikel 9 der Vorzug gegeben werden muss, daher sollen die Selbstverteidigungstruppen sofort aufgelöst werden und Japan zu einem Staat werden, der dem Geist des Artikel 9 gemäß keine Waffen besitzt. Sicher wird mir dann erwidert: „Du Friedensidealist" oder „Wer beschützt Japan, wenn die Selbstverteidigungstruppen aufgelöst werden!" Aber für mich kommt Militärmacht nicht mit Abschreckungspotenz gleich. Vielmehr haben doch die Militärmächte das Chaos auf der Welt verursacht. Die gegenwärtige Weltlage zeigt, wie auf Terror mit Terror geantwortet wird, wie das, was mit Gewalt niedergedrückt wird, mit Gewalt zurückschlägt. Hat Japan einen großen Feind, vor dem es sein Land beschützen muss? Feinde sind etwas, was man sich erst selbst schafft. Die US-Regierung muss sich stets neue Feinde schaffen, weil von der Rüstungs- und Ölindustrie Druck ausgeübt wird. Ein gutes Beispiel sind doch der Afghanistan- und Irakkrieg. Dass diese Kriege aus Gier nach Öl angezettelt wurden, ist offensichtlich. Die japanische Regierung, die nicht einmal das durchschaut, nein, die es sehr wohl durchschaut hat, schickte die Selbstverteidigungstruppen in den Afghanistan- und Irakkrieg und folgt damit der politischen Strategie Amerikas. Obwohl der Rest der Welt diese Kriege als Fehler bezeichnet, schickt Amerika noch mehr Soldaten in den Irak, und Japan will mit dem Sondergesetz für den Irak seine Unterstützung Amerikas fortsetzen. Die Sicherheitslage im Irak verschlechtert sich zusehens. Dieser Invasion im Namen der Demokratisierung muss Einhalt geboten werden. Demokratie kann nicht außerhalb Okinawas durchgeführt werden. Die um den Kadena-Stützpunkt wohnenden Menschen haben aber von einer Verringerung der Lärmbelästigung durch startende und landende Kampfflugzeuge bisher noch überhaupt nichts bemerkt. Dafür bilden die gemeinsamen Manöver die Selbstverteidigungstruppen allmählich zu einer richtigen Armee aus. Außerdem soll am Strand von Henoko (Stadt Nago) ein neuer Stützpunkt anstelle von Futenma errichtet werden. Das Meer dort ist wunderschön und Lebensraum für die vom Aussterben bedrohten Seekühe. Die japanische Regierung mit ihrem Slogan „Japan - Ein schönes Land" sollte einmal im Meer von Henoko tauchen und sich die wunderschönen Korallenriffe ansehen, dann müsste sie eigentlich erkennen, dass sie mit ihrem neuen Stützpunkt diese Schönheit zerstört. Ursprünglich waren die Bewohner von Okinawa ein eigener Volksstamm. Aber nun leben wir als Japaner. Wie lange will man die Diskriminierung Okinawas noch fortführen? Muss man auf einer Insel mit nur 0,6% der Gesamtfläche Japans, auf der sich 75% der US-Stützpunkte Japans befinden, noch einen weiteren Stützpunkt bauen? Die Art und Weise, wie die Regierung mit Fördergeldern lockt, ist allzu seltsam. Mein Appell an die Menschen von Okinawa lautet: Lasst euch nicht von den Fördergeldern an der Nase herumführen! Glaubt nicht das Märchen, die Wirtschaft Okinawas gedeihe durch die Stützpunkte. Nach Angaben der Präfektur beliefen sich 2004 die Einkünfte im Zusammenhang mit den Stützpunkten auf ca. 1,2 Billionen Euro, was aber nur 5,3% des Gesamteinkommens der Bevölkerung entspricht. Ca. 452 Millionen Euro (2004) wurden davon als „finanzielle Unterstützungen und Dienstleistungen" an die US-Armee entrichtet. 70% davon fallen unter das „Rücksichts-Budget"[4], mit dem die Instandhaltung der amerikanischen Einrichtungen und Bauarbeiten erfolgt. Die Ausgaben der Soldaten und ihrer Angehörigen umfassen außerhalb der Stützpunkte nur etwa 20% der Präfektureinkünfte. Überdies gehen nur 20% der Aufträge der US-Armee an Unternehmen hier auf Okinawa. Die restlichen 80% der Aufträge fließen an Unternehmen außerhalb Okinawas. Nach Aussage des Bürgermeisters von Ginowan, Yoichi Iba, belaufen sich die Steuereinnahmen der Stadt auf ca. 43 Millionen Euro, und dabei kommen durch die Stützpunkte nur 3,1 Millionen

---

[4] Budget für die in Japan stationierten US-Truppen und deren Familien.

Nationalfahne des Friedens. Die jetzige Nationalfahne hingegen ist in meinen Augen nur ein Mittel, um den nächsten Krieg vorzubereiten. Genauso verhält es sich mit der Nationalhymne. In letzter Zeit wird in Okinawa immer wieder das Thema Nationalfahne und Nationalhymne auf den Tisch gebracht. Es gibt Menschen, die sagen: ‚Vor dem Wiederanschluss habt ihr die Nationalfahne gehisst. Was soll jetzt das ganze Getue, sich dagegen zu stellen?' Sich dagegen zu stellen, ist doch nur selbstverständlich, denn jetzt ist die Nationalfahne zum Symbol eines schlechten Japans geworden." Schon damals sah Shoko Ahagon eine erneute Entwicklung Japans hin zu Militarismus und Nationalismus. Großväterchen war überzeugt, dass der Geist der „Gewaltlosigkeit" zum Frieden führt. Für uns entscheidend ist nun, inwieweit wir diese Überzeugung an unsere und die nächsten Generationen weitergeben können.

Kommt es nur mir so vor, als würde in Japan zurzeit dem Japanisch-Amerikanischen Sicherheitsvertrag der Vorrang vor der Verfassung gegeben? Wahrscheinlich weil ein „Okinawaner" solche Dinge stärker empfindet als ein „Japaner". Die US-Armee hat Stützpunkte auf der ganzen Welt, aber in Okinawa kann sie unter dem Schutzmantel des Sicherheitsvertrags machen, was sie will. Als im August 2004 ein Hubschrauber (Modell CH 53 D) vom Futenma-Stützpunkt auf die Okinawa Internationale Universität abstürzte, sperrte die US-Armee sofort die Universität und die umliegenden Straßen usw. ab. Man wurde dabei von einem äußerst unangenehmen Gefühl beschlichen und musste sich fragen: „Sind wir hier in Amerika?" Nicht einmal der Präfekturpolizei wurde der Zutritt gestattet. Erst als die US-Armee so gut wie alles Beweismaterial vernichtet hatte, konnte die Präfekturpolizei ihre Untersuchungen durchführen. Während in Amerika Stützpunkte zwei Kilometer entfernt von Wohnsiedlungen sein müssen, befinden sie sich in Okinawa mittendrin. In letzter Zeit wird die US-Armee umorganisiert, um angeblich die Belastung Okinawas zu verringern. Dahinter steckt jedoch nur die Absicht einer stärkeren Funktionalisierung der US-Armee und der japanischen Selbstverteidigungstruppen. Auf dem Kadena-Stützpunkt befindet sich, wenn auch nur vorübergehend, das neueste amerikanische Kampfflugzeug, Raptor F 22, außerdem auch Patriot-Raketen. Die Verringerung der Belastung Okinawas sieht so aus, dass Manöver mit den Kampfflugzeugen F 15 jeweils 10 Tage auf den Stützpunkten der japanischen Selbstverteidigungstruppen ständig Unfälle verursachen und Verbrechen begehen, hat meiner Meinung nach seinen Kampf um einen Anschluss an Japan geführt[*1] , weil es von der Japanischen Verfassung beschützt werden wollte. Ich habe drei „Großväter". Den dritten, Shoko Ahagon, habe ich mir selbst zu meinem Großvater ernannt. Großväterchen hat den Zweiten Weltkrieg erlebt und durch den Krieg seinen einzigen Sohn verloren. Um auf der Insel Iejima eine Landwirtschaftsschule nach dänischem Modell zu errichten, arbeitete er hart und redlich und erwarb sich viel Ackerland auf der Insel. Sein ganzes Land wurde nach dem Krieg von der US-Armee zu militärischen Zwecken beschlagnahmt. Darauf befindet sich übrigens der alte Flugplatz von Iejima, der zurzeit nicht benutzt wird. Aufgrund seiner persönlichen Erfahrungen wurde Shoko Ahagon zu einer zentralen Figur der Antikriegs- und Antistützpunkt-Bewegung. Bis zu seinem Tod im März 2002 mit 99 Jahren betonte er die große Bedeutung des Artikel 9, auch im Hinblick auf den Weltfrieden. In seinem Buch „Der größte Schatz ist das Leben" schreibt er wie folgt: „Ich denke, dass wir auf Iejima die ersten waren, die nach dem Krieg die japanische Nationalfahne[*2] hissten. Als die US-Armee uns unseres Landes beraubte, haben wir im Kampf dagegen die japanische Fahne gehisst. Die Amerikaner hatten damals verboten, die japanische Nationalfahne zu hissen, doch wir wollten ihnen damit beweisen: „Hier ist Japan". Wir dachten bei uns, dass uns die US-Armee nicht zu befehlen hat, ob wir die japanische Nationalfahne hissen sollen oder nicht und es vielmehr dem gesunden Menschenverstand widerspricht, dass die amerikanische Nationalfahne in Okinawa gehisst wird. Von dem Wunsch bestrebt, an Japan wieder angeschlossen zu werden und damit in den Genuss der Friedensverfassung zu kommen, haben wir die Nationalfahne gehisst." Aus dieser Äußerung ist ersichtlich, dass Okinawa schnell von der Unterdrückung der US-Armee befreit und unter den Schutzschild der Friedensverfassung kommen wollte. Zur Nationalfahne und zur Nationalhymne[*3] äußert sich Shoko Ahagon wie folgt: „Damals war die Nationalfahne eine

---

[*1] Alle Anmerkungen im Folgenden sind von d. Übers.: Bis zum 15. Mai 1972 stand Okinawa unter amerikanischer Besatzung. Die Bewohner hatten einen amerikanischen Pass und US-Dollar als Währung.

[*2] Die japanische Nationalfahne (Hinomaru = Sonnenrund) ist umstritten, weil sie von den umliegenden Ländern als Symbol der Invasion des Zweiten Weltkriegs gesehen wird.

[*3] Auch die Nationalhymne (Kimi ga yo) ist durch den Zweiten Weltkrieg vorbelastet.

Probleme gesprochen, aber ich kann mich nicht erinnern, dass bei normalen Gesprächen mit Freunden aus Okinawa die US-Stützpunkte des Öfteren zum Thema wurden. Nur wenn die Presse bezüglich der US-Armee berichtete, sprachen wir manchmal darüber. Nimmt man eine Zeitung von Okinawa in die Hand, dann vergeht so gut wie kein Tag, an dem nicht über die US-Stützpunkte berichtet wird. Das heißt, die junge Generation in Okinawa empfindet das Vorhandensein der US-Stützpunkte schon als eine Selbstverständlichkeit. Das ist sehr gefährlich.

Hier ein kurzer Überblick über die Meinungen, die von unserer Seite beim Symposium vorgetragen wurden: 《Da ich in einer Gegend aufgewachsen bin, die nicht unter den Stützpunkten zu leiden hat, erfuhr ich mit dem Eintritt in die Universität am eigenen Leib, wie die Stützpunkte u.a. durch die enorme Lärmbelästigung das tägliche Leben beeinflussen. Wir lernen in der Schule beim Thema Frieden zwar vom Kampf um Okinawa, aber es gibt keinen Unterricht zu der gegenwärtigen Lage der Stützpunkte. Daher sollte der Stundenplan der Grund- und Mittelschulen Okinawas wie folgt aussehen: Muttersprache, Mathematik, Militärstützpunkte, Englisch.》 《Die Farbe hat nichts zu sagen, aber ich trage ein oranges Armband. Es soll ein Zeichen für meine Haltung gegen die Stützpunkte sein. Diese Idee möchte ich noch mehr verbreiten in dem Sinne, dass die junge Gesellschaft es als Aufforderung zu Gesprächen bezüglich der Stützpunkte ansieht.》 《Was soll das unverschämte Angebot der Regierung an die Gemeinden: „Wenn ihr Militärstützpunkte bauen lasst, dann erhaltet ihr Subventionen!" Was sollen diese einmaligen Finanzspritzen? Gibt es nichts Wichtigeres als die Stützpunkte, zum Beispiel die Natur? Zur Verlegung des Futenma-Stützpunktes darf es nicht kommen. Wir Studenten müssen unsere Stimmen erheben und uns dafür einsetzen, dass der Futenma-Stützpunkt sofort aufgelöst und der Grund und Boden bedingungslos an die ehemaligen Besitzer zurückgegeben wird.》 《Wie wäre es, gerade auf dem zurückerhaltenen Grundstück ein Zentrum zur Friedensunterweisung zu errichten, das sich ganz der Friedenslehre widmet. Um das verwirklichen zu können, müssen wir Jugendlichen uns noch mehr anstrengen.》

Okinawas größtes Manko ist, dass es sich bis heute nicht unter den Fittichen der Verfassung befindet. Okinawa, ein Gebiet, wo Angehörige der US-Armee

7. Okinawa wurde noch nie vom Friedensartikel beschützt

Yusuke Kawano (1984 geb.)
Ryukyu Universität, Okinawa,
Fakultät für Jura, Ökonomie und Humanwissenschaft

Nie zuvor in der Geschichte der Menschheit war die Welt so erfüllt von Wut und Furcht. Sie ist zu einer Welt geworden, in der Gewalt in Form von Terror durch vielfach verschlungene schreckliche Verkettungen stets neue Gewalt gebiert, und in der die durch menschliche Habgier hervorgerufenen Streitigkeiten kein Ende nehmen wollen. Angesichts der gegenwärtigen Verhältnisse, dabei die heutige Situation Okinawas miteingeschlossen, möchte ich darlegen, wie wichtig die Japanische Verfassung ist und wie groß ihre Bedeutung für die Zukunft der Welt.

Ich bin auf Okinawa geboren und aufgewachsen, und zwar im nördlichen Teil der Hauptinsel, in der Stadt Nago. Gerade vor ein paar Tagen fand das von der Stadt Ginowan veranstaltete „Symposium Futenma-US-Militärflughafen" statt. Dabei fungierten sechs Studenten der sich unter der Flugroute befindlichen Ryukyu Universität, Okinawa Internationalen Universität und Okinawa Christlichen Universität als Panelisten und tauschten ihre Meinungen zum Problem der Verlegung des Funtenma-Flughafens aus. Ich war einer der Panelisten, und offen gestanden spürte man deutlich, dass sich jeder von uns sechs jungen Leuten bewusst war, dass er etwas zur Lösung des Problems der Militärstützpunkte auf Okinawa beitragen muss. Es brachte mir viel, dass ich mich mit Menschen in meinem Alter, die auch aus Okinawa stammen, austauschen konnte. Da ich schon früher an Demonstrationen und an Friedenslernzirkeln von Bürgerinitiativen teilgenommen hatte, besitze ich schon eine ausgeprägte Haltung gegen Krieg und Militärstützpunkte. Mit Freunden außerhalb Okinawas habe ich über diese

braucht meistens nicht viel, um einen Krieg zu beginnen. Vor allem durch die aktuellen Entwicklungen in der Welt, sind wir alle gefragt. Wir dürfen nicht denken, dass wir nichts ändern können. Nur wenn wir unsere Möglichkeiten und unsere Rechte nicht nutzen, können wir nichts erreichen. Auch wenn man sich nicht sonderlich für Politik interessiert, sollte man seine grundlegenden Rechte wahrnehmen. Gerade in so wichtigen Augenblicken wie jetzt, in denen über die Änderung der Verfassung und des Artikel 9 entschieden wird. Politik ist nicht etwas, das einfach passiert, sondern etwas, das man mitbestimmen kann.

obwohl es von manchen so empfunden wird, sondern wir sollen über die Gründe nachdenken. Wie konnte so etwas passieren? Wie konnte ein ganzes Volk so etwas zulassen? Was hätte ich getan? Hätte ich etwas tun, etwas verhindern können?

Auch die Menschen damals standen nach dem Krieg unter Schock. Der Krieg hatte viel Leid verursacht. So etwas wollte man nicht noch einmal erleben. Deshalb wurde in Deutschland der Wunsch nach Frieden im Artikel 26 des Grundgesetzes ausgedrückt, der besagt, dass „Handlungen, die geeignet sind und in der Absicht vorgenommen werden, das friedliche Zusammenleben der Völker zu stören, insbesondere die Führung eines Angriffskrieges vorzubereiten, […] verfassungswidrig" und „unter Strafe zu stellen" sind. (BGB1. II, Artikel 26 (1)) Japan erging es nach dem Krieg genauso, daher hat Japan auch in seiner Verfassung in dem Artikel 9 niedergeschrieben, dass es niemals wieder Krieg führen wird. Das Besondere an diesem Artikel ist aber, im Gegensatz zum deutschen Artikel 26, dass er eindeutig und kompromisslos den Krieg kategorisch ablehnt. Dabei ging Japan noch einen Schritt weiter. Es hat „den Krieg als ein souveränes Recht der Nation […] abgeschafft". (Artikel 9 der Japanischen Verfassung) Damit verzichtet Japan auf die Anwendung von Gewalt, um Konflikte zu lösen. Japan hat dadurch seine Konsequenzen aus dem Zweiten Weltkrieg gezogen und erkannt, dass Krieg niemals die Lösung von politischen Problemen sein kann. Das ist Japan hoch anzurechnen. Damit legt Japan seinen Schwerpunkt auf politische Maßnahmen und humanitäre Hilfe an Stelle von militärischer Unterstützung. Das zeigt sich, finde ich, in den Bemühungen Japans in den Vereinten Nationen und in den ASEAN.

Japan ist zusammen mit den USA eines der größten Geldgeberländer der Vereinten Nationen und des Weiteren unterstützt Japan die Vereinten Nationen mit Hilfsmitteln und Wissen im Bereich der Technik und Logistik. Japan bemüht sich also darum, sich international zu engagieren, ohne Gewalt einsetzen zu müssen. Das ist ein erstrebenswertes Ziel und ein wichtiger Beitrag zum Erhalt des Friedens.

Die Geschichte lehrt uns, wie wichtig es ist, dass man die Vergangenheit nicht vergisst. Die Fehler, die in der Vergangenheit begangen wurden, helfen uns, nicht dieselben Fehler noch einmal zu begehen, wenn wir sie gewissenhaft lernen. Es

6. Nie wieder Krieg in Deutschland und Japan

Jessica Borowski (1981 geb.)
Rheinische Friedrich-Wilhelms-Universität Bonn,
Übersetzen (Japanisch/Englisch)

Als Studentin in einem Fach mit Japanbezug hatte ich natürlich schon vom Artikel 9 gehört, aber mich nie eingehend mit der Politik Japans beschäftigt. Daher kann ich nur einen kleinen Beitrag zu diesem Thema leisten und nur meine eigene, eher unwissenschaftliche Meinung dazu äußern. Andererseits möchte ich mit meiner Teilnahme an dem Projekt zeigen, dass auch weniger politisch gebildete Menschen sich mit der Problematik des Artikel 9 auseinandersetzen können, wenn sie vor den Geschehnissen der Gegenwart und Vergangenheit nicht die Augen verschließen.

Während meiner Schulzeit habe ich viel über die Gräueltaten und die Verbrechen der Deutschen im Zweiten Weltkrieg gelernt. Über die Verhaftungen, die Konzentrationslager, die Massenmorde … Wir haben Filme gesehen, Texte und Tagebücher gelesen und auf unserer Klassenfahrt nach München sind wir auch zum ehemaligen Konzentrationslager Dachau gefahren und haben mit einem Mann gesprochen, der dort inhaftiert gewesen war. Dieser Besuch hat mich schwer getroffen. Ich fand es einfach unfassbar, dass vor vergleichsweise kurzer Zeit, Menschen an dem Ort eingesperrt und gefoltert wurden, an dem ich in jenem Augenblick gerade stand. Auch wenn der Zweite Weltkrieg lange zurückliegt und die eigenen Eltern und man selbst nichts mehr vom Krieg und Leid miterlebte, hat der Krieg bis heute noch Spuren hinterlassen.

Deshalb glaube ich auch, es war gut und wichtig, dass ich in der Schule so viel über den Zweiten Weltkrieg gelernt habe. Wir sollen nicht vergessen, was damals passiert ist. Es dient nicht zur Abschreckung oder Einschüchterung,

dem Artikel 9 entschied sich Japan für diese Einigkeit, aus der Frieden keimen wird. Diese einzige Möglichkeit zum Frieden muss erhalten bleiben. Und gerade wenn die japanische Regierung sich immer mehr von der Vernunft entfernt, müssen die Bürger näher an sie heranrücken.

überstaatliche Organisationen, die durch die vielen in ihnen vereinten Nationen mehr Macht besitzen als es für Japan möglich wäre und sie diese aufgrund der durch die Überstaatlichkeit gegebene Objektivität (z.B. der Ausgleich länderspezifischer „Ausrutscher") gewissenhafter einsetzen kann, den Blick auf den (endgültigen) Frieden gerichtet.
Nun wird mancher (automatisch) antworten, endgültigen Frieden gäbe es nicht, was wohl leider auch der Wahrheit entspricht, solange es Menschen gibt.
Aber:
Ich als Musiker, Kontrabassist, strebe im Wissen, dass es keine praktische Perfektion gibt, diese trotzdem an. Das ist die Motivation, die mich dazu treibt, beim Üben meines derzeitigen Solokonzertes das Hauptmotiv (4 Takte à 4 Viertel) stundenlang zu bearbeiten, bis ich dann, ob der Vernachlässigung der nicht minderschweren nachfolgenden Passagen aus schlechtem Gewissen (das Niveau eines jeden einzelnen Tones muss schlussendlich gleich hervorragend sein), aber auch aus gerechtfertigter Zufriedenheit (nicht über den Arbeitsaufwand, sondern das Ergebnis, das ich gegebenenfalls auch nicht zur Schönrederei in Relation zum vielleicht noch geringen Aufwand stelle) doch weiter gehe. Nach dem Konzert dann weiß ich, dass ich stolz auf das Erreichte sein kann, auch wenn es nicht perfekt ist, was doch mein Ziel war.
Statt zu resignieren, wie es üblich wäre, wenn das Angestrebte unerreichbar ist, gibt es mir die Motivation, mich noch steigern zu können und nimmt gleichzeitig die Angst vor dem tiefen Loch des Wohlstands, in dem wir zu versinken scheinen.
Ist der Artikel 9 so vollkommen, dass man ihn erst zerstören muss, um sich dann langsam an das schon erreichte Ziel heranzutasten um der Selbstbefriedigung willen? Gerade durch die Vernunft der Verfassung, nur ernten zu können, was man gesät hat, konnte die japanische Nachkriegszeit zu der Blütezeit werden, die sie war und die Japan ein ehrenhaftes und sogar vorbildhaftes Image gibt.
Es ist ein klares Zeichen, wenn eine hochtechnologisierte Nation keine Streitkräfte unterhält. Es ist der Beginn einer neuen Ära, einer Ära, in der die Macht eines Staates nicht von seiner „sozialen Kompetenz" und nicht von seiner Waffengewalt abhängt. Auch wenn jeder einzelne Staat individuell ist, was in einem zumutbaren Maß auch toleriert wird, gibt es den Weg zur Einigkeit. Mit

5. Der Artikel 9 – Die Verwirklichung eines Ideals

Simon Hartmann (1989 geb.)
Vorstudent an der Hochschule für Musik Freiburg,
Kontrabass

Für jeden Menschen, der intelligent und interessiert genug ist, um ein zum „normalen" Leben benötigtes Maß an Weitsichtigkeit vorzuweisen, sollte mindestens ein Hang zum Pazifismus natürlich sein. Diese Weitsichtigkeit lässt die japanische Politik immer mehr vermissen und sie fährt somit geradewegs in eine Sackgasse, die der „große Bruder" als Hauptstraße ausschildert. Nur mit vereinter Kraft lässt sich noch ins Lenkrad greifen. Aber warum sollten wir das? Ist ein Existenzrecht nicht gleichbedeutend mit einem Selbstverteidigungsrecht, das das aufrichtige Streben nach einem auf Gerechtigkeit und Ordnung gegründeten internationalen Frieden (s. Artikel 9, Absatz 1 der Japanischen Verfassung) nicht ausschließt?
Selbstverteidigung bedeutet, sich (präventiv) und aktiv vor einer als schädlich identifizierten Fremdeinwirkung zu schützen, wobei im Extremfall nur der eigene Schaden, den es zu verhindern gilt, zählt. Das heißt, dass ein Recht zur unbeschränkten Selbstverteidigung das Recht, einen anderen zur Vorbeugung vor eigenen Schäden jeglicher Art und Größe zu vernichten, einschließt. Selbstverteidigung ist folglich nicht von Grund auf so gerecht, wie es uns weisgemacht werden soll, und dass der egozentrische Gebrauch international gebundener Staaten keinesfalls distopisch ist, wurde uns unlängst bewiesen.
Die Arroganz der Mächtigen und die Gewissenlosigkeit der Massen lassen den Wert von Frieden und Gerechtigkeit immer weiter sinken, als hätte man nichts gelernt aus früheren Irrfahrten. Der Verzicht auf nationale Streitkräfte bedeutet mitnichten den Verzicht auf gleichwertige Existenz, nicht umsonst gibt es

jeder Hinsicht die größte Wirkung haben. Indem man der „Gewalt" den Riegel vorschiebt, stoppt man die Nahrungszufuhr der kapitalistischen Wirtschaft. Deshalb ist der Artikel 9 nicht nur gegen Krieg, sondern gegen jede Art von „Gewalt" wie Umweltverschmutzung oder Zerstörung der Natur wirksam.

Einige Menschen befürchten, dass die Wirtschaft nicht mehr funktionieren kann, wenn sich der Artikel 9 auf der ganzen Welt verbreitet. Und tatsächlich, wir haben noch nichts erfunden, was die kapitalistische Wirtschaft ersetzen kann.

Ich glaube aber, dass die Menschheit in dem Moment, wenn die „Gewalt" auf der Erde nicht mehr existieren kann, eine neue Wirtschaft (= Tauschhandel), die die alte kapitalistische überwunden hat, ganz von selbst gestaltet. Die neue Wirtschaft wird zurzeit vom gewaltmäßigen kapitalistischen „Tausch" in ihrer Entwicklung behindert.

Die jenseits des Artikel 9 sichtbare neue Wirtschaft ist eng mit dem Frieden verbunden.

Die Menschheit hat nur eine Zukunft, wenn den Idealen des Artikel 9 tatsächlich zu Leben verholfen wird. Nur dem Artikel 9 ist es möglich, den Menschen eine Zukunft zu schenken.

Sicher gibt es Menschen, die behaupten, der Artikel 9 bleibe so machtlos wie bisher, wenn das System der kapitalistischen Wirtschaft, das als Verursacher von Kriegen gilt, nicht ausgemerzt wird. „Kein Krieg" ist ja nicht gleichbedeutend mit „Frieden". Werden nicht, wie an den Philippinen zu sehen ist, Umweltverschmutzung und Zerstörung der Natur von den kapitalistischen Systemen verursacht? Und wird es von nun an auch ohne Krieg nicht sehr viele Leidtragende und Opfer geben, da das Gleiche überall auf der Welt geschieht?
Der Artikel 9 ist der indirekten Gewalt der sogenannten „Wirtschaftsherrschaft" gegenüber machtlos. Und wenn man die „Gewalt" auf der ganzen Welt vernichtete, wählt sich dann nicht das kapitalistische Wirtschaftssystem ein anderes Ventil als den Krieg und stiftet noch mehr Unheil?
Das totale Abholzen von Wäldern und Hainen und das Verseuchen von Bergen und Flüssen kann als indirekte Gewaltanwendung bezeichnet werden, was aber nichts an der Tatsache ändert, dass es „Gewalt" ist. Und dem Argument, dass das Wirkungsfeld des Artikel 9 bis dahin nicht reicht, kann nicht viel entgegengebracht werden.
Es gibt aber stets Menschen, die ihren Lebensraum beschützen wollen, da es Dinge gibt, die mit Geld nicht aufgewogen werden können. Doch diese Menschen werden mit „Gewalt" vertrieben.
Nicht außer Acht gelassen werden darf, dass die Wirtschaftsherrschaft, und sei noch so riesiges Kapital vorhanden, nur möglich ist, wenn die „Gewalt" mitarbeitet.
Anders gesagt, besteht die kapitalistische Wirtschaft weiter, indem sie Dinge, die nicht mit Geld aufgewogen werden können, so umwandelt, dass sie dann mit Geld aufwiegbar sind. Bei allen solchen Prozessen mischt stets die „Gewalt" mit und zeigt ihr wahres gewalttätiges Gesicht, wenn sie die Bewohner direkt angreift. Dass die wirkliche Gestalt der Gewalt als schwarze Schatten auf dem philippinischen Wandbild dargestellt wurde, hat meiner Meinung nach hohen symbolischen Wert. Dass sie nur aus der Sicht der am schlimmsten Gepeinigten dargestellt wurde, ist jedoch eine traurige Tatsache.
Kurz gesagt, ist die „Gewalt" nicht eine Seite der kapitalistischen Wirtschaft, sondern ihr tatsächliches Wesen.
Der Artikel 9 muss von seinem Geist her, jegliche „Gewalt" zu verbieten, in

Zweifellos wurde Japan „nach dem Krieg" auf den ersten Blick zu einer Wirtschaftsgroßmacht „neu geboren". Aus dem Film (aus philippinischer Perspektive) jedoch wird deutlich sichtbar, dass das Subjekt, das den Krieg verursachte und ohne Wunden überlebte, nur in anderer Gestalt wieder auftauchte.

Das kapitalistische Wirtschaftssystem der japanischen Nachkriegszeit wurde vom Artikel 9 unter seine Fittiche genommen und jeden Tag wird uns vor Augen geführt, wie es blüht und gedeiht. Auf der anderen Seite führte der Artikel 9 mit seinem Verbot der „Rüstung" dazu, dass Japan sich mit Amerika zusammenschloss und erneut lospreschte. Koreakrieg, militärische Stützpunkte auf Okinawa, Wirtschaftsbeherrschung von Südostasien, insbesondere von den Philippinen. Die Verursacher des Zweiten Weltkriegs, diese „schwarzen Schatten" wüten an den gleichen Orten aufs Neue. Es ist also nicht falsch zu behaupten, dass der Artikel 9 die Schatten verursacht, in denen die „Gewalt" um sich schlägt.

Für Japan selbst hat der Artikel 9 „einen Frieden ohne Krieg" gebracht, doch dass die umliegenden Länder in einen „nichtfriedlichen Zustand" gestürzt wurden, dagegen konnte er nichts unternehmen. Außerdem hat uns die kapitalistische Wirtschaft ein wohlhabendes, friedliches und heiteres Leben beschert, initiiert aber stets irgendwo anders Gewalt und Krieg.

Dass es nach dem Krieg zu keiner tatsächlichen Verwirklichung des „Artikel 9" kam, liegt meiner Ansicht nach daran, dass „Licht" und „Schatten" sich allzu leicht zusammenfügten.

Falls der Artikel 9 noch eine Überlebenschance hat und ihm die Möglichkeit erteilt wird, richtig zu „leben", so ist es unerlässlich, die Orte aufzuspüren, an denen die kapitalistische Wirtschaft als „schwarze Schatten" Übles tut und alles durch den Artikel 9 ans Licht zu bringen. Darüberhinaus haben wir stets auf den Schatten zu achten, der durch den Artikel 9 geworfen wird. Der Artikel 9 der Japanischen Verfassung ist ja nur das Licht eines einzigen Artikels. Sollten auch andere Länder einen „Artikel 9" in ihrer Verfassung verankern, so würden bald zwei Lichter, dann drei, vier, fünf usw. aufleuchten, und mit jedem weiteren Licht verkleinerten sich die Schatten. Und wenn alle Länder der Welt einen „Artikel 9" besitzen, dann verschwinden die Schatten ganz.

Artikels seit dem Ende des Zweiten Weltkriegs kein japanischer Soldat durch Anwendung von Waffengewalt im Ausland jemanden getötet hat. Wie denkt aber die philippinische Bevölkerung darüber? Was bedeutet für sie der Artikel 9? Welchen Wert hat er für sie? Die Philippinen, deren Freunde von der Polizei ermordet wurden, werden wohl sagen, dass die Japaner nur ihre eigenen Hände nicht schmutzig machen wollen.

Dieser Artikel 9 ist jetzt dem Tod verschrieben. Das gegenwärtige Japan besitzt die zweitgrößte Armee auf der Welt, und die Regierung treibt die Schritte zur Verfassungsänderung rasch voran.

Jeder, der die Verfassung liest, kann nur die in der Präambel und dem Artikel 9 niedergelegten menschlichen Ideale bestätigen, muss sich dabei aber auch fragen, warum sie überhaupt nicht verwirklicht und universal gesehen werden. Wenn das, was der Artikel 9 anstrebt, wirklich nur bloße „Ideale" sind, dann stellt sich die Frage, was, d.h. welche „Realität" die Verwirklichung dieser Ideale verhindert.

Zu dieser Frage führte mich die Perspektive von den Philippinen her.

Gleichzeitig fand ich aber auch die Antwort darauf in den Philippinen.

Die vorhin erwähnten „schwarzen Schatten" auf dem Wandbild, die hinter den Soldaten und dem Tenno bedrohend lauern, werden von Regisseur Takaiwa im Film als die japanischen „Konzerne / Kapitalisten" bezeichnet.

Um dem „Kapital" Gewinne zuzuführen, ist der Einsatz von „Rüstung" der schnellste Weg. „Rüstung" braucht Kriege, und wenn Kriege geschickt gewonnen werden, erhält man dadurch Land und Bodenschätze, deren Gewinne wieder dem „Kapital" zufließen. Für die besetzten Gebiete braucht man um so mehr „Militärpräsenz", und die „Rüstung" steigt ins Uferlose. Damit werden weitere Kriege erforderlich ... Um diesen Kreislauf zu schaffen wurde zu Beginn der Showa-Ära (1926-1988) zum gewünschten Zeitpunkt „Terror" inszeniert. Die japanischen „Konzerne / Kapitalisten" machten das geschickt und vergrößerten sich dadurch immens.

D.h. sie benötigten Kriege, um ihre Ziele durchsetzen zu können.

Folglich werden Kriege nicht von Politikern, politischen Systemen oder von sogenannten Terroristen, die keine Moral haben, geplant, sondern sind notwendig, um das System der kapitalistischen Wirtschaft zu erhalten.

41

philippinischen Tropenwald und verwandelten 80 % des abholzbaren Urwaldes in eine nackte Wüste. Mit dem extrem billigen Bauholz konnte Japan dann sein außergewöhnliches Wirtschaftswachstum durchführen.

Da die Löhne auf den Philippinen im Vergleich zu Japan sehr niedrig sind und die Bestimmungen bezüglich des Umweltschutzes äußerst locker, wurden zahlreiche japanische Fabriken dorthin verlegt. Die Folge war, dass die Umwelt mit Unmengen von schädlichem Abfall verseucht wurde. Durch die Abholzung von Wäldern und die Umweltverschmutzung wurde das umliegende Meer verseucht, sodass die bis dahin vom Fischfang lebenden Bewohner ihrer Lebensgrundlage beraubt wurden.

Mit der halb aufgezwungenen „Erschließung" wurden den Philippinen gigantische Yen-Darlehen (später Weiterentwicklung zu ODA) auferlegt, die jetzt noch mit Zinsen zurückzuzahlen sind, wodurch die Zuwendungen im sozialen Bereich an die Bevölkerung völlig im Nachzug sind. Zwar bildete sich eine Schicht von Wohlhabenden, deren Lebensstandard stieg, doch das Leben der Menschen mit geringem Einkommen ist härter denn je.

Die vom Wirtschaftswachstum überrannte philippinische Regierung wurde von der japanischen Regierung immer wieder unterstützt, sodass sie es den japanischen Unternehmen in allen möglichen Bereichen erleichterte, auf den Philippinen zu produzieren. Sie schränkte die Rechte der Arbeiter ein und verbot die Bildung von Gewerkschaften. Ebenso wurden die Bestimmungen bezüglich Müll und Emissionen erheblich gelockert.

Die Grundstücke für den Bau der japanischen Fabriken verschaffte sich die philippinische Regierung mit Hilfe der Armee, indem sie die Häuser der ansässigen Bevölkerung zerstörte. Selbstverständlich nahm die Bevölkerung das nicht so einfach hin. Wer sich zur Wehr setzte, wurde aber von der Polizei verhaftet, ins Gefängnis gesteckt, gefoltert oder umgebracht. Kurz gesagt, die philippinische Armee hat die Rolle der japanischen Armee während der Besatzungszeit im Zweiten Weltkrieg übernommen.

Für den Großteil des philippinischen Volkes hat die in Japan vorherrschende Aufteilung in „Vor- und Nachkriegszeit" keine große Bedeutung.

Der Artikel 9 der Japanischen Verfassung lehnt Krieg, Bewaffnung und das Recht auf Kriegsführung ab. Der Stolz der Japaner ist, dass aufgrund dieses

4. Der Artikel 9 aus philippinischer Sicht

Nobuo Kasai (1970 geb.)
Meiji Universität Tokyo,
Wirtschaftswissenschaften (Fakultät für Politikwissenschaft und Wirtschaft)

In dem Dokumentarfilm „Von dem Krieg hat uns niemand erzählt – die Philippinen" zeigt Regisseur Jin Takaiwa[*1] eine Wand in der Eingangshalle des Rathauses von Manila, auf der die japanische Invasion im Zweiten Weltkrieg dargestellt ist: Zahllose japanische Soldaten stehen auf der niedergedrückten philippinischen Bevölkerung und jubeln, dahinter ein lachender Tenno. Hinter ihnen fliegen gespenstige schwarze Schatten umher. Was hat es mit diesen Schatten auf sich?

Im Zweiten Weltkrieg fiel Japan in die Philippinen ein und riss die Herrschaft an sich. 1945, mit der Niederlage Japans, wurden die Philippinen von der japanischen Unterdrückung befreit. Das Jahr 1945 hat für Japan eine besondere Bedeutung, da das Land mit diesem Jahr neu geboren wird. Für die Philippinen hatte dieses Jahr trotz der Befreiung keine große Bedeutung.

Auch nach 1945 wurden die „Besetzung" und „Beherrschung" fortgesetzt, nur in anderer Form. Statt einer direkten Waffengewalt der Armee erfolgt nun eine „Wirtschaftsherrschaft", die unter dem Mäntelchen der „Entwicklungshilfe" die Bevölkerung ihrer natürlichen Lebensumstände beraubt und ihre Arbeitskraft ausbeutet. Japan machte mit seinem ehemaligen Feind Amerika in dessen „neuer Kolonialpolitik" gemeinsame Sache und verübte erneut „Besetzung" und „Beherrschung".

Die japanischen „Handelsfirmen" richteten ihr Augenmerk auf den üppigen

---

[*1] Takaiwa, Jin 1995 und 2002: Von dem Krieg hat uns niemand erzählt – Philippinen, Yokohama: Eizo Bunka Kyokai

39

I Der Artikel 9 um der Menschheit willen

Weißt du, was zwei Augen verbindet?!
Sie blinzeln zusammen.
Sie bewegen sich zusammen.
Sie weinen zusammen.
Sie sehen Dinge zusammen, und sie schlafen zusammen.
Auch wenn sie sich nie sehen - - - Das ist Freundschaft!

Ein Dankeschön an Jan Hope.

Sie möchten nur in der Heimat mit ihrer Familie glücklich zusammenleben. Dass dies nicht möglich ist, diese Tatsache wurde mir bei meiner Reise vor Augen geführt. Können Kriege, die von der herrschenden Schicht mit dem Ziel, die Unzufriedenheit der Menschen nach außen zu richten, initiiert werden, den Menschen wirklich ihr gewünschtes Mindestmaß an Glück verschaffen? Letztendlich kämpfen und verletzen sich die gleichen ganz „normalen" Menschen.

Sollte unsere Regierung einen Krieg beginnen, dann sicher in der Absicht, unsere Nachbarn anzugreifen. Die japanische Regierung muss die Bewohner der anderen asiatischen Länder aufsuchen und mit ihnen sprechen. Auch wenn man nichts von ihrer Kultur und ihrem Leben weiß, unterweisen sie uns freundlich und hören uns aufmerksam zu. Das gegenseitige Kennenlernen muss an erster Stelle stehen. Ist man freundschaftlich verbunden, dann versucht man zu verstehen, warum der vom Freund vertretene Standpunkt so verschieden im Vergleich zum eigenen ist, und man überlegt angestrengt, was zu tun ist, damit beide Seiten glücklich werden können.

Zum Schluss noch ein Gedicht von einer Freundin, die auf der Leyte Insel eine Krankenschwesterausbildung macht.

"Do you know the relationship between two eyes?!"
"They blink together."
"They move together."
"They cry together."
"They see things together, and they sleep together."
"Even if they never see each other... That's friendship!"

Thanks for Jan Hope.

zurück.

Womöglich entstand ein Krieg zunächst, um Menschen, die man liebt, zu beschützen. Doch dabei darf man Folgendes nicht außer Acht lassen: Auch der verhasste Feind hat eine Familie. Warum können Menschen, die das gleiche Ziel verfolgen, nicht aufeinander zugehen?

Diese Reise führte mich auch zur Leyte Insel[*1] auf den Philippinen, die in Japan durch den Roman von Ooka Shohei berühmt wurde. Die Umstände der erneuten Landung MacArthurs im Jahr 1944 sind mit einer Bronzestatue festgehalten. Ich wohnte mit Schülern einer dortigen Krankenpflegerschule zusammen in einem Dorf, das ganz von Reisfeldern umgeben ist. Bei der gemeinsamen Morgengymnastik zeigte mir eine alte Frau eine Wunde, die ihr im Krieg zugefügt wurde. Ein Bajonettschnitt quer über die Brust. Ich nahm allen Mut zusammen und fragte sie nach dem Krieg. Die Schülerin, die für mich dolmetschte, gab mir zur Antwort, die alte Frau hätte gesagt, sie habe es vergessen. Die Schülerin sagte, die Frau sei zu alt, um sich erinnern zu können, aber wer weiß schon die Wahrheit.

Auch hier auf den Philippinen sind medizinische Mittel ungleich verteilt. Die Ausgaben für Arzt und Medikamente belaufen sich auf knapp 2% des Bruttosozialprodukts, doch den Dörfern, wo mehr als die Hälfte der Bevölkerung lebt, sind nur 10% der Ärzte zugeteilt. Diese Tendenz ist auch bei Krankenpflegern und Hebammen zu beobachten, die doch die Stützen der ländlichen medizinischen Versorgung darstellen. Der Großteil der Ärzte, Krankenpfleger und Hebammen befindet sich in den Großstädten oder im Ausland, darunter Amerika, Kanada, Großbritannien usw. Die Träger der medizinischen Versorgung haben ihr Land und ihre Landsleute nicht einfach im Stich gelassen. Die meisten gingen ins Ausland, um ihre eigenen Familien unterstützen zu können.

Es geht diesen Menschen nicht darum, im Ausland Reichtümer anzuhäufen.

[*1] Vor der Leyte Insel fanden im Oktober 1944 Seeschlachten zwischen Japan und den Alliierten statt, bei der die japanische Marine große Einbußen erlitt. Drei Schlachtschiffe, vier Flugzeugträger, zehn Kreuzer und neun Zerstörer gingen insgesamt verloren – das war etwa die Hälfte aller größeren Einheiten.
Von den über 80.000 auf der Insel stationierten japanischen Soldaten fielen zwar manche in den Kämpfen, der Großteil jedoch verhungerte oder starb an Krankheiten, da die Schiffe, die Lebensmittel und Medikamente liefern sollten, von den Alliierten versenkt worden waren.

Familienmitglieder von der Regierungsarmee ermordet wurden. Nur weil es sich um eine Siedlung des Karenstammes handelte, wurden ihre Häuser in Brand gesetzt, sodass sie nur mit dem, was sie am Leib trugen, in den Dschungel fliehen mussten. Ständig in der Angst, von der Regierungsarmee entdeckt und umgebracht zu werden, kamen sie dann endlich in Thailand an. Auch andere Gefahren lauern während der Flucht, im Winter erfrieren die Kinder, in der Regenzeit gibt es Kinder, die an Durchfall sterben, junge Schwangere sterben an Komplikationen, da ihnen nicht einmal die einfachste Behandlung zukommt, und die überall versteckten Minen, die den Menschen schreckliche Wunden zufügen oder sie töten. Die Mitglieder des medizinischen Teams, die ihre Freunde oder Familienmitglieder so sterben sahen, entschlossen sich, einen Beruf zu wählen, mit dem sie Menschenleben retten können.

Kann jemand, dem solche Tatsachen von einem Freund berichtet werden, immer noch den Krieg als ein außenpolitisches Mittel befürworten? Durch die Berichte meiner Freunde konnte ich erfahren, wie töricht es ist, nach Waffen zu greifen und sich gegenseitig zu töten. Natürlich gab es unter ihnen auch welche, die sagten, sie würden wenn nötig mit Waffen kämpfen. Trotzdem empfand ich für sie Sympathie, weil sie ihre Kraft nicht für die „Gerechtigkeit" ihres Stammes, sondern für die Zukunft einsetzen, in Form medizinischer Hilfe für das Leben der Menschen.

„I want to help the people", antwortete mir ein Mitglied des medizinischen Teams auf meine Frage nach seinem Zukunftswunsch. Ein japanischer Medizinstudent hat Hemmungen, seine Motive für das Medizinstudium und seine Zukunftswünsche in so einfache Worte zu fassen. Bei mir war es genauso. Bei uns wird es ausgeschmückt mit Floskeln wie, „ich möchte ‚schwerkranken' Menschen helfen". Die Worte „I want to help the people" zeigten mir die Selbstverständlichkeit, alle Menschen, auch die gesunden, mit einzubeziehen. Die Worte versetzten mir einen Schlag und boten mir gleichzeitig die Gelegenheit, über mich selbst nachzudenken.

Krieg besteht nicht allein darin, dass Menschen getötet, Länder in Besitz genommen werden und alles zu Ende ist, wenn der Feind besiegt ist. Die Leiden und Qualen sind mit Zahlen nicht ausdrückbar. Auch wenn ein Krieg zu Ende ist, bleibt er in den Herzen der Menschen in Form von schmerzhaften Wunden

I Der Artikel 9 um der Menschheit willen

Im Krieg aber stirbt man anders: Man stirbt jung und der Tod kommt noch plötzlicher, ist qualvoll und grausam.

Bei einer Reise durch die asiatischen Nachbarländer fühlt man, dass zunächst der Zweite Weltkrieg der Berührungspunkt zwischen den Menschen dort und Japan ist. Kommt man den Menschen ein wenig näher, dann erzählen sie u.a., dass die japanische Armee bis zu ihnen vorgedrungen ist. Auch wenn ich bis dahin nicht genau wusste, was für Japaner dort waren und was sie gemacht haben, so konnte ich bei meinem Besuch im „Haus des Karenvolkes", wo die Geschichte des Stammes weitererzählt wird, erfahren, dass sowohl Japaner als auch Birmanen zahlreiche Dörfer der Karen angegriffen hatten.

Doch wie sieht es in Japan aus? Werden eigentlich in Japan die Kriegserinnerungen weitergegeben? Die Erinnerungen an das erlittene Leid von Hiroshima und Nagasaki werden weitererzählt. Wie steht es um die Erinnerungen an das Anderen zugefügte Leid? Was hat mein Großvater im Krieg getan? Als ich in der Mittelschule war, erzählte mir mein Großvater, der letzten Sommer gestorben ist, vom Krieg. Er befand sich kurz vor Kriegsende als Rekrut auf einem Schulschiff und zwei seiner Kameraden starben durch Schüsse aus einem Maschinengewehr, abgefeuert von einem amerikanischen Grumman-Flugzeug. Ich muss zugeben, dass ich damals aufatmete, da es so schien, als habe mein Großvater niemanden getötet. Damals gab es aber 7 Millionen japanische Soldaten, und hätten die Väter und Großväter die schmerzlichen Erinnerungen als ihre eigenen Erfahrungen weitergegeben, käme niemand auf die Idee, wieder nach den Waffen zu greifen.

Der oben erwähnte Karenstamm, bildet in Birma die größte Minderheitengruppe. 60 Jahre lang führte der Karenstamm einen Unabhängigkeitskampf mit der Regierungsarmee. Wie viel für uns nicht nachvollziehbares Leid muss dieser Kampf gebracht haben. Auch jetzt noch werden die lebenswichtigen Dinge unbewaffneter einfacher Bürger, wie „Bildung, medizinische Versorgung und Hygiene, Lebensunterhalt und Selbstverwaltung" von der Regierungsarmee zerstört. In der thailändischen Krankenstation, wo ich mein Praktikum machte, werden Flüchtlinge aus Birma behandelt. Als ich mit den aus Birma stammenden Ärzten und Krankenpflegern sprach, erfuhr ich, dass bei der Hälfte von ihnen

3. Um uns mit den anderen Menschen in Asien zu verknüpfen

Atsushi Samura (1982 geb.)

Kyoto Universität,

Medizin

Ich studiere jetzt im 11. Semester Medizin, und wenn alles reibungslos verläuft, dann bin ich im nächsten Jahr Arzt. Im letzten Winter konnte ich als Praktikant Krankenstationen und Bauerndörfer in den ostasiatischen Nachbarländern besuchen. Das Praktikum bot mir Gelegenheit, mit vielen Menschen zu sprechen und tagtäglich über Asien, den Krieg und die Verknüpfungen zu Japan nachzudenken. Dass ich gleich nach der Rückkehr von dieser Reise um einen Essay über den Artikel 9 der Japanischen Verfassung gebeten wurde, schien mir wie eine Aufforderung, meine Reise zu überdenken und als eine Chance, meine Erfahrungen mit anderen Menschen zu teilen. In diesem Essay vertrete ich den Standpunkt, dass eine Änderung des Artikel 9 nicht nötig ist und werde im Folgenden erläutern, wie sich diese Meinung herauskristallisiert hat.

Zuerst habe ich mir überlegt, warum eine Änderung des Artikel 9 für nötig erachtet wird. Ich fand nur den einen Grund, nämlich dass erneut Waffengewalt durch Kriege als außenpolitisches Mittel dienen soll. Auch wenn ein Krieg notwendig scheint, muss doch erst überdacht werden, was passiert, wenn ein Krieg geführt wird. Die Japaner heutzutage verstehen zwar das Wort Krieg, aber nicht welche Leiden ein Krieg verursacht.

In diesem Land werden bedauerlicherweise Themen wie Altern und Tod möglichst umgangen. Sogar wenn ein alter enger Verwandter im Sterben liegt, eilt man erst auf den Anruf des Krankenhauses herbei und kommt dann mit ein bisschen Glück noch vor dem letzten Atemzug an. Vielleicht ist daran nichts zu ändern, aber alle Menschen seiner Umgebung warten nur auf seinen Tod.

„humanitäre Intervention" notwendig würde, erst gar nicht entstehen, anstatt seine militärische Rolle auf internationaler Ebene zu erweitern? Kann Japan nicht noch aktiver als bisher mit diplomatischen Mitteln versuchen, Menschenrechtsverletzungen zu verhindern und diese Konflikten „vorbeugende" Politik auch vor der Weltgemeinschaft selbstbewusst vertreten? Es wäre ein großer Rückschritt und ein großes Manko, wenn die Verfassung geändert und Japan ein „normales" Land würde. Alles das, was Japan in der Nachkriegszeit als Frieden achtendes Land über lange Jahre hinweg erreicht hat, würde mit einem Schlag zunichte gemacht.

Vertrauensbeziehungen und Abrüstung. Auch für Japan sollte es doch langfristig einen Weg geben, Krieg in Asien strukturell unmöglich zu machen, indem es mit anderen Ländern Asiens auf Gleichberechtigung basierende enge Beziehungen aufbaut und die Integration von Wirtschaft, Politik und Sicherheit vorantreibt. Für die Schaffung des Weltfriedens im Geiste des Artikel 9 sind friedliche Beziehungen auf der regionalen Ebene in Asien eine wichtige Voraussetzung.
Wie sollte eine Außenpolitik auf internationaler Ebene aussehen? Die Vereinten Nationen sind auch heute noch in vielen Belangen ein Werkzeug der Großmächte. In der gegenwärtigen Lage wäre es wohl für Japan nicht ratsam, seine nationale Sicherheit den Vereinten Nationen anzuvertrauen. Auch die Politik der japanischen Regierung, einen ständigen Sitz im Sicherheitsrat der Vereinten Nationen zu ergattern, scheint nur dazu zu dienen, Japans Stellung innerhalb der Vereinten Nationen zu verbessern. Die Regierung ist weit davon entfernt, auf internationaler Ebene egalitäre, friedliche Beziehungen zu schaffen. Anstatt die Stellung des eigenen Landes zu erhöhen, ist es doch für die Schaffung einer friedlichen Welt wichtiger, mit so vielen Ländern wie möglich zusammenzuarbeiten mit dem Ziel, eine Reform der Vereinten Nationen zu erreichen.
Diejenigen, die eine Änderung des Artikel 9 fordern, behaupten häufig, dass eine Änderung nötig sei, damit Japan in vollem Ausmaße an friedenserhaltenden Projekten teilnehmen und seinen Beitrag an die internationale Gemeinschaft zollen könne. Dieser Meinung nach würde es die internationale Gemeinschaft Japan niemals verzeihen, sollte es wegschauen und sich nicht an „humanitären Interventionen" beteiligen, wenn es irgendwo auf der Welt zu Völkermord oder anderen Menschenrechtsverletzungen kommt und sich so seiner moralischen Verantwortung entziehen. Was Kritiker dieser als „Friedenssenilität" bezeichneten Politik Japans allerdings übersehen, ist, dass Japan, zum Beispiel laut einer Umfrage der BBC das Land ist, das insgesamt in aller Welt am höchsten geschätzt wird. Die einzigen Länder, die Japans Außenpolitik nicht hoch einschätzen, sind China und Südkorea. Länder, bei denen es Japan versäumt hat, ernsthaft die bestehenden Geschichtsprobleme anzugehen.
Gibt es für Japan nicht auch den Weg, im Rahmen des Artikel 9 aktiv nach „vorbeugenden" Maßnahmen zu forschen, damit Situationen, bei denen eine

Arbeits- als auch im Familienbereich die Geschlechtergleichheit verwirklicht ist. Allerdings wäre es, selbst angesichts der derzeitigen Lage, wohl nur schwer vorstellbar, dass man deshalb den Artikel der Geschlechtergleichheit streichen würde. Zur Realisierung von Geschlechtergleichheit, d.h. der Würdigung dieses universalen Menschenrechtes, ist es wichtig Anstrengungen zu unternehmen, die einen diesem Ideal näherbringen. Auch im Falle des im Artikel 9 verkündeten Ideals eines „friedlichen Zusammenlebens ohne Waffen" ist es so, dass selbst wenn es utopisch sein sollte, es doch von größter Wichtigkeit ist, dieses Ideal als Norm aufzufassen, die das eigene Handeln leitet und sich zu bestreben, sich diesem Zustand anzunähern.

Ich glaube nicht, dass es angesichts der derzeitigen gesellschaftlichen Situation in Japan kurzfristig machbar ist, das japanisch-amerikanische Bündnis auf einen Schlag aufzulösen, die Selbstverteidigungsstreitkräfte abzuschaffen und Japans Frieden und Sicherheit den Vereinten Nationen zu überlassen. Es wäre wünschenswerter, die derzeitige Politik als Ausgangspunkt zu nehmen und sich in kleinen Schritten dem Ideal des Artikel 9 zu nähern. Zum Beispiel ist das Misstrauen, das Japan seinen Nachbarländern entgegenbringt, in meinen Augen übertrieben. Viele Politiker, Intellektuelle usw. schüren in den japanischen Massenmedien dieses Misstrauen, indem sie behaupten, China und Nordkorea stellten eine ernsthafte Bedrohung für Japan dar. Bei mir kommen allerdings Zweifel auf, wie real diese Bedrohung tatsächlich ist. Langfristig gesehen, ist die Wahrscheinlichkeit eines Angriffs Nordkoreas gering. Denkbar wäre vielmehr ein Nordkorea, welches durch die Unterstützung Japans und der internationalen Gemeinschaft wieder aufgebaut wird. Auch im Hinblick auf China werden früher oder später bei der Sicherung von Resourcen Verhandlungen nötig, die aber auf den schon bestehenden engen Beziehungen zu Japan aufgebaut und vertieft werden können.

Wenn man mit einer solchen nüchternen Sicht der Dinge Politik betreiben möchte, dann kann man sicherlich nützliche Hinweise gewinnen von dem Weg, den Deutschland und Europa in der Nachkriegszeit beschritten haben. Die europäische Nachkriegsgeschichte liefert reichhaltiges Material in Bezug auf die ernsthafte Aufarbeitung der Vergangenheit, Stärkung der politischen und wirtschaftlichen Beziehungen auf staatlicher Ebene, Aufbau von

Politik birgt allerdings die Gefahr in sich, noch stärker in Abhängigkeit zu Amerika zu geraten, als es gegenwärtig der Fall ist.

In letzter Zeit argumentieren in der amerikanischen Debatte über die amerikanische Asienpolitik viele Intellektuelle, das Ziel der amerikanischen Asienpolitik solle nicht die Eindämmung Chinas sein, sondern der Ausbau der kooperativen Beziehungen zu China, letztendlich aber auch die militärische „Abschreckung" gegenüber China. Falls das japanisch-amerikanische Bündnis letztendlich auf die militärische Abschreckung Chinas abzielen sollte, so ist die Wahrscheinlichkeit groß, dass dies zu einem schwerwiegenden Hindernis für regionale Integration und den Aufbau von friedlichen Beziehungen in Asien wird. Auch würde es für Japan schwierig werden, eine von den Vereinigten Staaten unabhängige Asienpolitik zu verfolgen, um die Beziehungen mit den asiatischen Ländern zu stärken. Und noch viel schlimmer - Japan könnte auch jedesmal, wenn sich die Asienpolitik und Weltstrategie Amerikas ändert, dazu gezwungen sein dieser zu folgen.

Man könnte auch die Überlegung anstellen, dass eine Verfassungsänderung der japanischen Außenpolitik mehr Bewegungsfreiheit brächte. Wenn man den Verfassungssänderungsentwurf der LDP liest, so werden die Beschränkungen des Handlungsspielraums der in „Selbstverteidigungsarmee" umgetitelten Selbstverteidigungstreitkräfte abgeschafft. Japan könnte damit auf die eigene militärische Stärke vertrauend die Beziehungen zu Amerika revidieren. Auch wenn ein Teil der konservativen Kräfte in Japan eine solche Entwicklung herbeisehnt, so ist die Wahrscheinlichkeit groß, dass die Stärkung des japanisch-amerikanischen Bündnisses fortgesetzt wird, da hinter der von der LDP vorgeschlagenen Verfassungsänderung auch der starke Druck Amerikas steht.

An sich ist es ein seltsames Argument, man müsse an der Verfassung nur den Artikel 9 ändern, da zwischen Verfassung und Realität eine Kluft bestehe. Zum Beispiel wird in Japan die „Gleichberechtigung von Mann und Frau" im Artikel 24 der Verfassung garantiert. Ungeachtet dessen ist das Niveau der Gleichberechtigung der Geschlechter in Japan laut internationalen vergleichenden Statistiken, wie zum Beispiel dem „Human Development Report" (2004) der UNO sehr niedrig. Auch wenn es einige Anstrengungen gibt, die Kluft zwischen Verfassung und Realität zu schließen, kann man nicht sagen, dass sowohl im

Demokratie gefährdenden Tendenzen gegenüber zu widersetzen weiß.

Im Unterschied zu Japan ist es möglich, die deutsche Verfassung, das Grundgesetz, vergleichsweise einfach zu ändern. Eine Zweidrittelmehrheit in Bundestag und Bundesrat ermöglicht eine Verfassungsänderung, und es gibt im Grundgesetz keine Bestimmungen zu einer Volksabstimmung, wie sie die Japanische Verfassung vorsieht. Allerdings zielt das deutsche Grundgesetz als Lehre aus der Naziherrschaft darauf ab, einen Missbrauch durch die Staatsgewalt zu verhindern, indem es die grundlegenden Prinzipien des Staatsaufbaus wie Demokratie oder Förderalismus sowie die Menschenwürde und grundlegende Menschenrechte zu unveränderlichen Prinzipien bestimmt.

Auch gibt es in Deutschland auf regionaler Ebene, im Gegensatz zum stark zentralistisch geprägten politischen System Japans, Länderregierungen, die gegenüber der Bundesregierung einen hohen Grad an Autonomität genießen. Außer der förderalistischen Ordnung nimmt auch das Wahlsystem eine wichtige Rolle ein. Das japanische Wahlsystem spielt den bestehenden Parteien, vorrangig der LDP (Liberaldemokratische Partei) in die Hände, insbesondere nachdem die Sozialistische Partei Japans, die langjährige Oppositionspartei, ihren Einfluss verloren hat. Und da der Anteil der Einzelwahlkreise groß ist, wird der Wille des Wählers nicht korrekt abgebildet, was ein Nachteil für die kleinen Parteien ist. Im Vergleich dazu macht das Verhältniswahlrecht des deutschen Wahlsystems es für eine Partei schwierig, die gesamte Macht an sich zu reißen. Wenn man die eben genannten Punkte berücksichtigt, so meine ich, dass im Falle des politischen japanischen Systems, die Verfassung eine überaus wichtige Rolle bei der Verhinderung eines Machtmissbrauchs durch die Regierung hat und eine Verfassungsänderung durch die Regierung große Gefahren in sich birgt.

Die Vertreter einer Verfassungsänderung bestehen darauf, dass man die Verfassung ändern müsse, weil ein Widerspruch zwischen der Verfassung und der Realität bestehe. Gerade diese „Realität" aber ist Ergebnis der Politik, welche die LDP-Regierungen in der Nachkriegszeit betrieben haben. Das Ziel dieser Politik ist die Stärkung des japanisch-amerikanischen Militärbündnisses und die Liberalisierung der japanischen Wirtschaft, die Schaffung einer „besonderen" engen Kooperationsbeziehungen zwischen den Vereinigten Staaten und Japan mit dem Ziel, Japans Stellung in der internationalen Politik zu stärken. Diese

Bundeswehr als Mitglied der ISAF zusammen mit anderen NATO-Mitgliedern an der Aufrechterhaltung der öffentlichen Sicherheit und am Wiederaufbau im Norden Afghanistans beteiligt. Außerdem ist Deutschland in jüngster Zeit von NATO-Bündnispartnern wie Großbritannien und Kanada dazu aufgefordert worden, Luftangriffe auf die Kräfte der Taliban zu unterstützen. Die deutsche Koalitionsregierung entschied trotz der ablehnenden Stimmen der Bevölkerung den Einsatz der Kampfflugzeuge, wodurch Deutschland unbestreitbar immer tiefer in den Konflikt hineingezogen wird.

Die heutigen Deutschen haben das Bewusstsein, dass sie von den Staaten in ihrer Umgebung bedroht werden, praktisch verloren. Selbst für den Fall eines Streits über wirtschaftliche oder politische Fragen mit einem Nachbarstaat, besteht so gut wie keine Möglichkeit, dass dieser Streit zu einem Krieg eskalieren könnte. Andererseits ist ein Problempunkt des kollektiven Sicherheitssystems klar geworden, nämlich der, dass Deutschland dazu gezwungen ist, sich der Politik seiner Bündnispartner anzuschließen. Deutschland ist als NATO-Mitglied und als Mitglied der Vereinten Nationen immer mehr dazu gezwungen, sich bei der Lösung internationaler Konflikte unter Anwendung von Waffengewalt zu beteiligen. Ironischerweise wird von Deutschland, gerade weil die Versöhnung mit seinen Nachbarn so glänzend gelungen ist, ein militärischer Beitrag zur Lösung von internationalen Konflikten gefordert. Dass es in Deutschland keine Norm wie den Artikel 9 in Japan gibt, die dazu aufruft, zur Lösung von internationalen Konflikten auf Waffengewalt zu verzichten, also die Ausübung von Waffengewalt zu verbieten, ist ein Grund dafür, warum es für die deutsche Regierung in Afghanistan und anderswo schwierig geworden ist, eine Mitwirkung Deutschlands bei der Anwendung von militärischer Gewalt abzulehnen.

Allerdings gibt es in Deutschland, wo man wie in Japan als Teil der Antiterrormaßnahmen ein Voranschreiten einer Überwachungsgesellschaft beobachten kann, und wo die Bundeswehr sich immer häufiger an Auslandseinsätzen beteiligt, gegenwärtig keine Befürchtungen, dass Deutschland sich wieder dem System der Vorkriegszeit annähern könnte. Deutschland ist schon ein Teil der europäischen Gemeinschaft geworden, die auf der Würdigung von Demokratie und Menschenrechten gegründet ist. Außerdem besteht die feste Überzeugung, dass das deutsche politische System ein System ist, das sich

ehemaligen Jugoslawien, der erste Auslandseinsatz der Bundeswehr außerhalb des Bündnisgebietes der NATO statt, und im Jahr 1999 schritt Deutschland bei der Kosovokrise durch die Kooperation bei den Luftangriffen auf Serbien zur „ersten Ausübung von Waffengewalt nach dem Zweiten Weltkrieg".

Andererseits verbietet das deutsche Grundgesetz den Aggressionskrieg sowie dessen Vorbereitung (Artikel 26 GG). Die Einsicht gegenüber dem Aggressionskrieg Nazi-Deutschlands und die Erfahrungen als Kriegsopfer von Bombenkrieg und Vertreibung führten auch in Deutschland zum Entstehen einer Antikriegskultur. Aber in den letzten Jahren hat sich auch verstärkt eine Denkweise gezeigt, die man „humanitären Interventionismus" nennen könnte, indem man mit Waffengewalt versucht, Genozide in der Art des Holocausts zu verhindern. Selbst die Grünen (damals Regierungspartei), die aus der deutschen Friedensbewegung der siebziger Jahre entstanden sind, befürworteten die Luftangriffe der NATO während der Kosovokrise mit der Begründung, diese würden dabei helfen, die Albaner im Kosovo vor der „ethnischen Säuberung" durch Serbien zu bewahren. Allerdings sollte hier nicht unerwähnt bleiben, dass sich Deutschland auch als „Zivilmacht" versteht, die Anwendung militärischer Gewalt in der Außenpolitik zu vermeiden versucht, Wert auf humanitäre Hilfe und Entwicklungszusammenarbeit legt und einen „Multilateralismus" mit Schwerpunkt auf NATO, UNO usw. betont.

Mir bereitet allerdings Sorgen, dass Deutschland als Bündnispartner der Vereinigten Staaten am Krieg gegen den Terrorismus mitwirkt. In den japanischen Massenmedien wurde über Deutschlands Ablehnung des Irakkriegs ausführlich berichtet, und viele Japaner haben vielleicht den Eindruck erhalten, Deutschland habe sich nicht an der Aggression Amerikas beteiligt. Die Wirklichkeit aber sieht ein bisschen anders aus, als solche Berichterstattungen vermuten lassen. Deutschland nimmt zwar nicht am Irakkrieg teil, hat aber eine Reihe von unterstützenden Aktivitäten durchgeführt. Deutschland erteilte Amerika unter anderem die Erlaubnis, für den Krieg die amerikanischen Stützpunkte in Deutschland zu benutzen, gab Informationen weiter und unterstützt auch als NATO-Mitglied Amerika in Afrika und Afghanistan. Im Jahr 2001 nahmen deutsche Spezialeinheiten in Afghanistan an Kampfaktionen der Vereinigten Staaten gegen die Taliban teil, und auch gegenwärtig ist die

Bundeswehr, zur gleichen Zeit wie auch Japan, in den fünfziger Jahren die Wiederbewaffnung durch, aber im Unterschied zu Japan war die Bundeswehr, auch wenn ihre Auslandseinsätze beschränkt waren, eine reguläre Armee, deren Verfassungsmäßigkeit nie in Frage stand. Auch war Westdeutschland als Mitgliedsland der NATO in ein kollektives Sicherheitsbündnis eingegliedert. Das heißt Deutschland vertrat keinen „absoluten Pazifismus", sondern garantierte nie wieder einen Aggressionskrieg zu führen, indem es die Befehlsgewalt über sein Militär de facto der multilateralen NATO übertrug. Dass Deutschland keinen „absoluten Pazifismus" vertritt, wird auch dadurch deutlich, dass es im Gegensatz zu Japan, das bisher nur wenig Rüstungsexporte zugelassen hat, zu den Hauptexportländern von Rüstungsgütern gehört.

Andererseits hat Deutschland es verstanden, in der Außenpolitik die Wiederherstellung der Beziehungen zu seinen Nachbarländern voranzutreiben. In den fünfziger Jahren bemühte Deutschland sich um Rückgewinnung von Vertrauen und eine Verbesserung der Beziehungen zu Frankreich und anderen Staaten Westeuropas. In den siebziger Jahren trieb es die Normalisierung und Vertiefung der Beziehungen zu den Staaten Osteuropas voran. Im Unterschied zu Japan, das, wie man an den Reparationsabkommen mit den südostasiatischen Staaten und dem Grundlagenvertrag mit Südkorea sehen kann, nur eine „formale" Wiederherstellung der staatlichen Beziehungen verfolgte, machte es sich Deutschland zum Ziel, durch die Versöhnung mit seinen Nachbarstaaten in den Bereichen von Politik, Wirtschaft und Kultur Beziehungen aufzubauen, die über konventionelle zwischenstaatliche Beziehungen hinausgehen. Ergebnis dieser Bestrebungen ist, dass Deutschland auch nach der Wiedervereinigung im Jahr 1990 mit seinen ehemaligen Feinden auf politischer, wirtschaftlicher und sicherheitspolitischer Ebene freundschaftliche Beziehungen aufrechterhält.

Anders ausgedrückt kann man auch sagen, dass Deutschland, um seine Sicherheit während des Kalten Krieges und nach dem Kalten Krieg zu wahren, direkt und indirekt auf militärische Macht gebaut hat. Je mehr die Verbesserung der Beziehungen mit seinen Nachbarländern voranschritt, desto stärker wurden auch die Stimmen in den ehemaligen Feindesländern, die eine aktivere sicherheitspolitische Rolle Deutschlands in der NATO und den Vereinten Nationen forderten. So fand 1994, während des Bürgerkriegs im

2. Den Friedensartikel zu neuem Leben erwecken

(Original Deutsch)

Stefan Säbel (1975 geb.)

Universität Tokyo,

Graduiertenkurs für Künste und Wissenschaften,

Abteilung für Area Studies (Doktorandenkurs)

Es war eine wertvolle Erfahrung für mich, die Essays der japanischen Studenten über den Artikel 9 der japanischen Verfassung zu lesen, und ich war tief beeindruckt davon, wie ernsthaft die junge Generation der Japaner über den Frieden nachdenkt. Die Essays haben mir geholfen, mir die Bedeutung des Artikel 9 in zwei Punkten klarzumachen: Erstens, dass der Artikel 9 das Versprechen abgibt, dass Japan, basierend auf den Erfahrungen der eigenen Täterschaft von Aggressionskrieg und Kolonialherrschaft, wie auch auf den Erfahrungen als Opfer der Atombombenabwürfe (u.a.), sich nie wieder auf einen Krieg einlässt, und der Hoffnung auf Weltfrieden Ausdruck gibt. Zweitens, dass der Artikel 9 auch weiterhin eine wichtige Rolle spielt, Japan davor zu bewahren, ein autoritärer Militärstaat zu werden, trotz der Entwicklungen nach dem Ende des Kalten Krieges, die im Zeichen der Verbreitung von autoritärem und nationalistischem Gedankengut nach Art der Vorkriegszeit im Zuge eines zunehmenden Konservatismus der japanischen Gesellschaft, der wachsenden Kontrolle des Staates über die Bürger nach den Terroranschlägen in den Vereinigten Staaten und dem Fortschreiten der Stärkung des japanisch-amerikanischen Bündnisses stehen.

Auch für Westdeutschland, das genauso wie Japan einen Aggressionskrieg begonnen und verloren hat, war es eine wichtige Aufgabe, über die Frage von „Krieg und Frieden" nachzudenken. Wenn man sich Deutschlands „Krieg und Frieden" in der Nachkriegszeit anschaut, so fallen einem die Unterschiede zu Japan sofort ins Auge. Westdeutschland führte zwar mit der Schaffung der

den meisten spurlos vorüber. Eine Position zu beziehen und danach zu handeln, das ist nicht ihre Sache.

In letzter Zeit werden die Tendenzen hin zu einer Verfassungsänderung immer stärker und damit auch meine Sorgen um Japan, denn die japanische Bevölkerung ist mit den Worten - „Was soll's?" oder „Nicht zu ändern." - dabei, ihre schöne Verfassung zu verlieren, ohne sich ihr richtig zugewandt und ihren Wert erkannt zu haben und gibt den Wunsch nach einer, bisher nicht zustande gebrachten, der Verfassung getreuen idealen Innen- und Außenpolitik auf. Wenn man die Verfassung ändert, ist die Politik um so mehr der Willkür der japanischen Politiker preisgegeben. Wird die Japanische Verfassung geändert, so verliert die japanische Bevölkerung die Maßstäbe, mit denen sie die Politik kritisch überdenken kann.

Wenn die japanische Bevölkerung jetzt eine Verfassungsänderung mit der Einstellung - „Was soll's?" „Nicht zu ändern." - zulässt, dann wird sie irgendwann zu einer Bevölkerung, die mit den Worten - „Was soll's?" „Nicht zu ändern." - einen Krieg zulässt. Das Problem ist also nicht, ob Japan eine Armee besitzt oder nicht, ob es die Kompetenz auf Kriegsführung wiedererlangt oder nicht, sondern ob die Bevölkerung sich in ihrem Denken und Handeln nach festen Maßstäben richtet und diese würdigt oder nicht. Alles hängt davon ab, ob die Bevölkerung von nun an fähig ist, auf Unkorrektes und Ungerechtes hinzuweisen und sich für das Gute und Gerechte voll und ganz einzusetzen. Kriege und Streit werden weder von der Verfassung noch von der Armee begonnen, sondern entstehen aus der Gesinnung der Bevölkerung und durch die Politik der Politiker, die von der Bevölkerung gewählt wurden. Ein Land mit einer soliden, verantwortungsbewussten Bevölkerung beginnt keinen Krieg und lässt es zu keinem Krieg kommen.

Ich bin in Japan geboren und aufgewachsen und liebe dieses Land und seine Menschen von Herzen. Vieles in der japanischen Kultur und Mentalität beeindruckt mich tief. Mein größter Wunsch ist, dass diesen positiven Seiten noch mehr Gewicht verliehen wird. Doch ist mir leider deutlich bewusst, dass, wenn alles wie bisher verläuft, es den Japanern nicht möglich ist, einen Krieg zu verhindern. Es schmerzt mich tief, dies zu schreiben, aber das jetzige Japan ist nicht in der Lage, den Artikel 9 der Verfassung zu beschützen. Beim jetzigen Stand der Dinge ist eine Verfassungsänderung nur eine Frage der Zeit.

Anstrich, Außenpolitik und Diplomatie werden ständig schlechter, die Bevölkerung kehrt der Politik immer mehr den Rücken, verliert jegliches Interesse an ihr und die Medien haben ihre journalistische Funktion so gut wie eingebüßt.

Japan steht jetzt vor einer wichtigen Entscheidung. Soll die Politik, die nicht dem Pazifismus folgt, so weitergeführt und die Verfassung der „Realität" entsprechend geändert werden? Oder will Japan noch einmal dem in der Verfassung festgelegten anzustrebenden „Ideal" den Vorrang geben und zur „Realität" nach den Maßstäben der Verfassung zurückkehren? Ich kann in diesem Fall keine Entscheidung fällen, auch der japanische Premierminister nicht. Das japanische Volk hat darüber zu entscheiden. Aber das japanische Volk will keine Entscheidungen fällen. Folglich schleppt sich eine Politik, die praktisch von niemandem überwacht wird, bis zum heutigen Tage hin. Zuletzt war die Kluft zwischen der tatsächlichen und der anzustrebenden Politik so groß, dass Stimmen laut wurden, die nach Verfassungsänderung riefen.

Die Bevölkerung hat die Aufgabe, ständig zu kontrollieren, zu bewerten und zu kritisieren, ob die gewählten Politiker ihre Vorsätze auch konsequent in der Politik verwirklichen. Indessen richten sich die Japaner nicht nach dem einen Entscheidungskriterium, der Verfassung, sondern beäugen ständig ängstlich ihre Umgebung. „Wenn alle die gleiche Meinung haben, dann bin ich beruhigt. Bei anderen Meinungen halte ich den Mund." Das, was alle tun, dient den Japanern als Entscheidungskriterium.

Hier gibt es einen weiteren großen Unterschied zu Deutschland. Für Deutsche ist nicht so wichtig, was die anderen denken oder tun. Wichtig ist, was die Gesetze festlegen und welche Rechte man persönlich dadurch erhält. Japaner richten sich in erster Linie nach den Mitmenschen, der Umgebung und gesellschaftlichen Strömungen, die Gesetze kommen erst danach. In Deutschland bilden Bestimmungen die Norm für Handlungen, in Japan bestimmen die Handlungen aller die Norm.

Um wieder zur Verfassung zurückzukommen: Japan verfügt nicht über die selbständige Bevölkerung, welche erforderlich ist, um politisch der Verfassung gemäß handeln zu können. Die Menschen hier haben nur Interesse für sich selbst, Politik wird den anderen überlassen und was in der Welt passiert, geht an

als „Weltkulturerbe" anerkennen zu lassen, muss es zuerst selbst den Artikel 9 Gestalt annehmen lassen. Wenn Japan zu einem „Modellstaat" wird, der keinen Krieg zulässt und keinen Krieg beginnt, dann erst wird die Japanische Verfassung von der Welt anerkannt werden. In den Augen des Auslands jedoch ist Japan voller Widersprüche und meiner Meinung nach ist es des Artikel 9 nicht würdig.

In dieser Hinsicht gibt es einen großen Unterschied zu Deutschland. Leider besitzt Deutschland nicht so eine ausgezeichnete Friedensverfassung wie Japan, doch arbeitet es zweifellos mehr als Japan auf die Verwirklichung des Pazifismus hin. Deutschland bemüht sich seit dem Zweiten Weltkrieg, die Beziehungen zu den Ländern, denen es durch den Krieg Schaden und Leid zugefügt hat, wieder zu normalisieren. Es beschönigt nicht die begangenen Verbrechen, bereut offen seine Schuld und stellt sich hart gegen Neonazismus und Nationalismus. Die Bemühungen Deutschlands wurden anerkannt und inzwischen nimmt es in der EU sogar eine zentrale Rolle ein. Niemals würde ich mir erlauben zu sagen, Deutschland habe alle Verbrechen wieder gutgemacht. Doch unbestreitbar wird Deutschland jetzt aufgrund seiner Bemühungen von den Ländern Vertrauen entgegengebracht, mit denen es früher Kriege geführt hat.

Ich möchte die Japaner einmal direkt fragen: Warum erhebt fast niemand aus der Bevölkerung die Stimme und protestiert dagegen, dass die japanischen Politiker einen ganz anderen Weg als den von der Verfassung vorgeschriebenen gehen? Was macht die japanische Bevölkerung, während dem Parlament ein Gesetzesentwurf nach dem anderen vorgelegt wird? Sie macht nichts, sagt nichts, hat nicht einmal Interesse. So viel wert ist also die Verfassung den Japanern. Dann ist der Artikel 9 der Japanischen Verfassung wohl „die größte Lüge Japans". Haben die Japaner nicht sowohl ihr „Gewissen" als auch ihre „Verfassung" schon aus ihren Herzen verbannt?

Die Fragen, ob man die Verfassung ändern soll oder nicht, ob man eine Armee haben soll oder nicht, sind nicht das Problem. Ist es nicht ein schwerwiegenderes Problem, dass für die japanische Politik die Verfassung nicht „schwerwiegend" ist? Unleugbar ist Japan in den letzten Jahren nationalistisch geworden, die schmutzige Vergangenheit des „schönen Landes"[1] bekommt einen weißen

---

[1] *Utsukushii kuni* [Ein schönes Land], Titel des 2006 erschienenen Buchs von Premierminister Shinzo Abe

I Der Artikel 9 um der Menschheit willen

Die Diskussion um den Artikel 9 muss meiner Meinung nach noch tiefer greifen. Es geht darum, wie die japanische Gesellschaft zum Artikel 9 steht und welche Rolle er in Japan spielt.

Auch wenn es ziemlich verwegen klingt, möchte ich behaupten, dass sich für die Japaner nicht sehr viel verändert, auch wenn die Verfassung geändert wird. Japan besitzt mit seinen Selbstverteidigungstruppen eine Streitmacht, die einer Armee entspricht und hat sogar Soldaten in den Irak entsandt. Sollte Japan das Recht auf uneingeschränkte Kriegsführung erteilt werden, so ist doch nicht anzunehmen, dass es als Mitgliedsland der UNO entgegen einem UNO-Entschluss einen Krieg beginnt. Angenommen ein Land beginnt zur Lösung von Konflikten einen Krieg, dann könnte nach einer Verfassungsänderung, ohne sich um die Präambel zu kümmern, selbstsicher so ein Krieg unterstützt werden. Doch genau das macht Japan auch jetzt ohne Verfassungsänderung. Ebenso kann das Recht auf kollektive Verteidigung angewendet werden, doch auch dazu ist keine Verfassungsänderung vonnöten, wenn die Regierung wie bisher Schritt für Schritt die Auslegung der Verfassung verbiegt und verdreht.

Damit bin ich zum zentralen Punkt gekommen. Obwohl Japan nach großen Schwierigkeiten endlich diese ausgezeichnete Verfassung sein Eigen nennen darf, richtet sich seine Staatspolitik nicht nach ihren Richtlinien. Die Verfassung vertritt den „Pazifismus" und nimmt Japan in die Pflicht, politische Konflikte nicht mit Waffengewalt, sondern mit friedlichen Mitteln, d.h. auf Verhandlungsbasis zu lösen. Auch wenn Japan keine Waffen einsetzt, vereitelt es doch durch seine Politik, durch die Äußerungen und das Vorgehen der Regierung friedliche Verhandlungen mit den umliegenden Ländern und beschützt nicht einmal den „Pazifismus", den die Verfassung der Politik als Richtlinie vorgegeben hat. Japan hat die Auslegung der Verfassung immer wieder der gegenwärtigen politischen Situation mit dem Argument angepasst: „Was soll's!"

Der durch die Verfassung eigentlich vertretene Pazifismus ist in Japan nicht mehr aufzufinden. Das Charakteristikum Japans ist nicht mehr der Pazifismus, sondern eine an Entschlusskraft mangelnde Politik und das politische Desinteresse der Bevölkerung. Das von der Verfassung festgelegte „Ideal" und die tatsächlich angewandte „Realität" sind allzu verschieden. Bevor Japan der restlichen Welt vom Pazifismus berichtet und sich bemüht, den Artikel 9

oder deshalb leichter zur Zielscheibe von Terroranschlägen werden. „Die Grenze zwischen einem Selbstverteidigungs- und einem Invasionskrieg ist allzu vage." – Das heißt aber nicht, dass ein Land von Anfang an auf das Recht auf Kriegsführung verzichten soll, und es ist fragwürdig, ob ein Land damit wirklich nicht in einen Krieg verwickelt und von Terroranschlägen heimgesucht wird. Und sollte es zum Krieg kommen, dann erfährt unbestreitbar das Land, in das einmarschiert wurde, größere Zerstörung. Zugegeben sind viele Kriege der Vergangenheit unter dem Namen „Schutzkrieg" ausgebrochen. Doch ich bezweifle, dass ein sicheres und friedliches Leben gewährleistet ist, wenn man den „Selbstschutz" aufgibt.

Auch das Argument, Japan sei das erste Land, auf das die Atombombe abgeworfen wurde, und es dürfe aufgrund seiner durch den Krieg erfahrenen Schmerzen und Qualen nicht den Artikel 9 abändern, ist meiner Ansicht nach nicht stichhaltig. Kriege sind grausam und dass Kriege nicht angefangen werden dürfen, ist, Staatsgewalten ausgenommen, für Menschen eine Selbstverständlichkeit. Was bringt es aber, wenn man an die Gefühle der Menschen appelliert: „Wir brauchen den Artikel 9, weil wir nicht noch einmal so Schreckliches mitmachen wollen." Erinnerungen werden mit der Zeit schwächer, und es ist nicht auszuschließen, dass „verwaschene" Erinnerungen auch als Argumente für den Krieg und für eine Armee benutzt werden. „Wir halten am Artikel 9 fest, weil wir es kein zweites Mal zu so etwas Schrecklichem wie dem Zweiten Weltkrieg kommen lassen wollen." Genauso könnte aber wie folgt argumentiert werden: „Um Japan zu beschützen und es kein zweites Mal zu so etwas Schrecklichem wie dem Zweiten Weltkrieg kommen zu lassen, ändern wir den Artikel 9 ab." Aus diesem Grund darf man kein Vertrauen in Erinnerungen und erlittene Qualen setzen.

Es ist unbestreitbar, dass der vom Artikel 9 vertretene „Pazifismus" der erste Schritt zu einer idealen Welt ohne Krieg ist. Und dass Japan seiner Verfassung dies als Grundstock gegeben und bis heute daran nichts geändert hat, verdient große Anerkennung und Bewunderung. Außerdem ist es natürlich besser, keine Armee zu haben. Ich stimme auch eurer Meinung voll und ganz zu, dass internationale Konflikte nicht mit Waffengewalt, sondern mit Gesprächen und Diskussionen gelöst werden müssen. Aber das eigentliche Problem liegt nicht hier.

1. Die Japaner haben den Artikel 9 nicht verdient
(Original Japanisch)

Christian Triebel (1982 geb.)

Claremont Graduate University,

Philosophie der Religionswissenschaften und Theologie

Als man mich fragte, ob ich nicht an einem Meinungsaustausch zwischen deutschen und japanischen Studenten zum Thema „Artikel 9" teilnehmen wolle, freute ich mich sehr, denn ich war gespannt, wie die japanischen Studenten und Studentinnen über ihr eigenes Land, ihre Politik und ihre Verfassung denken und wie sie diskutieren würden. Beim Durchlesen der eingereichten japanischen Essays jedoch erschrak ich, wie unterschiedlich das Problem der Verfassungsänderung von den Studenten angegangen wird. Natürlich gab es ausgezeichnete Beiträge, andererseits Essays, die bei mir die Fragen aufwarfen: „Ist das wirklich die Wurzel des Problems?" „Darf eine Diskussion um eine Verfassungsänderung auf so einem Niveau verlaufen?" Wieder einmal wurde mir verdeutlicht – so sind eben Japaner!

Ich habe nicht die Absicht, darüber zu referieren, ob der Artikel 9 geändert werden soll oder so wie er ist erhalten. Für mich ist dies eine Angelegenheit, die jenseits des Kriteriums einer Diskutierbarkeit steht.

Das Problem des Artikel 9 ist nicht einfach dualistisch, d.h. es ist keine Wahl zwischen Krieg oder Frieden. Auch handelt es sich um keine naive Debatte, ob Japan eine Armee haben soll oder nicht, da seine Selbstverteidigungstruppen bereits einer Armee gleichkommen. Überdies ist es falsch zu behaupten, dass das Vorhandensein einer Armee einen Krieg herbeiführt. Im Gegenteil, es gibt keine Garantie, dass man nicht in einen Krieg verwickelt wird, wenn man keine Armee hat. Sowohl Deutschland als auch die neutrale Schweiz besitzen eine Armee, was aber nicht besagt, dass die beiden Länder einen Krieg beabsichtigen

I

Der Artikel 9 um der Menschheit willen

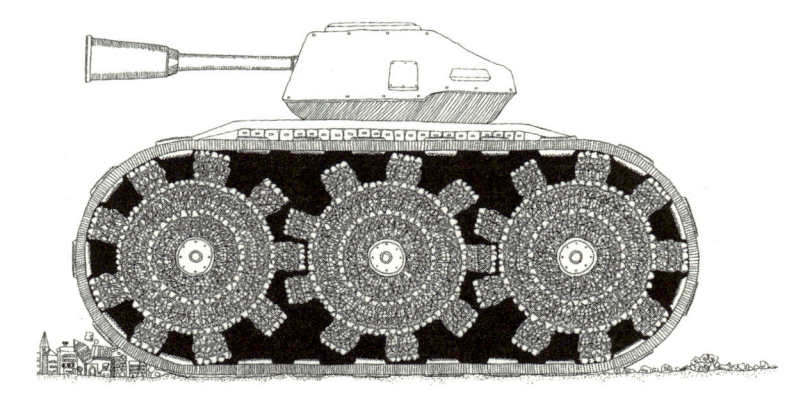

Kann die Menschheit die Kriegskultur überwinden？
人類は戦争の文明を克服できるか

können. Die Präambel und der Artikel 9 der Japanischen Verfassung stellt die Quintessenz menschlichen Verstandes dar, die es mit allen Mitteln zu beschützen gilt. Und nicht nur beschützen. Dieser große Schatz soll allen Menschen auf der Welt zuteil werden, indem Japan, so wie es in der Verfassung verankert ist, es als seine Aufgabe sieht, die Gedanken und Werte des Artikel 9 aller Welt zu verkünden. Frieden ist keine Utopie, vielmehr ist es utopisch zu glauben, mit Waffengewalt Frieden schaffen zu können. Gewalt gebiert nur wieder Gewalt, das zeigt die Vergangenheit und Gegenwart.

die Regierungsparteien ohne genaue Überprüfungen und Diskussionen die Wirkungskraft der ihnen unangenehmen Friedensverfassung einzudämmen. Japan wird dadurch ein Land, das Kriege führen kann, nicht zur reinen Selbstverteidigung, sondern auch zur kollektiven. Und da Japan zurzeit nur mit den USA eng verbunden ist, bedeutet kollektive Verteidigung einen militärischen Einsatz japanischer Truppen in amerikanischen Interessen.

Wer einmal hinter die Kulissen von Kriegen gesehen hat, kann nicht mehr an die Märchen von Stammeskämpfen, religiösen Unruhen usw. glauben. Dass bei fast allen „Unruhen" eine Großmacht und ihre Industriekonzerne die Fäden ziehen, um an Territorien und Energiequellen zu kommen, ist seit den letzten Kriegen allzu offensichtlich geworden. In diesem Sinne hat die „kollektive Verteidigung" meist Alibifunktion für Wirtschaftsinvasionen, d.h. ganz „normale" Kriege.

In meinen Augen ist es absurd, mit Waffengewalt Frieden schaffen zu wollen. Das Wort „Friedenstruppe" widerspricht sich selbst. „Frieden" und „Truppe" stehen in krassem Gegensatz. Kindern wird doch gesagt, „benutze beim Streit nicht die Hand, sondern den Mund". Wie steht es aber um die Erwachsenen? Konflikte können nur auf diplomatischem Wege gelöst werden, auch wenn es sich langwierig und kompliziert gestaltet. Dafür haben die Menschen von Gott Verstand erhalten und es ist unsere Pflicht, diesen gezielt und wohlbesonnen einzusetzen.

Wir Deutschen haben den Fehler begangen, 1955 unsere Verfassung zu ändern, um wieder eine Armee und ein Verteidigungsministerium einzurichten. Wer hätte damals gedacht, dass aufgrund dieser Änderung nun deutsche Soldaten zur „Friedensstiftung und Friedenssicherung" ins Ausland geschickt werden können. In keinem der Länder, in denen sich deutsche Soldaten für den Frieden einsetzen, ist Frieden eingezogen. Und wie viele deutsche Soldaten mussten schon ihr Leben lassen! Außerdem wurde dadurch auch Deutschland ein Ziel für Terroranschläge. Viele Deutsche haben bedauert, dass Deutschland im Zuge der Wiedervereinigung von 1990 kein neutraler Staat wurde. Auf einen deutschen Staat, der es nach den Erfahrungen von zwei Weltkriegen als Aufgabe sieht, durch Diplomatie Frieden zu schaffen, hätten wir alle stolz sein können.

Für uns Deutsche ist die Japanische Friedensverfassung ein Schatz, den wir leichtfertig aus den Händen gegeben haben und nur schwer wieder zurückerhalten

Was bedeutet der Artikel 9 einem Deutschen?

Isolde Asai

Unbestrittene Realität ist, dass die wenigsten Deutschen bis vor kurzem von der Existenz der Japanischen Friedensverfassung wussten und sich deshalb auch dazu nicht äußern konnten. Mit der Koizumi-Regierung und dem offiziellen Besuch des Premierministers im Yasukuni-Schrein wurde das Visier deutscher Medien zum ersten Mal genauer auf die japanische Nachkriegspolitik gerichtet. Die Bewohner Deutschlands, die nach 1945 wie Japan aus Trümmern einen neuen Staat aufbauten, konnten nicht nachvollziehen, wie der Premierminister eines demokratischen, modernen Staates einen Schrein besucht, in dem die sterblichen Überreste japanischer Kriegsverbrecher verehrt werden und in dessen Museum die Invasion Japans im Zweiten Weltkrieg eine Rechtfertigung erfährt. Der Amtsantritt von Premierminister Abe und seine klare Aussage, die Präambel, den Artikel 9 sowie den Artikel 96, der Verfassungsänderungen betrifft, umzuschreiben, hat die deutschen Journalisten hellhörig gemacht und Zeitungsartikel zu dieser Problematik wurden häufiger.

Sind Verfassungsänderungen allgemein nur bei Regierungswechseln bzw. Regimewechseln üblich, so stellt sich die Frage, warum die japanische Regierung gerade zum jetzigen Zeitpunkt eine Verfassungsänderung anstrebt. Das eigentliche Wesen der Verfassung ist, Druck auf die Regierung auszuüben und die Bevölkerung vor Amokläufen der Regierung zu beschützen, und nicht nur vor denen der jetzigen Regierung, sondern auch vor denen der darauffolgenden. Die Verfassung ist somit für die Regierung etwas, das sie zum Schutz der Bevölkerung in ihrer Handlungsfreiheit einschränkt, für die Regierung also etwas Unangenehmes. Die Verfassung ist für das Volk da und die Regierung hat sich ihren Gesetzen zu fügen. Eine Verfassungsänderung ändert das Schicksal der Bevölkerung eines Landes in der Gegenwart und Zukunft und muss deshalb lange überdacht und diskutiert werden. Nichtsdestotrotz versuchen

ein Solidaritätsbündnis von Studenten und Senioren noch nicht wahrscheinlich, aber es ist stets möglich.

Warum jetzt?

Der erste Grund ist, dass unter den führenden Politikern dieses Landes der Druck auf eine schnelle Verfassungsänderung plötzlich stärker geworden ist. Das zweite Motiv ist womöglich mein fortgeschrittenes Alter. Wenn man älter wird, möchte man wichtige Dinge rasch in Angriff nehmen.

Alter d.h. ③ am stärksten, darauf folgen die von Studenten ② und Pensionären, und die schwächste Bindung hat Gruppe ①. Wenn man die Beziehung nach den Machtverhältnissen ordnet, so wird der Gegensatz zwischen ③, mit dem großen Druck der Gruppe des Arbeitsplatzes auf das Individuum und ② und ④, die nur einem relativ schwachen Druck ausgesetzt sind, zu einem zentralen Punkt. Nimmt man den Grad von Handlungs- und Meinungs-„Freiheit" eines Individuums als Maßstab, so wird der eben aufgeführte Gegensatz gleichzeitig ein Kontrast im Grad der freien Meinungsäußerung. Eine beruflich tüchtige und leistungsfähige Person hält den Mund. Die Konkurrenz innerhalb der Gruppe ist groß, und wenn man dort Erfolg haben möchte, muss man sich der Masse anpassen. (In einer Gesellschaft, in der Frauen stark diskriminiert werden, ist der Wunsch nach Erfolg innerhalb einer bestimmten Gruppe im Vergleich zu Männern schon von vornherein eingeschränkt. Folglich ist der Grad an individueller Freiheit dieser Frauen höher.) Ohne Freiheit keine Kritik. Ohne Kritik keine Ideologie. Die Freiheit von Männern in führenden Positionen, d.h. von Elitegruppen ist am stärksten unterdrückt. Darunter gibt es aber auch Personen, die sich kritisch äußern, nachdem sie in den Ruhestand getreten sind. So sehen die Hintergründe der über sechzigjährigen Aktivisten aus. So wie bei den alten Menschen ist auch die Gruppe der Studenten doppelseitig. Auf der einen Seite gibt es die Führungsschicht der großen Unternehmen oder die Elitegruppe des Staatsdiensts, und von ihnen geht ein Gruppendruck aus: Aufgaben der Aufnahmeprüfung, Zeugnis, Stellensuche. Doch das hier erforderte Anpassungsvermögen ist kein absolutes. Vielmehr ist es möglich, dass es je nach Zeit und Gelegenheit in explosionsartige Kritik umspringt. In der Tat waren 1968 die Studenten aktiv. (Die alten Menschen inaktiv.) Doch als die Regierungen Koizumi und Abe in Richtung Verfassungsänderung lospreschten und Schritte zur Verfassungsänderung in die Wege leiteten und wir Initiatoren uns dagegen wehrten, reagierten die alten Menschen darauf. (Von Studenten kam nur wenig Reaktion.) Der Wunsch von uns neun Initiatoren ist jetzt, dass sich das Interesse der Studenten hin zur Verfassung wendet und dass, vor die Wahl gestellt, ob Bewahrung oder Abschaffung des Artikel 9, ob Frieden oder Krieg, als Ergebnis ein Zusammenschluss von Studenten und Senioren zustande kommt. Dieses kleine Buch ist der erste Schritt dazu. Vielleicht ist

andere nicht. In den meisten japanischen Familien haben die Eltern von Studenten den Krieg selbst nicht mehr erlebt (Kriegserfahrungen beschränken sich höchstenfalls auf Kindheitserinnerungen), sondern ihnen wurde von ihren Eltern davon berichtet. Der Großteil der japanischen Familien setzt sich wie folgt zusammen: Großeltern, die den Krieg erlebt und überlebt haben, Eltern, die deren Kriegserfahrungen gehört haben und Studenten, die von ihren Eltern etwas davon gehört haben oder auch nicht. Wo in diesen drei Generationen die Meinungsunterschiede in Bezug auf den Krieg groß sind, ist nicht so ohne weiteres zu bestimmen. Die älteste Generation (Großeltern) altert, zusammen auch ihre Kriegserfahrungen, die schließlich irgendwann verlöschen. Eine Generation altert und gleichzeitig altern auch die Erinnerungen an geschichtliche Vorfälle. Es wird immer wieder betont: „Lasst uns die Erinnerungen an den Krieg an die nächste Generation weitergeben". Aber es ist nur eine Frage der Zeit, dass Erinnerungen verflachen und verlöschen.

Indessen ändert sich nichts an dem Studentenstatus, der ihm zugeteilten Rolle und besonders nichts an dem System, das das junge Alter als Vorbedingung für ein Studentendasein ansieht. Folglich kann man die soziale Gruppe der „Studenten" durch eine bestimmte „Altersschicht" definieren. Ein Individuum sucht sich nicht die Zugehörigkeit zu einer bestimmten Generation aus, sondern sie wird ihm zugewiesen. Die Zugehörigkeit zur sozialen Gruppe der Studenten jedoch ist nicht zugewiesen, sondern selbst gewählt. Aufnahmeprüfung, nach vier Jahren Studium Examen und Arbeitssuche. Das Leben eines typischen Angestellten verläuft mit zunehmendem Alter in folgender Weise: ①Kindheit, Jugendzeit, ②Gymnasial- und Studentenzeit, ③Arbeit in mittleren oder großen Unternehmen, Ämtern, als Selbständiger, ④Arbeit nach der Pensionierung und Ruhestand. Menschen, die an ihrem Arbeitsplatz am aktivsten arbeiten, dem Machtzentrum am nächsten stehen und die größte gesellschaftliche Verantwortung tragen, entsprechen der segmentierten Altersschicht ③. Die Gruppe ① ist noch nicht in die Gesellschaft integriert. Die Studenten von ② sind zwar ein Teil der Gesellschaft, befinden sich jedoch an ihrem Rand. Die Altersgruppe ④ sind Menschen, die sich vom Zentrum der Gesellschaft aus an den Rand begeben haben. Betrachtet man die Altersschichten nach der Beziehung vom Individuum zur Gruppe, der es angehört, so ist die von Menschen im mittleren

Auch in Japan und Deutschland verhielt es sich so. Doch als sich zu Beginn des 21. Jahrhunderts Bewegungen bildeten, die sich gegen eine Änderung des Artikel 9 der „Friedensverfassung" richteten, waren es im Gegensatz zu den 68er-Bewegungen vorwiegend alte Menschen, die sich aktiv daran beteiligten. Zumindest die ersten Jahre hatten Studenten daran nicht teilgenommen. Warum? Dies ist nicht nur aus historischer und wissenschaftlicher Sicht ein interessantes Problem, sondern hat großen Einfluss auf die tatsächliche Wahl des Weges, den der japanische Staat in Zukunft einschlagen wird. Mit einer Studentenbewegung allein wird der Zukunftsweg eines Staates nicht bestimmt. Mit Meinungen und Äußerungen von alten Leuten allein verändern sich keine Gesellschaftsstrukturen. Doch wenn sich Studenten und alte Leute zusammenschließen, können meiner Meinung nach auf die Zukunft Japans Hoffnungen gehegt werden.

Um die Studenten anzusprechen, müssen zuerst die Gründe für das Stillschweigen nach 1968 erforscht werden. Ebenso müssen die Kriegserfahrungen der alten Menschen in ihren schwerwiegensten Punkten erfasst werden, wenn man sie aktivieren möchte. Das ist keine leichte Aufgabe. Oft werden Junge und Alte aufgrund ihrer nicht vorhandenen bzw. vorhandenen Kriegserfahrungen unterschiedlich behandelt. Das entspricht einer Differenzierung nach „Generationen". Menschen, die zu der gleichen Generation gehören, haben Erfahrungen von bestimmten wichtigen Vorfällen gemeinsam, die für diese Generation bezeichnend sind. Die Generationen vorher oder nachher haben ein anderes Erfahrungspotential. Sowohl Auschwitz als auch Nanking finden kein zweites Mal statt. Der Sohn durchlebt nicht die gleichen Vorkommnisse wie der Vater in seiner Zeit. Wenn z.B. der Vater in Japan den 15jährigen Krieg (Zweiten Weltkrieg) erlebt hat, so erlebt ihn der Sohn nicht. Da die Auswirkungen solcher Erfahrungen breitgefächert und tiefgründig sind, üben sie Einfluss auf das Denken und die Handlungsweise von Vater und Kind aus. Hier liegen die Unterschiede im Hinblick auf „Generationen".

Jedoch erklären die Unterschiede in den Generationen nicht völlig die Meinungsunterschiede von Vater und Kind. Unterschiedliche Meinungen zum Krieg von Vater und Kind können heutzutage (2008) nicht daraufhin zurückgeführt werden, dass der eine den Zweiten Weltkrieg erlebt hat, der

Deutschland bei den Prozessen gegen Verantwortliche von „Kriegsverbrechen" wohl am augenfälligsten. Die Prozesse auf der einen Seite in Nürnberg, auf der anderen in Tokyo führten die alliierten Sreitkräfte der Sieger durch. Im weiteren Verlauf wurden in Deutschland die Verbrechen der Nazis durch von Deutschen bestrittene Gerichte konsequent verfolgt. Waren Verbrechen in der Gefahr zu verjähren, so verlängerte man die Verjährungsfrist, und zuletzt wurden im Verlauf der Nachforschungen, Verhaftungen und Prozesse alle Verjährungen im Zusammenhang mit Naziverbrechen vollständig aufgehoben. Mir ist kein Fall bekannt, wo nach der Kriegsniederlage ein aus Japanern bestehendes Gericht über die „Kriegsverbrechen" der japanischen Armee ein Urteil gefällt hat. Der Grund für diesen Unterschied liegt wohl darin, dass in Deutschland die Nazis und die Wehrmacht zwei unterschiedliche Organisationen waren, es in Japan jedoch keine Organisation gab, die den Nazis gleichkam und die Staatsarmee selbst den Kern der Staatsverbrechen bildete. Doch auch wenn es sich so verhält, reicht dies allein nicht für eine Erklärung der Unterschiede in der Haltung der japanischen und deutschen Gesellschaft gegenüber Kriegsverbrechen aus.

Das Deutschland der Nachkriegszeit hat somit unter der Voraussetzung einer „Vergangenheitsbewältigung" die Teilung des Landes überwunden und seine Wiedervereinigung und die Einsetzung eines vereinigten Europas verwirklicht. Es erübrigt sich, daraufhin weiter einzugehen, da diese Entwicklung auch in Japan allgemein bekannt ist. Aufgrund der deutlichen Ähnlichkeiten und nachdrücklichen Unterschiede, liegt es nahe, bei einem angestrebten Meinungsaustausch zwischen japanischen Studenten und ausländischen, zuerst mit deutschen Studenten zu beginnen. Für die japanischen Studenten ist der Kontakt gerade zu deutschen Studenten zumindest im Hinblick darauf wichtig, dass sie mit dem Verstehen der deutschen Studenten und dadurch der deutschen Gesellschaft lernen, sich selbst zu verstehen.

Warum Studenten?
1968 fanden in vielen Ländern auf der Welt groß ausgedehnte Massen-Protestbewegungen statt. Die führenden Personen waren damals vorwiegend junge Leute und zwar Studenten, alte Menschen (über 60 Jahre, d.h. Menschen im Rentenalter) hatten sich so gut wie gar nicht daran beteiligt.

Artikel 9 von japanischen und deutschen Studenten und Studentinnen dar, zur Fertigstellung jedoch waren wir auf die Hilfe vieler Menschen angewiesen.
Mein Dank gilt somit in gleicher Weise den 18 Studenten und Studentinnen wie den entschlossenen Bemühungen von Isolde Asai und Hitoshi Sakurai.
Wie ich auf den Gedanken kam, so ein Buch zu machen, möchte ich im Folgenden durch die Beantwortung von drei Fragen darlegen: „Warum Deutschland?", „Warum Studenten?", „Warum jetzt?"

Warum Deutschland?
Die Rahmenbedingungen der japanischen und deutschen Neuzeitgeschichte mit dem Zweiten Weltkrieg im Mittelpunkt weisen unbestreitbar Ähnlichkeiten auf. Zuerst das „faschistische System" (auf eine Definition wird hier verzichtet), der Kampf im Weltkrieg als Verbündete, das Begehen der Verbrechen von Massenmorden, der verlorene Krieg, die Kapitulation und nach der Besetzung der wirtschaftliche und kulturelle Wiederaufbau unter dem starken Einfluss Amerikas während des Kalten Kriegs. Das ist der große gemeinsame Rahmen. Andererseits gibt es zwischen den zwei Ländern auch äußerst krasse Gegensätze. Der auffallendste Gegensatz findet sich wohl in den politischen Maßnahmen, die die nach dem Krieg „demokratisierten" Regierungen in Bezug auf die schweren Verbrechen der Vergangenheit durchführten und deren Ergebnisse. Die politischen Maßnahmen Deutschlands waren klare Entschuldigungen und Reparationsleistungen durch die Regierung. Als Ergebnis davon nimmt Deutschland nun im vereinigten Europa eine wichtige Position ein. Die von führenden japanischen Politikern etwa zur gleichen Zeit ausgesprochenen Entschuldigungen gegenüber den Geschädigten in Asien können alles andere als ausreichend klar bezeichnet werden. Das Foto von Bundeskanzler Willy Brandt kniend am Denkmal für die Opfer des jüdischen Ghettoaufstandes in Warschau steht symbolisch für die von Deutschland neu angestrebten Beziehungen zu seinen Nachbarländern. Von japanischen Politikern gibt es kein solches symbolisches Foto. Was die materielle Seite betrifft, so zahlte und zahlt Deutschland die ganze Nachkriegszeit hindurch Reparationen, wohingegen Japan keine direkten individuellen Entschädigungen an die Kriegsopfer der umliegenden Länder zahlte. Auf juristischem Gebiet werden die Kontraste zwischen Japan und

Ende der sechziger Jahre (bezeichnend dafür das Jahr 1968) wach. 1968 hatten die Studenten die Hauptrolle, die alten Menschen die Nebenrolle inne. Warum nehmen jetzt aber die Hauptrolle die alten Menschen und die Nebenrolle die Studenten ein?

Diese Punkte sprach ich in einer Unterhaltung mit einer guten Bekannten, Isolde Asai, an. Isolde Asai schreibt auf Deutsch Gedichte und unterrichtet Deutsch an japanischen Universitäten. Sie lebt schon viele Jahre in Japan und spricht Japanisch. Frau Asai verstand mein Anliegen umgehend. Und nicht nur das. Indem sie meine Ziele verstand und befürwortete, erwägte sie konkrete Schritte zur Realisierung und setzte diese unverzüglich in die Tat um. Dass dieses zweisprachige Buch erscheinen konnte, ist vorwiegend auf Frau Asais unermüdliche Bemühungen und Energie zurückzuführen.

Die Autoren dieses Buchs sind jeweils neun japanische und deutsche Studenten und Studentinnen. Es war ebenfalls Frau Asai, die in Japan und Deutschland lebende Studenten ansprach und dann auf jeder Seite neun Teilnehmer auswählte. Die Übersetzung der deutschen Beiträge ins Japanische übernahm freundlicherweise die Übersetzerin Mikiko Nomura, eine enge Freundin von Isolde Asai. Ohne die Energie und den Enthusiasmus dieser zwei Spezialistinnen der deutschen Sprache wäre dieses Buch nie zustande gekommen.

Doch bin ich damit noch nicht am Ende meiner Editionsausführungen. Die Verfasser sowohl auf japanischer als auch auf deutscher Seite wurden durch die Übersetzungen mit den Aufsätzen der anderen Teilnehmer zwar bekannt, doch konnten sie in ihren eigenen Texten darauf nicht mehr eingehen, da es den zeitlichen Rahmen des Projekts überschritten hätte. Bei den Inhalten der eingetroffenen Beiträge gab es verständlicherweise Überschneidungen, wodurch eine Bearbeitung vonnöten wurde. Bezüglich der Bearbeitung musste zu den Verfassern Kontakt aufgenommen werden und nach Absprache gab es kleine editorische Änderungen durchzuführen. Diese Arbeit und die Verhandlungen mit Verlagen übernahm Hitoshi Sakurai. Herr Sakurai war Programmdirektor beim staatlichen japanischen Fernsehen (NHK) und hat somit zahlreiche Bekannte in der Rundfunk-, Presse- und Verlagswelt. Vor ein paar Jahren hat er für eine Sendung des Erziehungskanals von NHK auch meine Memoiren zusammengestellt. Dieses Buch stellt somit eine Sammlung von Texten zum

Vorwort

Shuichi Kato

Als einen der Initiatoren des „Kyūjō no kai"[*1] haben mich Vortragsreisen in die verschiedensten Regionen Japans geführt, wo ich mich auf Veranstaltungen in großem und kleinem Rahmen für die Bewahrung des Artikel 9 der Japanischen Verfassung einsetzte. Auf unsere Aufrufe hin entstanden innerhalb von drei Jahren im ganzen Land weit über 5.000 Organisationen unterschiedlichster Färbung, z.B. gebietsbezogene oder berufsbezogene. Wir wurden dadurch in unserer Arbeit sehr ermutigt, denn zu Beginn der Aktion hatte natürlich niemand von uns daran gedacht, dass es in so kurzer Zeit eine so große Ressonanz geben würde. Nicht selten quollen die Veranstaltungsräume aufgrund des großen Andrangs über und eine heiße Anteilnahme und Begeisterung breitete sich über alle Teilnehmer aus.

Doch gab und gibt es auch Schwachseiten. Es fehlt an internationaler Kooperation. Eine Verfassungsänderung bezüglich des Artikel 9 ist eigentlich auch ein internationales Problem, in Hinsicht darauf ist unsere Bewegung noch verbesserbar. Spezialisten ausgenommen, sind nicht einmal die wichtigsten Aussagen der japanischen „Friedensverfassung" der intellektuellen Schicht des Auslands bekannt. Das ist der erste Schwachpunkt. Des Weiteren gibt es ein Problem in der Zusammensetzung der Teilnehmer an den Veranstaltungen des „Kyūjō no kai" hier in Japan. Es kommen viele alte und nur wenige junge Menschen. Mit „alten Menschen" ist hier keine bestimmte „Generation" gemeint, sondern „Menschen im Ruhestand, d.h. über 60 Jahre" – und vorwiegend Männer. Bei den jungen Menschen, sowohl weiblich als auch männlich, handelt es sich meist um Studenten. Dies ruft Erinnerungen an die Studentenbewegung

---

[*1] "Kyūjō no kai" = 2004 ins Leben gerufene Bewegung, die sich für die Erhaltung des Artikel 9 einsetzt und durch Veranstaltungen die Bevölkerung über die gegenwärtigen politischen Zustände Japans aufklären möchte.

10. „Täter und Opfer" - das im Friedensartikel verwobene Gedächtnis   73
Takahisa Ishii

11. Auch ich als Deutsche bin gegen die Abschaffung des Artikel 9   79
Katharina Dirk

12. Es ist Zeit, den japanisch-amerikanischen Sicherheitspakt neu zu überdenken   82
Masami Inoue

13. Was ist Japan für ein Land? – An Masami Inoue   86
Jens Bartel

III Zu den Argumenten der Verfassungsrevision

14. Ein unfruchtbarer Diskurs um die „aufgezwungene Verfassung"   92
Thomas Schöner

15. Wovon das „Schweigen" der Flüchtlinge berichtet   96
Ayumi Soeya-Lange

16. Gerade der Absatz 2 vom Artikel 9 steht für den Pazifismus   100
Christian Winkler

17. Um nicht wieder einer „verrückten Zeit" zu verfallen   105
Takashi Suzuki

18. Wenn wir wirklich Frieden wollen   113
Yuki Sawada

Nachwort   **Hitoshi Sakurai**   121

Gesetzestexte: Japanische Verfassung Artikel 9; Präambel; Grundgesetz für die BRD Artikel 26   i

Inhalt

Vorwort **Shuichi Kato** *5*

Was bedeutet der Artikel 9 einem Deutschen? **Isolde Asai** *13*

I Der Artikel 9 um der Menschheit willen

1. Die Japaner haben den Artikel 9 nicht verdient *18*
   Christian Triebel

2. Den Friedensartikel zu neuem Leben erwecken *24*
   Stefan Säbel

3. Um uns mit den anderen Menschen in Asien zu verknüpfen *33*
   Atsushi Samura

4. Der Artikel 9 aus philippinischer Sicht *39*
   Nobuo Kasai

5. Der Artikel 9 – Die Verwirklichung eines Ideals *45*
   Simon Hartmann

6. Nie wieder Krieg in Deutschland und Japan *48*
   Jessica Borowski

7. Okinawa wurde noch nie vom Friedensartikel beschützt *51*
   Yusuke Kawano

8. Die Welt darf den Artikel 9 nicht sich selbst überlassen *59*
   Sebastian Heindel

II Dialoge

9. Der Artikel 9 als Zuneigung für die Schwachen
   – die Welt von Regisseur Keisuke Kinoshita *66*
   Kenji Uno / Ami Okamura

Der einzige vernünftige Weg in die Zukunft
Die Japanische Friedensverfassung
im Dialog deutscher und japanischer Studenten

Herausgegeben von
Shuichi Kato, Isolde Asai, Hitoshi Sakurai

Kadensha

加藤周一（かとう しゅういち）　評論家。「9条の会」呼びかけ人。
浅井イゾルデ（あさい いぞるで）　翻訳家（おもに日本文学をドイツ語に翻訳）
桜井均（さくらい ひとし）　元NHKエグゼクティブ・プロデューサー

Shuichi Kato Repräsentativer Philosoph Japans. Initiator der „Article Nine Association"
Isolde Asai Übersetzerin (vorw. Übersetzungen von japanischer Literatur ins Deutsche)
Hitoshi Sakurai Executive Producer (bis Nov. 2006 beim Staatlichen Japanischen Fernsehen NHK)

〈法学館憲法研究所双書〉憲法九条　新鮮感覚 ── 日本・ドイツ学生対話 ──
2008年4月15日　初版第1刷発行

編　者 ── 加藤周一、浅井イゾルデ、桜井均
発行者 ── 平田　勝
発　行 ── 花伝社
発　売 ── 共栄書房
〒101-0065　東京都千代田区西神田2-7-6 川合ビル
電話　　03-3263-3813
FAX　　03-3239-8272
E-mail　kadensha@muf.biglobe.ne.jp
URL　　http://kadensha.net
振替 ── 00140-6-59661
装幀 ── 神田程史
イラスト ─ 橋本　勝
印刷・製本 ─ 中央精版印刷株式会社

Ⓒ2008　加藤周一
ISBN978-4-7634-0516-6 C0036